페어 플레이 프로젝트

FAIR PLAY PROJECT

FAIR PLAY:

A Game-Changing Solution for When You Have Too Much to
Do (and More Life to Live) by Eve Rodsky

해도 해도 끝이 없는 집안일 때문에 억울하고 화가 나는
전 세계 수많은 여성들의 삶을 실제로 바꾼 놀라운 실험

FAIR PLAY PROJECT

페어 플레이 프로젝트

이브 로드스키 지음 | 김정희 옮김

메이븐
MAVEN

세스에게,
삶이라는 게임을 같이 하고 싶은 사람은 세상에 당신뿐이야.
우리 이야기를 다른 사람들과 공유하는 데 동의해 줘서 고마워.
당신은 내 영혼의 동반자이고 우리가 매일 하루도 빠짐없이
같이 성장해 왔다는 게 너무 자랑스러워. 사랑해.

〰

잭, 벤, 애나에게,
너희들을 위해 이 책을 썼단다.

〰

나의 엄마 테리에게,
어릴 적 우리 가족을 위해 그 모든 카드를 책임져 줘서 감사해요.
삶에 위태로웠던 순간은 많았지만 엄마의 사랑은 단 한 번도 그런 적이 없었어요.
가치 있는 삶이란 타인의 삶을 더 좋게 바꾸기 위해 최선을 다하는 것이라는
가르침도 잊지 않을게요.

왜 여전히 집안일은 여성의 몫이어야 하는가. 세상이 더 공정해지기를 바란다면 가장 먼저 몇 백 년 동안 바뀌지 않은 육아와 집안일의 책임 소재부터 해결해야 한다. 로드스키는 끝없이 계속되는 집안일에 질려 버린 여성들에게 멋진 돌파구를 제시한다.　　　　　　　　　　　　- <포브스>

로드스키는 남자와 여자 모두가 공정하다고 느끼는 해법을 기어코 찾아내 검증까지 마쳤다.　　　　　　　　　　　　　　　　　　- <더 타임스>

집안일 전쟁을 끝내고 싶다면 저자의 말처럼 파트너와 집안일 카드를 나눠라. 아니면 영원히 집안일의 굴레에서 벗어나지 못할 것이다.　　- <가디언>

로드스키는 부부가 집 안에서 해야 할 일을 하나하나 명시했을 뿐만 아니라 그 일을 재미있게 분배할 수 있는 통찰력 있고 만족스러운 시스템을 만들었다. 가사 노동을 바라보는 그녀의 시선은 사랑과 유머와 지혜로 가득해 우리가 서로의 장단점을 인정하고 보다 나은, 보다 강력한, 그리고 오래 지속되는 관계를 만들 수 있게 해 준다.　　- 리즈 위더스푼 북클럽 선정 이유

남들에게는 사소해 보이지만 직접 겪는 사람들에게는 너무나 심각한 문제에 대한 통쾌한 솔루션.　　　　　　　　　　　　　- <워싱턴 포스트>

내 정신적인 짐을 덜어준, 용감한 여성 로드스키에게 감사를 표한다. 이 책은 여성들이 가정에서는 공정함을, 직장에서는 공평함을 누릴 수 있게 해줄 것이다. 맞다. 빨래를 공정하게 나누면 임금 격차 해소에 도움이 된다.
　　　　　　　　　　　　　　　　- 로렌 브로디, 전 <글래머> 편집장

집안일을 믿기지 않을 정도로 새롭고 단순한 방법으로 나눔으로써 우리가 삶의 모든 면에서 성공하고 발전할 수 있게 도와준다.

- 아리아나 허핑턴, 허핑턴 포스트 설립자

인상적인 데뷔작이다. 가사 노동의 균형을 맞추어 가정을 성공적으로 이끌고 싶은 커플들은 로드스키의 해법에서 그 실마리를 얻을 것이다.

- <퍼블리셔스 위클리>

로드스키를 주목하라. 리즈 위더스푼이 설립한 미디어 기업 헬로 션샤인은 그녀를 관계 분야의 '곤도 마리에'로 선정했다. 그들이 제대로 짚은 것 같다.

- <북페이지>

사람들이 참을 만큼 참았다고 생각할 때는 보통 자기 자신이나 상대방을 탓한다. 하지만 사실 문제는 그들이 아니라 시스템인 경우가 더 많다. 로드스키는 그 점을 파고들어 결국은 가족이 가장 소중하게 여기는 가치에 집중할 수 있는 시스템 개발에 성공했다. - 그렉 맥커운, 《에센셜리즘》의 저자

부모가 되는 건 힘든 일이다. 하물며 아이를 키우면서 행복한 결혼 생활을 유지한다는 건 더 어렵다. 로드스키가 이 암벽 같은 시기로부터 우리를 구조하기 위해 나섰다. 바쁘게 살아가는 부부가 서로를 향한 원한을 털어내고, 비난을 멈추며, 다시 서로 연결되기 위해서는 이 책이 필요하다.

- 토바 클라인, 심리학 박사, 버나드 대학교 영아발달센터 소장

바쁘게 살아가는 모든 여성의 필독서   - <팝슈거> 최고의 도서 선정 이유

이 책은 가정을 공정하게 꾸려 나가고, 우리 아이들에게 좋은 본보기가 될 수 있는 가치를 만들어 나가게 해 준다. 진정한 혁명이다.
- 알렉시스 제말, 헌터 칼리지 실버만 사회사업대학원 조교수

한마디로 가사 노동을 분담하고 가정을 화목하게 이끌어 줄 확실한 실천 전략이다.
- <리얼 심플>

이브 로드스키는 자신의 접근법을 검증하기 위해 500쌍의 커플을 상담하고, 무수한 가사 노동 관련 연구 자료들을 분석했으며, 프로젝트를 실행하면서 겪은 무수한 시행착오들을 솔직하게 전함으로써 많은 여성들의 지지를 받았다.
- 더비 삭스비, 서던 캘리포니아 대학교(USC) 심리학과 부교수

이 책의 모든 페이지에는 수십 년 동안 부모들을 괴롭혀왔고, 어떤 식으로든 대책이 필요했던 문제에 대한 새롭고 눈이 번쩍 뜨이는 아이디어들로 가득하다.
- 셰릴 지글러, 임상심리 전문가, 《엄마의 번아웃》의 저자

Contents

===== **PART 1** =====

페어 플레이 프로젝트

- 망가진 내 인생을 구하기 위해 시작한 일

Chapter 1 여성, 집안일의 기본값이라는 저주 · 17

Chapter 2 나와 남편 사이의 불공정함이 숫자로 드러난 순간 · 41

PART 2

페어 플레이 프로젝트의
4가지 규칙

Chapter 5 규칙3 _ 지금 서 있는 그 자리에서 시작할 것 · 125

Chapter 6 규칙4 _ 당신 가족만의 중요한 가치와 기준 먼저 세울 것 · 165

페어 플레이 프로젝트

-망가진 내 인생을 구하기 위해 시작한 일

FAIR PLAY PROJECT

여성,
집안일의 기본값이라는 저주

'블루베리를 안 사 오다니 믿을 수가 없네.'

남편이 보낸 문자메시지였다. 그걸 확인한 순간 그가 불만 가득한 표정으로 그 말을 하는 모습이 떠올랐다. 그러자 나도 모르게 방어 모드가 발동하면서 남편이 괘씸하다는 생각이 들었다.

'그러는 당신이 좀 사 오지?'

그날 오후는 쉬기로 한 날이었다. 최근에 태어난 동생 때문에 엄마의 관심 밖으로 밀려났다고 느끼는 첫째 아들 잭과 둘만의 시간을 보내기 위해서였다. 나는 베이비시터에게 건넬 전달 사항을 확인한 다음, 조금 전에 싼 과자 봉지와 전날 잭의 친구가 놓고 간 가방, 배달된 페덱스 상자, 신제품이지만 벌써 너무 작아서 환불해야 하는 어린이용 신발, 내일 오전까지 손봐야 할 의뢰인과의 계약서까지 아슬아슬하게 챙겨 들었다. 그리고는 잭을 데리러 학교에 가기 위해 서둘러 현관을 나섰다.

그런데 남편의 문자메시지를 보는 순간 분노가 치밀어 올랐다. 그러지 않아도 간신히 참고 있던 눈물이 와락 터져 나와 갓길에 차를 세워야만 했다. 직장에서 한 부서 전체를 능숙하게 관리하는 내가 어쩌다 식료품 목록 하나 제대로 못 챙기는 사람이 됐을까? 그리고 도대체 어떤 자존심 있는 여자가 블루베리 하나 빠트렸다고 눈물을 쏟는단 말인가? 무슨 알람처럼 할인하는 블루베리 한 팩이 결혼 생활의 종지부를 알리는 전조라도 된단 말인가? 나는 눈 밑에 번진 마스카라 자국을 닦아 내며 생각했다.

'가족들의 필요를 잘 채워 주려고 발버둥 치는 삶, 이건 내가 생각했던 삶이 아니야.'

어쩌다 내가 여기까지 왔을까?

내가 세 살 때 우리 부모님은 이혼을 했다. 엄마는 내 동생을 임신한 상태였고, 험악한 상황을 피하려고 위자료를 포기하는 쪽을 택했다. 엄마는 뉴욕에서 사회복지학과 교수로 일하면서 혼자 힘으로 나와 동생을 키웠다. 보수가 많은 직업은 아니었지만 우리 가족의 생계를 책임질 정도는 됐다. 아니, 우리집 현관 아래로 쑥 미끄러져 들어온 첫 번째 퇴거 통보서를 보기 전까지는 그렇게 생각했다. 그날 엄마는 종일 수업을 하고, 학교로 와서는 나와 동생을 데리고 시 외곽에 있는 치과에 갔다가 집에 바래다 주고는 다시 일터로 돌아갔다. 나는 바닥에 놓인 봉투를 집어 들어 안에 든 통지문을 읽고 나서는 늦은 밤까지 엄마가 돌아오기를 기다렸다. 그리고 엄마를 보자마자 우리가 이제 살 곳이 없다고 말했다. 그때 나는 여덟 살이었다. 엄마는 임대료 보내는 걸 깜빡했을 뿐이라며 아침이 되자마자 수표부터 보내겠다고 나를 안심시켰다.

다음 날 엄마는 약속을 지켰고 덕분에 이사를 가지 않아도 됐지만 그날 이후 나는 경제적인 짐을 오롯이 혼자 100퍼센트 짊어진 엄마의 삶이 생각보다 힘들다는 것을 어렴풋하게나마 이해하게 되었다. 셀 수 없이 많은 상황에서 길고 고된 하루하루를 보내야만 하는 엄마, 혼자 그 모든 걸 다 해내려고 애쓰며 늘 과로에 시달리는 초인적인 엄마를 보면서 난 생각했다. '난 저렇게 살지 않을 거야. 내가 어른이 되면 진정한 삶의 동반자를 만날 거야.' 삶의 동반자를 만나 50대 50의 상호 동등한 파트너십을 쌓고 그것을 유지해야겠다는 결심을 한 것이다.

그 뒤 나는 열심히 공부해서 대학과 로스쿨을 졸업했고, 어느 날 삶의 파트너로 삼고 싶은 남자, 세스를 만났다. 내 친구인 조가 세스와도 친구였는데 우리 둘을 만나게 해 준 것이다. 조는 세스를 이렇게 묘사했다. "유대인인데 힙합에 푹 빠져 있어." 그 말을 듣자마자 내 바트미츠바(bat mitzvah, 소녀의 12번째 생일에 행하는 유대교 성인식)에서 래퍼 슬릭 릭의 '칠드런스 스토리' 안무를 따라 추는 손님들을 보고 깜짝 놀랐던 기억이 떠올랐다. 세스를 만나야만 했다.

당시 나는 뉴욕에 있는 한 로펌에 입사해 변호사로 일하고 있는 첫

해였는데 그것은 곧 일이 항상 늦게 끝난다는 걸 의미했다. 그래서 나는 세스와 밤늦게 유니언 스퀘어에 있는 한 술집에서 만나기로 약속했다. 하지만 안타깝게도 저녁 9시 30분에 한 고객으로부터 전화가 걸려 왔고, 덕분에 나는 거의 두 시간 가까이 전화기를 붙들고 있어야만 했다. 내가 약속 장소에 도착했을 때는 거의 자정에 가까운 시간이었다. 그런데 놀랍게도 세스가 나를 기다리고 있었다. 같이 기다려 준 그의 친구는 나를 슬쩍 보더니 세스에게 속삭였다. "기다릴 만한 가치가 있었는걸." 세스는 말없이 웃었고 그것이 우리의 시작이었다. 나도 한눈에 그가 좋았기 때문이다.

이제 막 싹트기 시작한 우리의 사랑에는 한 가지 곤란한 문제가 있었다. 세스는 로스앤젤레스에 살았는데 나는 뉴욕주 변호사 자격을 딴 지 얼마 되지 않았다는 거였다. 우리는 1년 동안 장거리 연애를 했다. 1주년 기념일에 나는 '2003년 최고의 순간들'을 그에게 선물했다. 첫 만남 이후 우리가 주고받은 이메일을 빠짐없이 출력해 보니 600장이 넘었는데 그것을 진한 빨간색 표지로 제본해 네 권으로 묶은 것이었다. 세스는 내 섬세한 감성과 그에 못지않은 꼼꼼한 정리 기술에 탄복했다.

그 해가 끝나기 전, 나는 각고의 노력 끝에 캘리포니아주 변호사 시험에 합격해 삶의 터전을 로스앤젤레스로 옮겼다. 시간이 지나 세스가 하고 있는 사업이 성장하면서 동부 연안에 사무실이 필요해졌고, 우리는 다시 짐을 싸서 뉴욕으로 돌아왔다. 신혼부부가 되어서 말이다. 언젠가 그와 함께 뉴욕으로 돌아오겠다던 나의 비밀 계획이 성공한 것이다.

퀸즈 미드타운 터널 건너편에 얻은 첫 아파트는 비좁고 시끄러웠지만 우리는 그에 개의치 않았다. 우리는 사랑에 빠져 있었고, 집안에서는 진정한 협력 관계였으며, 각자의 경력을 진심으로 응원하는 서로의 조력자였기 때문이다. 그 원동력은 물론 공평하고 상호 동등한 파트너십이었다. 세스가 엔터테인먼트 에이전시를 확장할 때 나는 널브러진 빨랫감들 사이로 그의 운영 계약서를 다듬었고, 세스는 차에서 식료품을 내리며 나에게 사업상의 조언을 해 주었다.

내가 법조계 경력과 조직 관리 기술, 자선단체 조직을 위해 개인과 기업들 사이에서 중간 역할을 했던 경험 등을 바탕으로 오랫동안 꿈꿔 온 목표를 이루고자 할 때 그는 나의 든든한 오른팔이 되어 주었다. 거액 자산가들이 자선단체를 세우고 운영하고 기부금을 전달하는 방식에 대해 컨설팅을 해 주는 것이 나의 일이었다. 우리는 둘 다 자신의 일을 진심으로 자랑스러워했고, 그 모든 과정에서 생기는 어려움을 함께 헤쳐 나갔다.

하지만 아이가 생기자 모든 것이 달라졌다.

아이를 낳고 나서 달라진 것들

나는 부모가 되었다. 아니, 엄마가 됐다고 말하는 게 더 정확하겠다. 세스는 직장에 다니는 수많은 아빠들처럼 잭이 태어난 지 일주일 만에 일터로 돌아갔다. 지금 와서 생각해 보면 나는 임신했을 때만 해도 부모에게 요구되는 끝없는 감정적·정신적·육체적 수고를 전혀 예상하지 못했었다. 비슷한 시기에 임신한 사촌 제시카 역시 앞으로 다가울 일을 예상하지 못한 건 매한가지였다. 오죽하면 우리가 임신 3개월 차에 출산휴가 때 지루할 거라며 뜨개질 수업에 등록했을까.

당시 출산휴가는 3개월이었는데 게으름 부릴 여유가 전혀 없었다. 뜨개질 실과 바늘 한 번 잡아 볼 틈도 없이 해야 할 일이 산더미였다. 게다가 잭이 태어난 뒤 집안일을 어떻게 분담할지 세스와 미리 상의해 두지 않은 탓에 그 산더미는 고스란히 내 몫으로 떨어졌다. 남편이 출근을 하고 나면 나는 여덟 시간 동안 젖병을 소독하고, 설거지하고, 빨래 개고, 아기방에 필요한 물품 채워 놓고, 식료품점으로 달려가고, 처방전 받아 오고, 식사 준비하고, 청소하는 등 작고 귀여운 아기를 돌보는 일로 하루를 꽉꽉 채워 보냈다. 남편은 퇴근하고 집에 와서 "뭘 도와줄까?" 묻곤 했지만 정작 나는 어떤 도움이 필요한지 콕 집어 말할 수가 없었다. 그냥 다들 하듯이 씩씩거리며 이렇게 대답하곤 했다. "몰라, 그냥 뭐라도 좀 해!"

나는 너무 피곤해서 작은 일에도 발끈했다. 혼자만 고립된 것처럼 느껴져 힘들고 외로웠다. 물론 남편은 아이가 갓 태어났을 때만 해도 기저귀 갈고, 젖병 물리고, 한밤중에 깨서 서럽게 우는 아기를 달래는 일에 적극적이었다. 하지만 아들과의 결정적인 유대 관계를 형성하고 난 이후로는 우리 가족의 역학 관계에 대해 이런 말을 자주 했다. "내가 할 일이 별로 없네." 남편이 네안데르탈인은 아니었지만 그 원시인 친구가 남겨 준 유산을 그대로 답습하고 있었던 것이다.

그러던 어느 날 나는 제시카에게 말했다. "내 공적인 삶이 지금은 너무 사적이 됐어." 그러자 그녀는 셰리 L. 블레이크 박사의 표현을 빌려 대답했다. "독박 육아 하는 엄마가 된 거지." 나도 암사자처럼 혼자서 가족에 대한 책임을 모두 짊어지면서도 헌신적인 부부 관계를 맺고 있는 여성들 중의 한 명이 된 것이다.

하지만 남편은 내가 고군분투하는 모습은 보지 못한 채 마냥 잔소리만 늘어놓는다고 생각했다. 마지못해 손을 내밀었다가도 결국 "난 제대로 하는 게 없어"라는 핑계를 대며 물러서기 일쑤였다. 어느새 투닥투닥 말다툼이 우리의 일상이 되고 말았다. 복직이 다가오자 회사 업무와 점점 늘어만 가는 집안일을 동시에 해내겠다는 도전이 불가능한 일처럼 여겨졌다.

어느 날 오후 복직 문제로 사무실에서 회의를 하다가 회사 계단에 앉아 모유를 짜내 비닐봉지에 담았다. 그리고는 벽에 등을 기댄 채 생각했다. '화장실 말고 수유 공간이 정말 여기뿐인 거야? 휴, 내가 무슨 수로 이 모든 일 사이에서 균형을 잡겠어?' 고민 끝에 나는 상사에게 정규직으로 일하되 일주일에 하루만 재택근무를 하고 싶다고 말했다. 안타깝게도 거절당했다. 그러면 월급을 줄이고 주 4일만 근무하는 건 안 되겠냐고 제안했다. 또 거절당했다. 회사에는 아이를 낳고 기르는 몇 년 동안 탄력적인 근무 여건이 필요한 부모들을 뒷받침해 줄 시스템이 없는데 과연 내가 버텨 낼 수 있을까? 물론 고용주는 출산휴가 기간 동안 내 자리를 지켜 주려고 애쓰긴 했지만 말이다. 나는 고민 끝에 꿈의 직장을 그만두고 독립 컨설턴트가 되었다. 내가 퇴사를 통지한 날 동료 한 명이 문자를 보냈다.

'괜한 자책은 그만두고 이 통계를 한번 봐 봐. 다른 개발도상국들과 비교할 때 미국은 고용이 보장된 육아휴직에 관한 한 꼴찌야.'

직장에서 업무량을 줄이는 방식으로 경력의 사다리를 멀리 돌아가거나 전통적인 시스템으로 운영되는 직장을 그만둔 친구들 역시 내가 겪는 일에 완전히 공감했다. 그중 두 아이를 돌보기 위해 나보다 먼저 회사를 그만둔 동료 타냐가 말했다. "회사일과 집안일을 병행하는 건 정말 힘들지만 그렇다고 시간제로 일하면 여유를 찾을 수 있을 거라고 생각한다면 오산이야. 집에 있는 시간이 많다는 건 사실 시간이 줄어든다는 뜻이거든." 어떻게 그럴 수 있을까? 그런데 엄마가 되어 새로 사귄 친구들 역시 회사에서 보내는 시간을 줄여서 생긴 시간이 온통 다른 집안일로 채워진다고 지적했다.

경험해 보니 그들의 말이 전적으로 옳았다. 나는 어느 순간 깨끗한 기저귀 여분이 있는지 확인하는 것처럼 매일 반복해야 하는 잔일 말고도, 직장에 다닐 때는 남편이 했던 일까지 도맡게 되었다. 보험증권 업그레이드, 청구서 납입, 상자들 창고에 넣기, 화재 감지기 배터리 구입 등등…. 나는 단지 회사를 그만두었을 뿐 일을 그만둔 게 아닌데도 집에 있는 시간이 많다는 이유만으로 집안일을 도맡아 하게 된 것이다. 무수한 날에 아이를 재우고 마침내 손에서 일을 놓은 뒤 나를 짓누르는 극심한 피로감을 느끼며 생각했다. '오늘 하루 종일 뭐 했지?' 나는 그 질문에 선뜻 대답할 수가 없었다. 그것은 곧 내 시간에 대한 통제권을 모두 잃었음을 뜻했다.

왜 여성은 늘 '할 일 목록'을 쫓아가기 바쁠까?

엄마 세계에 발을 들인 여자 친구들과 대화를 하면 할수록, 여성들이 이 모든 걸 해내는 데 어려움을 겪고 있으며, 실은 무슨 일을 하는지 정확히 파악조차 못하고 있다는 사실을 깨달았다. 왜 우리는 늘 이렇게 바쁜 걸까?

사실 이런 현상에는 이름이, 그것도 수많은 이름이 있다. 대표적인 것 중 하나가 바로 눈에 보이지 않는 일들이다. 일이 왜 눈에 보이지 않느냐고? 그것은 남편들의 눈에 보이지 않거나 그들이 인식하지 못해서일 수도 있고, 그 일을 하는 우리조차 그걸 일이라고 생각하지 않기 때문일 수도 있다. 실제로 시간을 요구하며, 월차는 고사하고 대가도 없이 상당한 정신적·육체적 노력을 들여야 하는 일임에도 불구하고 말이다.

당신도 분명 가사 노동이 여성의 삶에 미치는 광범위한 영향과 더불어 여성에게만 불공평하게 주어지는 정신적 부하, 2교대, 감정 노동 같은 표현에 관한 기사를 읽어 봤을 것이다. 특히 1980년대에 사회학자 알린 캐플런 대니얼스와 앨리 혹실드는 우리가 마음 깊이 느끼면서도 뭐라고 꼬집어 말할 수는 없었던 불공평함에 대해 이야기할 언어를 만들었고, 이후 수많은 여성들이 그 언어로 새로운 대화와 대중적인 표현들을 제안했다.

정신적 부하 : 가족 모두를 챙기기 위해서 이 일도 해야 하고, 저 일도 해야 하고, 할 일이 너무 많아서 어느 순간 뇌가 과부하에 걸린다. 그래서 분명 빠트린 게 없는데도 뭔가 자꾸 더 할 일이 있는 것만 같고, 머릿속이 복잡해 편안히 쉬지를 못한다. 정신적 과부하는 스트레스와 피로, 그리고 심하면 건망증을 유발한다. 자동차 열쇠를 어디 뒀더라?

2교대 : 직장을 다니는 여성들의 경우 직장에서 퇴근해서 다시 집으로 출근한다. 퇴근의 의미가 없는 셈이나 다름없다. 왜냐하면 집에 가자마자 해야 할 일이 늘 산더미처럼 쌓여 있기 때문이다. 가정 일과 직장 일을 병행하려면 꼭두새벽부터 늦은 밤까지 하루 종일 부지런히 움직여야만 한다.

감정 노동 : 이것은 직접 고객을 상대하는 일을 하면서 자신의 감정은 감춘 채로 조직에서 바람직하다고 여기는 감정으로 해야 하는 노동을 의미한다. 어떠한 상황에서도 승무원이 웃어야 하고, 친절해야 하는 것처럼 말이다. 그런데 자신이 느끼는 감정을 드러낼 수 없다보니 스트레스에 시달린다. 집에서도 마찬가지다. 여성들은 집에서 가사 노동을 하면서 늘 가족들을 행복하게 만들 일차적 책임이 자신에게 있는 것처럼 행동하게 된다. 뭘 해도 남편의 기분이 괜찮은지 먼저 살피고, 아이가 왜 밥을 먹지 않는지 걱정하며 온갖 집안일을 도맡아 하게 되는 것이다. 한밤중에 울다 깬 아이를 달래는데 짜증을 내면 나쁜 엄마가 된 듯한 죄책감에 시달리기도 한다. 늘 가족들을 배려하고 돌보느라 자신의 감정을 돌볼 틈이 없는 것은 물론이다.

눈에 보이지 않는 일 : 가족의 일상이 원활히 돌아가게 해 주지만 알아 주는 사람도 없고 가치를 제대로 평가받지도 못하는, 무대 뒤에서 이뤄지는 일들이다. 언제 치약 떨어지는 것을 본 적이 있는가? 그걸 신경 쓴 적은 있는가? 감사는 됐다.

나는 과거와 현재 여성들이 짊어진 무거운 짐에 형태를 부여하려는 목적으로 집안에서의 불평등에 관한 기사와 연구 자료들을 닥치는 대로 모으기 시작했다. 우선 신문과 잡지, 각종 연구 결과들에서 250건 정도의 자료를 수집했는데 그걸 보고 난 뒤 충격에 빠졌다. 1940년대에 여성들이 이 문제에 관해 처음 글을 쓰기 시작한 이래로, 가사 노동을 남성과 나누는 문제 또는 그 문제를 해결하기 위해 남성들이 동의할 만한 해답을 찾는 일에 있어 그리 큰 진전이 없었기 때문이다. 그로부터 수십 년이 지났건만 문제는 그대로였다.

　가장 최근 연구에 따르면 여성들은 여전히 육아와 가사 노동의 대부분을 떠안고 있다. 심지어 부부가 모두 정규직으로 일하고 아내가 남편보다 더 많이 버는 가정에서도 마찬가지였다. 우연히 발견한 또 다른 연구에서는 마치 내 삶을 거울로 비추기라도 하듯 아이가 생기기 전까지는 가사 노동을 공평하게 분담했던 남성들도 아이가 태어난 이후로는 일주일에 5시간 이내로 기여도가 큰 폭으로 줄었다. 세상에, 괜찮은 남자들도 그렇다고?

　이 불평등한 문제에 이름을 붙이고 설명해 놓은 수많은 연구 자료들을 살펴보면서 생각했다. 좋아, 불균형이 있다는 건 알겠어. 그런데 실용적이고 지속 가능한 해결책은 어디 있는 거야? 물론 자료들을 살펴보는 것은 지금 내가 처한 상황의 배경이나 역사를 이해하는 데는 도움이 됐다. 나 혼자만 어려움을 겪는 게 아니라 수십 년 동안 수많은 이들이 불균형에 진저리 치면서 글을 써 왔다는 걸 알게 되어 힘을 얻기도 했다. 하지만 나는 정말이지 육아와 가사 노동의 불균형을 바로잡기 위해 지금 당장 내가 해야 할 일을 알고 싶었다. 나는 어떻게든 그것을 알아내기로 했다. 둘째가 태어나자마자 우리는 다시 로스앤젤레스로 이사했다. 나는 엄마로서의 삶에 어느 정도 적응한 뒤 정규직으로 복귀했다. 개인과 가족 재단에 서비스를 제공할 목적으로, 자선사업 컨설팅 회사 PAG Philathrophy Advisory Group를 설립한 것이다. 나도이제 남편처럼 사무실로 출근하게 됐으니 무언가 바뀔 것이라고 기대했다. 그런데 이상하게도 가정을 운영하고 가족을 부양하는 데 필요한 노동의 3분의 2는 여전히 내 몫이었다. 나는 여전히 블루베리를 사고 가족의 하루를 지휘하면서 기본값이 엄마로 되어 있는 사람처럼모든 걸 책임지고 있었지만, 좋은 남자이고 멋진 아빠인 남편은 여전히 도와주는 사람에 불과했다.

어느 날 밤늦게, 나는 휴대폰 불빛으로 유아용 모니터를 꽂을 콘센트를 찾고 있었다. 어두운 침실에서 잠들어 있는 남편을 깨우지 않으려고 조심하면서 말이다. 하지만 실수로 조명에 부딪히는 바람에 보드게임 젠가처럼 그 옆에 아슬아슬하게 쌓여 있던 책더미가 바닥으로와르르 쏟아졌고, 덕분에 남편이 놀라서 잠에서 벌떡 깼다. 잠이 덜 깬목소리로 그가 따지듯 물었다. "뭐 하는 거야? 내일 하면 안 돼?" 나는냉큼 '안 돼'라고 말하고 싶었지만 일단 참았다. '당신이 자고 있을 때일어나는 이 모든 눈에 보이지 않는 계획과 준비가 내일 아침까지 끝나야 우리 집이 제대로 돌아가거든!'

순간 최근에 한 친구가 보내 준 유튜브 영상이 생각났다. 조이스 마이어의 책《여자의 인생은 자신감으로 결정된다》와 관련해 엄마가 잠자리에 들기 전에 해야 하는 일들을 자세히 설명하는 영상이었다.

"저녁 식사 설거지하기, 아침에 먹을 시리얼과 커피포트 준비하기,

냉동실에서 고기 꺼내놓기, 강아지 물그릇 채워 놓기, 고양이 내보내기, 건조기에 젖은 빨래 넣고 돌리기, 휴지통 비우기, 문단속 하기, 아이들 확인하기, 아이들 선생님에게 보낼 쪽지 쓰기, 빨래 개기, 세안 및 잘 준비하기, 다음 날 할 일 목록에 세 가지 일 추가하기. 반면 그녀의 남편은 텔레비전을 끄고 딱히 누구에게라고 할 것 없이 '난 자러 갈게'라고 말한다. 그리고는 다른 어떤 일도 하지 않고 곧장 자러 간다."

나는 마음이 상해서 이불 속으로 파고들었다. 하지만 머릿속에서는 퇴근하고 집으로 돌아와 2교대 근무로 처리한 모든 일 — 곧 있을 현장 학습과 관련해 잭의 선생님에게 이메일을 보내고, 아이들 주말 플레이 데이트(부모들끼리 잡는 자녀들의 놀이 약속) 준비하고, 베이비시터 일정 잡고, 엄마와 아이가 함께하는 수영 수업에 등록하고, 24시 상담 전화로 휴대폰 요금 협상하고 그 밖에 등등 — 이 쌩쌩 돌아가고 있었다. 순간 내가 처한 상황이 명확하게 보이기 시작했다. 한마디로 말하면, 어릴 때 가장 좋아했던 동화책 《과학 탐정 브라운》의 주인공 명탐정 척척박사 브라운이 '한밤중의 충돌 사건'이라고 불렀을 법한 그 사건은 세스와 내가 중대한 변화를 하지 않는 한 결혼 생활 내내 되풀이될 거라는 점이었다.

물론 우리가 고를 수 있는 선택지는 매우 제한적이었다. 사실 유일하게 떠오른 방법은 남편만 말할 줄 아는 언어를 쓰는 나라에 가서 사는 것뿐이었다(〈뉴욕 타임스〉에 실제로 실렸던 제안이다). 그 시나리오대로라면 스페인에 갔을 경우 가족 중에 유일하게 스페인어를 할 줄 아는 세스가 어쩔 수 없이 집안일과 육아에 관련한 대화를 도맡을 수밖에 없고, 그 동안 나는 이비자 해변에서 느긋하게 쉴 수 있을 터였다. 케 부에노!(Qué bueno! 너무 좋아!)

일단 하룻밤 자고 나서 다시 생각해 보기로 했다. 다음 날 아침이 되자 다행인지 불행인지 피로와 짜증이 줄어 다른 대륙으로 이사를 가는 계획은 잠시 미뤄 두기로 했다. 당장은 친구들과 함께 유방암 인식 개선을 위한 거리 행진에 참여하는 게 우선이었다.

30통의 전화, 46건의 문자메시지 사건으로 깨달은 것

거리 행진은 로스앤젤레스 시내 한복판에서 이루어졌다. 수많은 여성들 사이에서 우리는 분홍색 레깅스 차림을 하고, 아이들과 함께 만든 팻말에서 떨어진 분홍색 반짝이를 여기저기 묻힌 채로 "여성들만의 문제가 아니다"라고 외쳤다. 우리는 여성들의 유대가 만들어 내는 뜨거운 에너지에 관해 한마디씩 하며 분위기에 취했다. 적어도 12시에 문자메시지가 오기 전까지는 말이다.

먼저 질의 남편이 보낸 문자메시지. '집에 언제 와?' 오전을 아이들과 보냈으니 이제 자기 할 일은 끝났다는 의미였다. 질이 곧바로 답장하는 모습을 보고 있는데 다른 친구들도 비슷한 메시지를 받는 게 느껴졌다. '베이비시터 언제 와?', '조의 축구 가방은 어디 있어?', '생일 파티 하는 곳 주소가 뭐야?', '애들 점심 내가 먹여?' 다들 비슷한 상황이라는 게 놀라웠다. 우리는 문자메시지가 들어올 때마다 그것을 서로 공유하기에 이르렀다. "점심 먹을까? 다들 어떻게 생각해?" 잠시 들떴던 기분이 어이없음을 지나 짜증으로 바뀐 수지가 물었다.

그런데 마침 그때 나에게도 첫 번째 메시지가 왔다. '당신이 꺼내 놓은 애나 옷 어디 있어? 바지가 하나도 없어.' 불만에 가득 찬 세스의 목소리가 여기까지 들리는 듯했다. 잠시 후 두 번째 메시지가 도착했다. '뭐, 당신이 애들 옷 안 챙겨 놓고 가서 공원은 못 갈 거 같네.' 뭐라고? 분명 어젯밤 그가 자러 간 뒤에 조용히 옷을 꺼내 놨었다. 나는 최대한 차분하게 답장을 보냈다. '서랍장 봐 봐. 빨래 바구니도 찾아보고. 그래도 바지를 못 찾겠으면 반바지를 입혀.' 나는 땍땍거리지 않으려고 무척이나 애썼다.

결국 남편들과 구원투수로 나선 베이비시터, 이웃 주민, 시어머니 등으로부터 정확히 30통의 전화와 46건의 문자메시지를 받은 후 샬럿이 모두가 머릿속으로만 생각하던 말을 꺼냈다. "점심은 다음에 하고 집에 가야겠지?" 곧바로 에이미가 말을 보탰다. "일을 너무 많이 맡겨 놓고 왔나 봐." 그러자 리사가 어깨를 으쓱하며 말했다. "내가 있었으면 훨씬 간단했을 텐데." 30분 전만 해도 '용기와 강인함'의 정신으로 똘똘 뭉쳤던 한 무리의 여성들이 베이비시터를 안심시키고, 축구 가방을 찾고, 다른 아이 생일 선물을 포장하고, 점심을 준비하기 위해 뿔뿔이 흩어져 집으로 돌아갔다.

나는 집으로 돌아가는 길에 어디선가 읽은 구절을 곱씹었다. "분노는 불공평함에 대한 인식에서 생겨난다." 젠장, 맞는 말이다. 이건 불공평하다. 나는 육아와 집안일에 대해 이미 알고 있어야 하거나 혼자서도 충분히 알아낼 수 있는 기본적인 정보를 알려 주기 위해 남편에게 전화를 건 친구, 서둘러 집으로 돌아오기를 요구하는 문자를 받은 친구와 모든 엄마를 대신해 깊이 분노했다. 결혼 생활의 가장 큰 문제는 어쩌면 가장 사소한 부분에 있는 게 아닐까. 분이 가라앉지 않아 여전히 씩씩거리며 집으로 들어서는데 문득 새로운 생각이 떠올랐다.

'보이는 일=가치'

섬광처럼 이 생각이 스친 순간 나는 깨달았다. 다른 나라에 가서 살거나 결국 이혼으로 끝나는 부부 대열에 합류하지 않고도 가사 노동의 불균형을 바로잡을 대안이 있었다. 남편으로 하여금 육아와 가사 노동에 일정 부분 책임을 지게 하려면 모두가 잠든 밤에 요정처럼 몰래 다니며 요술을 부린 듯 말끔하게 집안일을 처리하는 짓부터 당장 그만둬야 했다. 그리고 남편이 육아와 집안일에 능숙하기를 기대한다면 가정을 위해 내가 하는 모든 일을 눈에 보이게 만들고, 남편을 당당한 파트너로 대할 필요가 있었다. 보이지 않는 일에 가치를 부여할 순 없는 법이니 말이다. 남편이 알아서 내가 하는 일에 가치를 부여해 주면 좋겠지만 보이지 않는데 어떻게 가치를 부여하겠는가. 그런데 만약 남편들이 집안을 원활하게 굴러가게 하는 데에 필요한 크고 작은 일들이 얼마나 많은지 깨닫는다면, 우리가 하는 모든 일에 고마워할지 모른다. 어쩌면 할 일 목록에 있는 몇 가지를 자신이 하겠다고 먼저 나설 수도 있지 않을까.

내가 굳이 집안일 리스트를 만들어 남편한테 보여 준 까닭

나는 곧바로 집안에 새로운 균형을 찾기 위한 시스템 연구에 돌입했다. 그 시작은 '내가 하는 일' 목록을 만드는 거였다. 식료품과 전구, 세탁세제를 사기 위해 마트로 달려가는 것부터 화장실에 화장지가 최소 한 개는 남아 있는지 확인하는 일까지, 내가 하는 모든 일을 하나씩 적어 내려가기 시작했다. 시간이 얼마나 걸리는지까지 따져서 일일이 이름을 붙이는 건 보통 일이 아니었다. 자기가 하는 집안일이 얼마나 되는지 적어 보고 싶지만 생각만 할 뿐 왜 여성들이 그것을 실행에 옮길 엄두를 내지 못하는지 알 것 같았다.

아마 당신도 그럴 것이다. 왜 지금껏 당신이 그동안 해 온 모든 일에 파트너를 끌어들일 엄두를 못 냈는지 나는 이해하고도 남겠다. 수백 가지 크고 작은 일을 구체적으로 명시하겠다는 목표는 이미 시간에 쫓기고 있는 당신에게 추가적인 고민과 시간을 요구하는 일이다. 그런데 이제 더는 고민하지 마라. 내가 당신을 위해 끝냈다.

정확하게는 친구들과 함께 했다. 유방암 인식 개선을 위한 행진을 했던 날 이후에 나는 질과 에이미, 샬럿, 수지에게 문자메시지를 보냈다. '숙녀분들, 그날 남편들이 우리한테 필요로 했던 일들 전부 기억하지? 지금 내가 남편들 눈에 안 보이거나 그들이 모르는 사이 우리가 뒤에서 하는 일 전부를 목록으로 만들고 있어. 좀 도와줄래?'

친구들의 반응은 즉각적이고 긍정적이었다. 우선 샬럿이 답장을 보내 왔다. '제이콥 생일 파티 계획 짜려고 앉아 있는데 타이밍 멋지다. 초대할 사람들 목록 작성하기, 반 친구들 이메일 주소 확인하기, 이메일 초대장 보내기, 파티 장소 예약하기, 케이크와 피자, 풍선, 일회용품 주문하기, 경품 및 감사 카드 구입하기. 뭐 빠진 거 없나?'

에이미도 답장을 보냈다. '학교 일은 어때? 수업이나 학부모 모임

자원하기, 학용품 구입, '금주의 학생' 포스터 만들기, 신학기에 할 일들 이를테면 옷과 가방 구입, 신청서 작성, 예방접종 기록 요청, 학부모 상담 일정 정하기 등등.'

수지가 덧붙였다. '학교 사진들 정리, 선생님 감사 선물 구입, 드레스업 데이dress-up day 계획 짜기, 오전 수업만 있거나 학교 안 가는 날 아이 맡길 곳 알아보기. 봄방학이랑 빌어먹을 여름 캠프도 잊지 마!'

질의 대답은 다음과 같았다. '밤마다 아이 점심 도시락 싸는 건? 학교 말고 의료 관련된 일은? 건강검진 하기, 독감 예방주사 맞기, 애들 아플 때 집에서 보살피기 등등.'

샬럿이 다시 등장했다. '명절이나 생일 때 가족과 친척들 줄 선물 사는 것도 있잖아.'

에이미가 덧붙였다. '그것도 때맞춰 보내야지!'

그 뒤로도 목록이 끝도 없이 이어졌다. 친구들이 거들면서 두 배, 세 배로 늘어난 목록을 보니 눈이 휘둥그레졌다. 눈에 보이지 않고, 인정도, 감사도, 보수도 없이 우리의 정신과 시간을 갉아먹으며 어깨를 짓누르는, 세상 모든 엄마들이 하고 있는 노동이 이렇게나 많다는 사실에 깜짝 놀랐다. 그래서 나는 한동안 끝이 없는 목록을 뚫어지게 응시하며 끓어오르는 마음을 진정시키느라 애써야만 했다.

그러고 난 뒤 나는 결심했다. 내 결혼 생활을 좋은 방향으로 바꾸기 위해 이 목록을 남편한테 보여 주기로 말이다. 나는 보이지 않는 일을 보이게, 그리고 그걸 숫자로 나타낼 수 있게 하기 위해 목록을 작성하기 시작했다.

남편에게 잔소리 대장이라는 말을
듣고 싶지 않다면

의기양양했던 어느 날 오후, 나는 남편에게 메일을 보냈다. '빨리 상의하고 싶어 죽겠어!'라는 열정을 담아 내가 하는 일 목록을 보낸 것이다. 과연 나는 남편에게 무엇을 기대했던 걸까? 장미 꽃다발? 고마움의 눈물? 그러나 현실은 처참했다. 내가 기대한 그의 첫 반응은 이런 거였다. "와, 당신 정말 일 많이 하네. 내가 어떻게 도와줄까?" 하지만 세상에, 그는 손으로 눈을 가린 원숭이 이모티콘을 답장으로 보냈다. 그것도 한 마리만 달랑 보낸 게 다였다. 원숭이 세 마리를 갖춰서 보내는 정도의 예의도 차리지 않은 것이다(일본의 삼원불을 뜻한다. 세 마리 원숭이가 각각 눈, 귀, 입을 가리고 있는 모양을 하고 있다 – 옮긴이). 어쨌거나 그의 메시지는 분명했다. 보고 싶지도, 듣고 싶지도, 말하고 싶지도 않다는 의미였다.

그때 나는 깨달았다. 눈에 보이지 않는 일을 보이게 만드는 걸 넘어서서 잔소리 대장이 되고 싶지 않다면, 남편과 가사 노동의 균형을 제대로 잡고 싶다면, 그 모든 일을 우선 테이블 위에 올려 놓아야 한다는 것을 말이다. 나는 남편에게 더 많은 맥락을 제공할 필요가 있었다. 집안일 하나하나에 이름을 달고, 명확하게 정의해서, 공정하게 배분할 수 있다는 걸 알려 줘야 한다는 의미였다. 물론 그것은 단순히 목록만 보내는 것보다 훨씬 힘든 일이 될 터였다.

며칠을 고민한 끝에 시스템을 만들기로 결심했다. 그 동안 나는 10년 넘게 조직 관리 전략을 전문으로 다루면서 수백 가구와 상담을 했다.

그런데 만약 이런 전략을 바탕으로 역할을 상세하고 기술하고, 구체적인 기대치를 정하고, 책임을 측정할 수 있는 새로운 가사 노동 시스템을 만들어 가정의 영역에 적용하면 어떻게 될까? 경영의 대가 피터 드러커는 늘 말했다. "측정할 수 있어야 관리할 수 있다." 나는 그 말이 맞다고 생각한다. 그래서 측정할 수 있는 시스템을 만드는 데 집중했다. 우리집을 세상에서 가장 중요한 조직처럼 다루면, 즉 집안일을 가장 중요한 회사일처럼 다루면, 훨씬 원활하게 돌아가도록 만들 수 있지 않을까? 어쩌면 우리 가정뿐 아니라 다른 모든 가정에 효과가 있지 않을까?

나는 상상의 날개를 펼치기 시작했다. 남편들과의 파트너십을 전제로, 지금은 제 기능을 다하지 못하는 가정에 체계적인 시스템을 도입하면 나와 내 친구들의 삶이 어떻게 달라질까? 가사 노동에 대해 생각하고 말할 새로운 언어와 새로운 의식, 생산성과 효율성을 최대로 끌어올릴 수 있는 실용적인 계획이 있다면 그걸로 모두가 이득을 보지 않을까?

어떤 유형의 파트너십이든 시스템을 바꾸라는 것은 벅찬 요구임을 알지만 한번 시도해 보고 싶은 마음이 강하게 들었다. 그래서 결국 어떻게 됐느냐고? 효과는 놀라웠다. 나는 조직의 혁신을 위해 영감을 얻고자 하는 모든 위대한 CEO들이 참고하는 전술을 빌렸다. 어느 날 오후, 나는 세스와 함께 제일 좋아하는 멕시코 식당에서 마르가리타를 마시며, 우리 가정에 시간도 아끼면서 온전한 정신으로 살 수 있게 해 주는 시스템을 도입하는 게 어떻겠느냐고 제안했다. 그것이 어떻게 우리 둘 다에게 이득이 되는지를 설명하면서 말이다. 감정적 충돌로 치닫는 사태와 잔소리, 분노, 통제가 현격히 줄어들고, 쓸데없이 일을 두 번 하게 되는 에너지 낭비를 막고, 실수로 일을 그르치는 것 또

한 막을 수 있다고 강조했다. 무엇보다 서로에 대한 신뢰와 믿음이 커지고, 모든 일을 좀 더 가볍게 넘길 수 있게 될 거라고 했다. 아마 섹스도 많이 하게 될 거라는 말도 덧붙였다. 세스의 대답은 'OK'였다.

지금 페어 플레이 프로젝트를 시작해야 하는 이유

내 결혼 생활을 파국으로 몰고 갈 뻔했던 블루베리 문자메시지 사건 이후 몇 해가 지난 지금, 내가 하는 일 목록은 '공정한 게임'으로 진화했다.

공정한 게임이란 당신과 파트너 둘이 100장의 임무 카드를 가지고 하는 게임으로, 카드에는 가정을 운영하는 데 필요한 눈에 보이지 않는 일들이 적혀 있다. 게임의 목적은 가사 노동의 불균형을 바로잡고, 각자가 '유니콘 스페이스(Unicorn Space, 아내나 남편 또는 부모의 역할을 넘어서 자신을 정의하는 기술이나 열정을 개발하거나 재발견하는 공간)'를 되찾는 것이다. 임무 카드는 부부가 공유한 가치에 따라 두 사람에게 전략적으로 돌아간다. 한 사람에게 기본으로 주어지는 카드는 없으며, 각자의 책임이 명확하고, 기대치가 구체적으로 정의되며, 두 사람 모두 승자가 되도록 설계되었다.

게임에 할애할 수 있는 시간에 비해 할 일이 너무 많아 보인다고? 걱정할 거 없다. 공정한 게임은 누구나 쉽게 할 수 있도록 만들었다. 게다가 재미있다! 무엇보다 중요한 것은 이 게임이 가사 노동을 분담하는 새로운 사고방식과 지속 가능한 변화를 일으킬 획기적인 방법을 제공한다는 사실이다.

나와 남편 세스는 이 게임을 최초로 한 사람들이다. 그러니 나를 믿어라. 우리는 게임을 하는 동안 실수를 많이 했다. 그렇지만 결국 게임을 통해 육아와 가사 노동을 공정하게 분담함으로써 숨 넘어갈 듯한 문자메시지와 '애들한테 뭘 입혀야 돼?' 하는 종류의 전화를 완전히 내몰았다. 그것은 분명 이전의 결혼 생활을 뒤집는 혁명과도 같은 일이었다.

나는 우리 여정에 관한 모든 것과 세상에 존재하는 거의 모든 사회적 신분과 인종, 가족 형태, 소득 집단을 망라한 남성과 여성들 사례는 물론이고, 공정한 게임에 수반되는 모든 길 정확히 되감기 해서 들려줄 것이다. 나는 '눈에 보이지 않는 일'이라는 주제에 몰두했던 임상심리학자와 신경학자, 행동경제학자, 법률가, 성직자, 사회학자들의 조언에 따라 이 시스템을 시험해 보았다. 비록 이 책은 주류 사회의 관점, 그리고 가장 보편적인 힘의 역학 관계에 따라 가정에서 아내가 일을 더 많이 한다는 관점에서 쓰여졌지만 집에서 가사를 돌보는 다양한 형태의 남성과 여성, 이혼 후에 공동으로 양육의 책임을 나눠 가진 부모, 재혼 부부, 이성애 커플과 동성애 커플들을 인터뷰한 결과, 그어떤 불균형 상태에서도 공정한 게임이 잘 작동하며, 게임을 통해 파트너십 재조정이 가능하다는 사실을 확인했다. 내가 받은 피드백 몇 가지를 소개하자면 다음과 같다.

"아내와 나는 직장에서는 더할 나위 없이 유능했지만 집에서는 둘 다 형편없었죠. 하지만 이젠 실수로 빠트리거나 잊어버리는 일이 거의 없고, 설령 있다

해도 대참사까지 가는 일은 없어요." - 마크(오하이오주 톨레도)

"이 시스템을 시작하기 전에는 남편이 집에 없을 때가 더 편했어요. 차라리 내가 다 하면 되니까요. 그러면 실수할 일도 적고 끊임없이 남편한테 상기시켜 줄 필요도 없죠. 그가 전혀 도움이 안 된다고 실망할 일도 없고요. 그런데 이제는 남편이 집에 없으면 그를 잃어버린 것처럼 상실감을 느껴요. 이제 그는 공정한 게임 시스템에 없어서는 안 될 존재예요." - 멜리사(애리조나주 피닉스)

"공정한 게임을 하기 전에도 우리는 진정으로 50 대 50의 관계라고 생각했어요. 그런데 공정한 게임 시스템을 도입하고 난 뒤 비로소 알게 됐죠. 예전에 우리는 결코 동등한 관계가 아니었다는 사실을 말이에요. 이제야 비로소 내 파트너가 가족을 위해 하는 모든 일을 이해하게 되었습니다." - 론(메인주 포틀랜드)

"마침내 아내와 엄마의 역할을 넘어, 나 자신의 잠재력을 깨닫는 데 필요한 자극을 얻었어요." - 마리아(코네티컷주 하트퍼드)

"이 시스템은 정말 놀라워요. 삶을 변화시킵니다. 우린 이제 예전과 다른 부부예요. 엄마도 날 몰라볼 정도라니까요!" - 톰(오리건주 포틀랜드)

"산부인과 의사는 딱 두 가지만 추천하면 돼요. 엽산과 공정한 게임." - 제이미 (캘리포니아주 로스앤젤레스)

어쩌면 당신은 지금 '남편은 내 문자메시지에 답장도 간신히 하는 사람인데'라는 생각을 하고 있을지도 모르겠다. 당신은 내가 가정생활의 세세한 갈래를 빠짐없이 논의할 수 있도록 당신 앞에 파트너를 데려다 앉혀 주기를 바라는가? 그렇다면 물론이다.

지금부터 나는 당신의 파트너를 사려 깊게 테이블로 초대해 공정한 게임을 시작하는 방법을 알려줄 것이다. 아무것도 걱정하지 마라. 나는 지금까지 공정한 게임 시스템이 다양한 커플들, 심지어 당장이라도 갈라설 것 같은 부부에게도 효과가 나타나는 것을 수없이 목격했다. 게다가 당신의 파트너가 시스템에 참여하는 게 공정한 게임이 작동할 수 있는 유일한 방법이다. 무엇보다 당신은 당신을 아끼고 기꺼이 게임에 동참할 파트너를 가질 자격이 있다. 안 그런가?

공정한 게임으로 당신이 잃는 것

집 안에 산적한 비효율
남편이 하는 모든 일에 점수 매기기와 일상적인 앙갚음
끔찍한 잔소리꾼이 된 기분
남편이 당신의 기대에 못 미쳤을 때 느끼는 실망과 분노
모든 일을 혼자 다 하는 데서 오는 극심한 피로

공정한 게임으로 당신이 얻는 것

가정생활에 대해 생각하고 말하는 방식을 바꿔 놓을 새로운 표현
당신과 남편이 부부 관계와 자녀 양육에 성공할 수 있게 해 주는 시스템
스스로에게, 그리고 남편에게 소중한 존재라는 느낌
당신과 남편이 서로에게 주체성과 능력을 인정받고 있다는 느낌
육아와 일 이외에 스스로를 돌보고, 우정을 나누고, 삶의 열정을 추구할 시간
아이를 갖기 전 당신의 모습을 조금이나마 되찾는 것
더 많은 유머와 마음의 여유
아이들에게 부모로서 건강한 롤모델을 보여 주는 것

Chapter 2

나와 남편 사이의 불공정함이
숫자로 드러난 순간

나는 JFK 공항에서 LAX 공항까지 대륙을 횡단하는 비행기를 타려고 사촌 제시카와 줄을 서 있었다. 탑승이 시작되길 기다리는 동안 제시카에게 내가 만들고 있는, 눈에 보이지 않고 누구도 인정해 주지 않는 집안일 목록 이야기를 했다. 그러면서 이제 막 엄마가 된 여성들에 관한 최근 연구 결과를 들려줬다. "여자들은 자기 남편이 집안일을 더 많이 하기를, 더 진보적이기를 기대하지만 현실은 그것과 거리가 한참 멀다는 거야."

그러자 제시카가 팔꿈치로 나를 쿡 찌르며 말했다. "훗! 난 기저귀 같은 거 안 갈아."

비행기 안에서조차 집안일 지옥에 빠진 여자들

그런데 탑승이 막 시작될 무렵 그녀는 다급하게 베이비시터에게 전화를 걸었다. "오늘 노아 축구 연습하는 날이라고 말하는 걸 깜빡했네요. 미안한데 혹시 지금 데려가 줄 수 있을까요? 감독님한테 전화해서 지금 가는 중이라고 말해 놓을게요."

제시카가 자기 발등에 떨어진 불을 끄는 동안 나도 바빴다. 여섯 달 전에 다이렉트 TV 설치 예약을 해 놨는데, 오늘이 바로 그날이라는 걸 까맣게 잊고 있었던 것이다. 설치기사들이 집에 도착했지만 안테나 접시를 어느 지붕에 설치해야 할지 몰라 허둥대고 있었다. 나는 페이스타임(애플사의 무료 영상통화 서비스)으로 사실상 내가 현장에 있는 거나 다름없이 해 보려고 애를 썼다. "상관없어요. 아무 데나 달아주세요. 우리 집이기만 하면 돼요." 그런데 기사가 난감한 듯 말했다. "죄송해요, 부인. 여기 안 계셔서 어쩔 수가 없네요. 규정상 부인이 사이트에 접속해서 약속을 확인하는 패스워드를 입력해야만 설치가 가능하거든요." 젠장, 하지만 나는 토를 달지 않았다. 대신 제일 가까이 있는 승무원에게 열심히 손짓을 했다. "저기요, 기내 와이파이에 접속하게 좀 도와주실래요? 당장 인터넷에 접속해야 해서요."

하지만 승무원은 먼저 자리에 앉아 달라고 했다. 제시카가 손으로 우리 자리를 가리켰고, 나는 휴대용 가방과 공항 내 잡화점에서 산 아이들 선물 꾸러미, 도시락 카페 그랩앤고에서 산 치킨시저 랩까지 챙겨 들고는 사람들 사이를 비집고 나아갔다. "잠깐만요. 아직 거기 계시죠?" 내가 설치 기사에게 말했다. 그런데 갑자기 휴대폰 배터리 부족

표시등이 깜박이기 시작했다. "끊지 말아 주세요." 나는 얼굴을 휴대폰 작은 화면에 들이밀며 부탁했다. 그리고는 패스워드를 입력하려고 노트북을 꺼내는데 제시카의 얼굴이 하얗게 질렸다. "아, 안 돼. 내 노트북 가방이 어디 있지?" 우리 사이에 놓은 짐들을 재빨리 훑어 보는데 노트북 가방만 보이지 않았다. "게이트에 놓고 왔나 봐." 그녀가 당황한 표정으로 나를 쳐다봤다.

우리는 누가 뭐라고 할 것도 없이 자리에서 벌떡 일어나 "내릴게요!"를 외치며 이번에는 안쪽으로 밀려드는 승객들을 헤집으면서 출입문 쪽으로 나아갔다. 입구에 도착하기가 무섭게 제시카가 게이트 쪽으로 내달렸다. 나는 마치 그녀를 태우지 않고서는 비행기를 출발시켜서는 안 될 것 같은 태세로 입구를 지키고 서 있었다. "어, 저분 어디 가세요?" 일등석 승객들을 위해 블러디 메리 칵테일을 만들던 승무원이 외쳤다. "5분 안에 문 닫을 겁니다." 나는 다급한 나머지 저 멀리 뛰어가는 제시카에게 서두르라고 소리쳤다.

잠시 후 그녀는 숨을 헐떡이며 나타났는데 다행히 노트북 가방을 들고 있었다. 우리는 정신없이 다시 비행기에 탑승했다. 그런데 승객들의 따가운 시선에서 이런 소리가 들리는 듯했다. '아줌마들, 정신 좀 챙기셔야지!'

좌석에 앉자마자 비행기는 이륙을 시작했다. 아직 점심때도 안 지났지만 우리는 이미 기진맥진한 상태였다. 물론 이런 정신없는 일상에 익숙했다. "노아가 연습 시간에 안 늦었는지 모르겠네." 구름을 스치는 비행기 안에서 제시카가 신음하듯 내뱉었다. "텔레비전 설치 기사들은 그냥 갔을 거야." 나는 다시는 이런 실수를 반복하지 않기 위해

할 일 목록 중 IT 및 전자기기 항목에 '위성 안테나 설치'를 추가했다.

그때 통로 건너편에 앉아 있는 남자가 눈에 띄었다. 나는 제시카의 옆구리를 쿡쿡 찔렀다. 빳빳한 진회색 정장에 결혼반지를 낀 그는 노트북 말고는 짐이 없어 보였다. 사방이 짐으로 둘러싸인 우리와 대조적으로 그는 다리를 쭉 뻗은 다음 편안한 자세로 이어폰을 끼더니 노트북을 열었다. 화면에는 귀엽게 생긴 흑갈색 머리의 여성과 세 아이가 그를 향해 웃고 있었다. 그가 자판을 두드리자 네 사람의 얼굴이 사라지고 파워포인트 화면이 나타났다. 그때부터 2시간 동안 남자는 세일즈 피치로 보이는 문서 작업을 했다. 그러고 나서는 낮잠을 자고 영화를 봤다. 비행 마지막 몇 시간은 노트북으로 수학 퍼즐을 푸는 것 같았다.

그를 엿본 거냐고? 맞다. 제시카와 나는 그에게서 눈을 뗄 수가 없었다. 그는 전체적으로 멋지고 차분하고 유능한 분위기를 풍겼다. 탑승 전부터 위성방송 설치기사, 베이비시터, 아이들 운동 일정 같은 걸 챙기느라 어수선한 우리와 달리 그의 정신적 부담은 상대적으로 가벼워 보였다. 수많은 여성들이 가지고 있는 5시간 혹은 닷새 전부터 미리 계획을 세워야 하는 결정 피로의 기색은 전혀 보이지 않을 뿐더러 너무나 산뜻해 보였다. 심지어 그는 비행기 안에서 몰입의 순간을 경험하고 있는 것 같았다. 집중력 또한 대단했다. 문서 작업, 낮잠, 영화에 수학 퍼즐까지.

비행기 고도가 낮아지는 걸 느낄 때쯤 제시카가 내 쪽으로 기대며 속삭였다. "내가 저 남자였으면 좋겠어." 나도 그랬다. 직장에 다니면서 집안일 목록을 작성하고 계획 세우는 일을 전담하는 엄마라면 누군들 안 그렇겠는가. 그는 우리가 아는 모든 엄마들이 결코 누릴 수 없는 사치, 즉 한 번에 한 가지 일에 집중하는 자유를 즐기는 것처럼 보였다. 나는 조용히 제시카에게 물었다. "어떻게 생각해? 저 남자가 수학 문제를 풀면서 재미있는 시간을 보내는 동안 그의 아내는 뭘 하고 있을까?" 제시카가 대답했다. "다른 모든 문제를 풀고 있겠지."

우리는 서로를 쳐다보며 웃었지만 그 말에 담긴 무게는 결코 가볍지 않았다. 통로 건너편에 앉아 있는 남자가 한 가지 일에 집중할 수 있는 이유는 그의 아내 덕분이 아닐까. 만약 그녀가 우리와 비슷하다면, 지금 그녀는 무대 뒤에서 아이들을 보살피고, 눈에는 안 보이지만 집안을 굴러가게 하기 위한 온갖 일을 하고 있을 터였다. 그래서 그는 지금 비행기 안에서 다리를 편히 뻗을 수 있는 것일 테고.

문득 궁금해졌다. 저 남자처럼 아무 거리낌 없이 하나에만 집중할 수 있는 마음 상태의 가치는 무엇일까? 버지니아 울프 식으로 말하자면 정신적인 자기만의 방일까? 더 많은 방, 더 많은 시간, 더 많은 공간의 형태로 나타나는, 하나에만 집중할 수 있는 정신적 자유는 왜 일하는 아빠나 남편의 전유물이어야 하는가. 왜 여자들은 그 같은 호사를 누리지 못하는가.

그래서 집안일의 가치를 돈으로 따지면 얼마냐고?

그 뒤로 몇 주 동안 비행기에서 본 남자의 모습이 계속 떠올랐다. 그러자 내 정신적 에너지의 일부를 집안일에 저당잡힌 채 살아가는 것의 비용이 과연 얼마나 되는지 너무 궁금해졌다. 그리고 이 주제에 대해 다른 사람들은 어떻게 생각하는지도 알고 싶었다.

그래서 나는 가족과 친구들의 범위를 넘어서 공항과 커피숍, 상점, 놀이터, 운동장 등 장소를 가리지 않고 여성들에게 질문하며 탐색 모드에 들어갔다.

먼저 파트너십이나 결혼 생활을 유지하기 위해 겪어야 하는 만성 피로와 원망, 그리고 외로움이나 혼자라는 느낌을 감내하는 것의 비용을 고려해야 했다. 그래서 소셜미디어에 다음과 같은 문장을 올려 어떤 기분이 드는지 밑줄을 채워 달라고 했다.

"우리 가정에서 가사와 육아를 주로 책임지는 사람이 누구인지 생각하면 _____ 기분이 든다."

활동적인 엄마들 그룹에 속하는 150명의 여성에게 얻은 답변 중 가장 많이 나온 3가지는 다음과 같았다.

"지칠 대로 지쳐서 도망치고 싶은 심정이다."

"남편한테 부아가 치민다."

"평생 이런 역할을 하게 될 것만 같다."

트위터 피드와 페이스북 채팅창, 소셜미디어 등에서 공유되는 밈(Meme, 특정 콘텐츠를 다양하게 패러디해서 즐기는 문화 - 옮긴이)에서도 비슷한 정서가 되풀이됐다. '눈에 보이지 않는 가사 노동의 무게가 나와 내 결혼 생활을 망치고 있다'는 메시지가 들끓었다. 패션 잡지 〈글래머〉에서 연재물로 다뤘던 오늘날 이혼에 관한 글에서, 작가 리즈 렌즈는 말했다.

"난 요리를 그만뒀다. 자신을 위해 모든 것이 다 준비돼 있을 거라는 기대를 하고 집에 들어오는 남자들처럼 홀가분한 기분을 느끼고 싶어서였다. 쿠폰을 자르고 밀가루 반죽을 굴리며 저녁 식사 시간과 먹을거리에 대한 걱정을 하는 데서 자유로워지고 싶었다. 남편처럼 앉아서 아이들과 놀고 싶었다."

그러므로 눈에 보이지 않는 집안일을 더 많이 하는 여성의 경우 남편보다 결혼 생활을 불만족스러워할 가능성이 더 크다는 최근의 연구 결과는 어찌 보면 너무 당연해 보인다.

다음은 부모가 되기 전의 자아를 잃어버리고 나를 나답게 해 주는 열정이나 목표로부터 단절되는 정체성 관련 비용을 따져 보자. 카시트에서 아기를 안아 올려 안전하게 유모차에 앉힐 때, 아기의 꽃잎 같은 뺨에 자외선 차단제를 발라 줄 때, 아기 무릎에 빨대 컵을 놓아 줄 때, 낼 수 있는 가장 부드러운 엄마 곰 목소리로 서럽게 우는 아이를 달랠 때, 그래서 결국 어제 입었던 것과 똑같은 잠옷 바지 차림으로 주차장에 차를 세워 놓고 약국으로 달려가 튜브형 니플 크림을 사는 데 성공했을 때, 세상에서 가장 큰 업적을 이룬 것처럼 뿌듯함을 느끼며 문득 이런 생각을 한 적은 없는지…. '내가 이런 사람이었나?'

이와 관련해 정신과 의사 알렉산드라 색스는 이렇게 말했다.

"춤을 추듯이, 아기를 돌보기 위해 몸을 앞으로 숙였다가도 자기 자신을 돌보기 위해 허리를 펴는 시간이 꼭 필요해요. 당신의 몸, 파트너와의 관계, 친구들과의 관계, 지적인 삶, 영적인 삶, 취미 등등 당신의 정체성이나 기본적인 욕구를 결코 소홀히 해서는 안 되기 때문이죠. 아이에게 무조건 다 주고 싶다 해도 그럴 수가 없어요. 우린 인간이니까, 로봇이 아니라요."

이뿐만 아니라 엄마일 때와 엄마가 아닐 때의 임금 격차 - 이 격차는 남성과 여성의 임금 격차보다 크다 - 에 해당하는 경력 관련 비용도 고려해야 했다. 최근 〈뉴욕타임스〉에 실린 한 조사에서는 "월마트에서 일하든 월스트리트에서 일하든, 여성은 임신이 곧 경력의 끝 아니면 적어도 단절을 의미할 때가 많다"고 주장했다. 엄마가 되려면 반드시 경제적 리스크를 감수해야 한다는 사실을 알고 있었는가.

전통적으로 우리 문화에서는 엄마가 사실상 한 가정의 총책임자이자 온 가족을 돌보는 사람으로 여겨져 왔다. 학교에서 전화가 오면 엄마가 받는다. 아이가 아프면 엄마가 집에 남는다. 드라이클리닝과 임대료와 처방전을 처리해야 할 때 또한 직장에 늦더라도 엄마가 해결한다. 이미 몇 시간 일찍 일어나 아이들을 깨우고, 먹이고, 입히고, 어린이집에 데려다주는 일을 시작했음에도 불구하고 말이다. 그러고 나서 직장에 출근하면 남편이 보낸 문자메시지가 속을 뒤집어 놓는다. '오늘 처리해야 하는 급한 일이야. GEG8612 차량 등록 갱신해야 돼. 나는 오늘 사무실에서 나갈 수가 없어서 그런데 대신 처리 좀 해 줄래?' 당신은 심호흡부터 하고 생각한다. '물론이지, 여보. 내가 또 일찍 퇴근해서 오후 시간 내내 DMV(차량등록국)에 줄 서서 해결할게.'

집안일이든 아이에 관한 일이든 당신이 받은 문자메시지 중 몇 개만이라도 남편이나 파트너에게 넘길 수 있다고 상상해 보라. 그것만으로도 얼마나 숨통이 트일까? 그런데 남편들은 당연한 듯 우리에게 그 일을 넘기고 자기 일에 전념한다. 그리고는 더 오래 일하고자 하는 의지와 덜 유연한 시간이라는 불균형을 대가로 더 높은 임금이라는 보상을 받는다.

주중에 열리는 회의 참석차 라스베이거스행 비행기를 타야 한다면? 대부분의 남편이나 아빠는 아무 문제가 없다. 반면 아내나 엄마가 그 회의에 참석해서 유능한 직원으로 인정받으려면 집안의 일상적인 문제와 방해 요소들을 제거하기 위해 한바탕 전쟁을 치러야 한다. 나는 이걸 '이중고'라고 부른다. 내가 할 수 있는 그 이상의 노력을 들여야 하기 때문이다.

아이가 한 명 태어날 때마다 승진이나 명예로운 임무, 월급 인상, 인센티브 기회를 놓침으로써 수익력이 5~10퍼센트씩 감소하는 '엄마세'를 고려해 보면, 비로소 엄마가 되는 것의 진정한 비용을 이해할 수 있다.

작가인 앤 크리텐던은 말했다. "대부분의 기업에서 생각하는 이상적인 근로자는 방해 요소가 없는 사람들 즉, 자기가 맡은 업무 외에 어디에도 매이지 않은 자유로운 사람입니다. 반면 자기가 가진 에너지를 유급 노동에 100퍼센트 쏟을 수 없는 사람은 최상위 직무에서 배제되고 평생 낮은 수입에 머물게 됩니다. 그 범주에 속하는 거의 모든 사람이 엄마인 건 우연이 아니에요."

야망의 격차? 웃기고 있네, 피로의 격차야!

〈댈러스 의학 저널〉에 따르면 텍사스주 플라노에 사는 한 의사는 여성 의사의 급여가 남성 의사의 3분의 2 수준에 그치는 이유를 이렇게 설명했다. "여성 의사들은 남성 의사들만큼 열심히 일하지 않아요.

일보다는 가족이나 사회적 교류 같은 다른 것들을 더 우선시하는 거죠." 그런데 여성들이 정말 좋아서 그렇게 하는 걸까? 어쨌든 인터뷰를 한 의사는 그가 말한 '다른 것'을 해 본 적이 없을 것임이 분명하다.

그리고 또 하나 분명한 것은 저널리스트인 에이미 웨스터벨트의 말처럼, 우리는 여성들이 마치 아이가 없는 것처럼 일하고 일하지 않는 것처럼 아이를 키우기를 기대한다. 그러므로 만성피로와 스트레스, 정신적 대역폭을 나눠 써야 하는 한계 등의 형태로 웰빙과 관련한 비용도 고려의 대상이다. 〈투데이〉가 전국의 7,000명이 넘는 엄마들을 대상으로 실시한 인터뷰 조사에 따르면 엄마들 대부분이 자신의 스트레스 점수를 10점 만점에 8.5점이라고 평가했다. 그것은 최근 과학저널 〈뇌와 행동〉에서 여성이 남성보다 불안 장애에 시달릴 확률이 2배 높다고 발표한 보고서 내용과 일맥상통한다.

나는 표적 집단을 확장하면서 스트레스 격차를 자세히 살펴보기 위해 전문가를 찾았다. 단연 내 첫 번째 후보는 서던캘리포니아 대학교(USC) 심리학 교수이자 오랫동안 성별에 따른 분업을 연구해 온 더비 삭스비였다. 다행히 그녀 역시 로스앤젤레스에 살고 있어서 우린 딘타이펑에서 딤섬을 먹으며 건강과 웰빙 산업에 관해 이야기를 나누기로 했다.

음식이 나오기도 전에 삭스비가 말했다. "비밀 하나 알려줄게요. 웰빙업계는 성 역할 불균형에 대해서 잘 알고 있는 게 분명해요. 당신은 지난 한 달 동안 이메일이나 소셜미디어를 통해서 죽을 듯한 피로나 과로로 지친 피부를 관리해 주겠다는 미용 관련 메시지를 얼마나 받았어요?" 나는 차를 한 모금 마시며 어림짐작해 봤다. "스무 개 정도?"

"최소한 그 정도일 거예요. 그렇죠? 이제 여자들은 자문해 봐야 해요. 자기 삶을 더 변화시킬 수 있는 게 다크서클을 없애 주는 신제품 세럼인지 아니면 공정한 가사 노동 분담인지 말이에요."

우린 획기적인 피부 미용 캠페인에 같이 웃었다. 피부 수분 공급이 좋을까, 더 많이 집안일에 참여하는 남편이 좋을까? 삭스비는 웃으며 말했다. "지친 피부를 해결하기에는 후자가 더 좋은 선택이죠. 농담이 아니라 여성들은 정말 너무 고통받고 있거든요." 내가 거들었다. "〈건강한 여성들과 일하는 엄마〉에 실린 최근 조사 결과 봤어요? 엄마들의 78퍼센트가 정신적으로나 육체적으로 가족의 안정을 유지하기 바빠서 자기 자신은 돌보지 않는다고 답했어요." 그러자 삭스비가 말했다. "게다가 대부분 긴장을 풀고 재충전할 시간이 없어서 스트레스 호르몬인 코르티솔만 더 많이 만들어 내고 있죠. 그게 건강에는 치명적인 독인데 말이죠."

그 밖에 우수한 자격을 갖춘 여성들의 43퍼센트가 육아를 위해 경력의 사다리에서 내려오거나 우회함으로써 높은 생산성과 뛰어난 리더십, 눈부신 재능을 강탈당하는 사회적 비용도 빼놓을 수 없다. 여기에는 노동시장에서 빠져나가는 상황에 대해서는 전혀 생각해 보지 않았던, 하지만 일과 육아를 병행하는 게 얼마나 힘든 일인지 과소평가했다는 걸 절감하며 결국 노동시장에서 빠져나가는, 대학 교육을 받은 여성들이 포함된다. 아이비리그 학위가 3개나 있는 일레인은 한숨을 쉬며 이렇게 말했다. "회사를 진두지휘하다가도 아이의 관심을 끌어서 재밌게 해 주려고 내 머리를 숟가락으로 탁탁 친다니까요."

오늘날 여성들은 학사 및 석사 학위 소지자의 과반수를 차지하고,

열 가정 중 네 가정의 생계를 책임진다. 그런데도 여전히 많은 여성들이 일을 줄이거나 노동시장을 빠져나가고 있다. 이들 중 상당수는 아이를 낳고 나서 전 직장으로 돌아가는 대신 소득이 더 낮은 다른 회사로 들어간다.

당신도 일을 시작하고, 쌓고, 다지면서 동시에 육아와 집안일을 하느라 정신적으로 과부하가 걸려서 남자 동료들만큼 야심차게 일할 수 없다고 느끼는가? 그렇다면 얼마나 많은 여성이 그들의 가정이나 공동체에서 이렇게 말하는지 이해할 수 있을 것이다. "파트너가 집안일에 꾸준히 관여하지 않는 한 무슨 수로 제가 일에 전념할 수 있겠어요?"

이에 대해 작가 겸 칼럼니스트인 제시카 발렌티는 다음과 같이 지적했다. "여성들의 경력과 개인적인 포부를 좌절시키는 것은 엄마인 상태나 아이들이 아니다. 자신들의 정당한 몫을 책임지지 않으려는 남성들이다. 만약에 엄마들이 늘 하던 집안일을 아빠들이 책임졌다면 여성들의 경력은 누구도 상상하지 못했던 방식으로 뻗어 나갔을 것이다." 여성들이 직장에 남아 성공하도록 돕는 기업 세컨드 시프트의 공동 창업자이자 내 친구인 제니 갈루조는 이렇게 일갈했다. "야망의 격차? 웃기고 있네. 문제는 피로의 격차야!"

그런데 내가 인터뷰했던 한 남성은 이렇게 말했다. "아내를 탓하기보다 주정부를 탓하는 게 낫겠어요." 그게 무슨 말인지 모르는 게 아니다. 언젠가는 공정한 게임이 주정부와 연방정부의 의미 있는 정책들로 이어지는 3자 게임이 되길 바란다. 그리고 부디 당신의 고용주와 정책 입안자들에게 이 현실을 앞당겨 달라고 요구해라. 적어도 나는 그렇게 하고 있다. 그렇지만 그것이 당장 가사 노동의 불공평을 해결해 주지는 못한다.

다행히 우리가 다루고 있는 공정한 게임은 지금 당장 당신의 가정에 변화를 이끌어 낼 수 있는 게임이며, 파트너와 당신 둘이서만 하면 된다. 당신의 기운을 북돋아 줄 만한 소식을 하나 전해 주겠다. "개인의 변화는 결국 사회적, 정치적, 경제적 변화를 요구하는 크나큰 파도로 이어진다."《남성은 여성에 대한 전쟁을 멈출 수 있다》의 저자 마이클 코프먼의 말이다. 한마디로 둘 중 하나만 할 수 있는 게 아니다. 자기 삶에 변화를 일으키는 동시에 정책도 제안할 수 있다.

아주 오래된, 그러나 여전히 해결이 안 되는 문제

결혼 행복도 감소와 가정 내 힘의 불균형, 정체성 상실, 신체적·정신적 스트레스 및 건강 관련 이슈, 고학력 여성 인력을 충분히 활용하지 못하는 노동시장, 리더와 관리자급에서 여성들이 차지하는 낮은 비율 등등 이 문제들이 과연 새로운 문제일까? 아니다. 역사적으로 볼 때 여성들은 그 동안 성별에 따른 노동의 분화 문제를 해결하려고 부던히도 노력해 왔다. 그리고 2차 산업혁명을 거치면서 사람들은 이제 여성들이 집 밖에서 일을 하게 되었으니 집 안에 만연했던 성별에 따른 노동의 분화가 큰 변화를 맞이할 거라고 기대했다. 하지만 그런 혁명은 일어나지 않았다.

최근 유엔이 발표한 보고서에 따르면, 여성은 여전히 가사 노동을 남성보다 3배 많이 하는 것으로 나타났다. 물론 오늘날 남성들이 과거에 비해 집안일을 더 많이 하는 건 사실이지만 가장 좋은 의도를 가진 남성들조차 공정한 몫에는 여전히 미치지 못하고 있다.

이에 대해 메건 K. 스택은 〈뉴요커〉에 이렇게 썼다. "이것은 엄청난 불의다. 왜냐하면 집안일이 전부이기 때문이다. 여성들은 유사 이래 오랫동안 집안일에서 벗어날 수 없었고 그로 인해 좌절하고 침묵해야만 했다. 여성 평등을 위한 투쟁이 사무실과 공장에서 일어나는 줄 알았지만 사실 가장 치열한 전투는 집안에서 벌어지고 있음을 깨달았다."

한마디로 변기를 닦는 무보수 일이 여전히 여성들의 몫이라는 얘기다. 이런 구도는 어릴 때부터 시작되는데 여자아이들이 남자아이들보다 집안일을 50퍼센트 더 많이 한다. 이와 관련해 작가 사라 피터슨은 수많은 동화책에 반영된 메시지를 언급하며 "성별에 따른 노동 분화의 메시지들이 아주 어릴 때부터 우리의 작고 말랑말랑한 정신세계에 스며들고 있다."라고 지적했다.

그도 그럴 것이 동화에서 앞치마를 두르고 인자한 미소를 띤 의인화된 동물 엄마들은 여자는 아기를 돌보고 가사를 도맡아 하는 사람으로 규정하고 그렇게 키운다. 게다가 가족들의 삶의 질을 높이기 위해 수행하면서도 직접적인 보수는 받지 못하는 여자들의 일은 전통적으로 남성들의 일이라고 규정돼 있는 사회 지향적인 일에 비해 그 가치를 인정받지 못한다.

여기서 깜짝 퀴즈, 남성들 혹은 남편들이 다음과 같은 말을 한 것은 언제일까? 답은 팻 마나르디가 《가사 노동의 정치학》을 펴낸 1969년과 내가 인터뷰를 진행한 2018년 둘 중 하나에 있다.

a. "집안일을 분담하는 건 상관없는데 난 정말 소질이 없어. 우리 각자 잘하는 일을 해야지."

b. "집안일은 나보다 당신이 훨씬 더 잘하잖아."

c. "우린 서로 기준이 달라. 왜 내가 당신 기준에 맞춰야 해? 그건 불공평해."

d. "집안일은 그녀 몫이죠. 내 일이 아니에요."

e. "위대한 업적을 이룬 남자가 집안일을 하면서 그렇게 될 수 있었겠어요?"

f. "난 생계를 책임지잖아요. 그녀의 삶을 책임진다고요. 그런데 왜 내가 접시까지 닦아야 합니까?"

답은 다음과 같다.

a. 1969년   b. 2018년   c. 1969년   d. 2018년   e. 1969년   f. 2018년

어떤가. 분명 50년의 차이가 있음에도 불구하고 남편들의 말은 참 안 변하지 않았는가.

내 친구들이 집안일 리스트를 보며 분노한 이유

무보수로 하는 일은 중요하지 않다. 반려견을 산책시키고 아이들을 픽업하는 일은 이를테면 당신 남편이 월급을 받고 일하는 직장에서 동료들과 점심을 먹는 것과 동일한 가치를 인정받지 못한다. 이 사실을 믿을 수 없다고?

우선 '내가 하는 일 목록'으로 돌아가 보자. 나는 친구들에게 뇌에서 쥐가 날 정도로 이리저리 널뛰면서도 돈을 안 받고 하는 모든 일을 쭉 적어 보라고 했다. 친구들이 적은 목록을 보며 내 목록에 빠져 있는 것들을 추가한 다음 나는 대담한 제안을 하나 했다. 우리가 아는 모든 이에게 목록을 보내자고 한 것이다. 세상 모든 엄마에게 메시지를 퍼트리는 데 있어 이보다 더 좋은 방법이 어디 있겠는가. 우리는 어릴 적 친구들과 중·고등학교 친구들, 멀리 떨어져 사는 사촌들, 대학 룸메이트, 예전 직장과 현재 직장 동료들에게 목록을 보내며 다른 사람들과의 공유를 부탁했다.

불과 며칠 만에 목록은 광범위하게 퍼져 나가기 시작했다. 그 증거로 나는 한 번도 만난 적이 없는 여성들로부터 메일을 받게 되었다. "내가 참석하는 엄마들의 모임 이를테면 독서 모임, 교회 모임, 학부모 모임에 이 리스트를 공유해도 될까요?" 얼마 지나지 않아 국적을 가리지 않고 수많은 여성 공동체에서 목록을 만들어 보내왔고, 덕분에 내 목록은 점점 길어져 갔다. "연하장 보내는 거하고 걸스카우트 쿠키 판매도 있어요.", "선반 위에 요정 숨기기(추수감사절부터 집안 곳곳에 숨어서 아이들을 지켜보다가 크리스마스 이브에 산타가 왔다 갈 때 그와 함께 북극으로 돌아간다는 동화 속 요정-옮긴이)도 잊지 말아요.", "용돈 주기!"

여성들이 무보수로 하는 보이지 않는 일들을 보이게 만들고 금전적 가치를 매기는 것뿐만 아니라, 특정 범주로 묶는 게 얼마나 강력한 힘을 발휘하는지 분명해졌다. 나는 점점 세분화되고 정교해지는 육아와 집안일들을 항목별로 분류하기 시작했다. 예를 들어 세차와 자동차 등록증 갱신은 자동차 항목에 넣고, 자외선 차단제 발라 주기 같은 개별적인 일과 정기적으로 받는 건강검진은 의료 및 건강으로 묶었다.

이전에 엄마 블로거들 사이에 퍼졌던 할 일 목록은 단순히 항목별로 구분된 것이었던 반면, 지금 만들고 있는 목록은 수많은 대중의 참여로 모아진 개별 데이터들을 전문 경영인들의 관리 원칙에 따라 조직적으로 배치한 총체적인 목록이었다. 내가 하는 일 목록 첫 버전이 관리하기에 너무 길고 세분화됨에 따라, 친구 엘라나에게 엑셀 스프레드시트로 옮기는 작업을 도와 달라고 부탁했다. 그중 반려동물을 예로 들면 다음과 같다.

- 종(유형) / 품종 조사(또는 동물 보호소나 입양 기관 찾기)
- 반려동물 선택하기
- 실내 안전문 설치
- 좋은 수의사 찾기
- 동물 병원 진료 예약 및 방문 - 필수 예방 접종, 중성화 수술 등
- 사료, 간식, 장난감, 미용 용품, 잠자리, 이동장 및 케이지, 넥카라, 리드줄, 하네스 등의 구입
- 밥 주기(하루 수차례)
- 훈련(배변, 잠자리, 짖음, 물기)
- 놀이 시간 정하기
- 개를 키우는 경우 하루 두 번 산책시키기 또는 도그 워커(방문 산책 도우미) 일정 잡기
- 미용 또는 미용사 찾기 및 예약, 시간 맞춰 데려가고 데려오기
- 여행 기간 돌봄 서비스 일정 챙기기
- 사고친 것, 털, 난장판 치우기

위의 분류는 기르는 반려동물의 특성에 따라 더 많아질 수도 있다! 이 목록을 접한 여성들은 자기가 한다고 생각했던 한 가지 일이 실제로는 수많은 작은 일들로 채워져 있음을 깨닫고는 흥분하기 시작했다. 온종일 신경을 거스르는 신발 속 돌멩이처럼 하는 일 목록에 정신을 빼앗긴 것이다. 전화와 문자, 이메일이 온통 분노로 들끓었다. '젠장, 이 목록을 보기 전까지는 내가 이렇게 많은 일을 하고 있는지 몰랐어!' 친구 애니가 보낸 문자였다. "내가 정신 나간 사람처럼 보이는 것도 당연해." 또 다른 친구는 출근길에 울면서 전화했다. "말 그대로 내가 다 하고 있었어. 이런 식으로는 결혼 생활을 더 이상 못할 것 같아."

시간이 지나자 하는 일 목록이 일으킨 파장에 죄책감이 늘기 시작했다. 해결책도 없으면서 목소리만 너무 큰 건 아닐까. 여성들끼리 불평을 늘어놓으면 잠깐은 만족스러울지 몰라도 와인 병을 비우자마자 술기운이 싹 가시면서 집에 돌아가 빨래를 개야 하는 게 현실이니까 말이다. 물론 그것도 나오면서 부탁한 대로 남편이 빨래를 건조기에 넣는 걸 잊지 않아야만 가능한 얘기지만.

나와 남편 사이의 불공정함이 숫자로 드러난 순간

미시간주에 사는 리앤이 소식을 전해 왔다. "학교, 코치, 소아과 의사, 치과 주치의, 청소 도우미, 수의사 할 것 없이 메일을 보낼 때마다 남편 이메일을 참조로 붙였어요. 자신이 사무실에서 일에만 집중할 때 내가 처리하고 있는 것들을 전부 보라고요." 내가 그 결과는 어땠는지 궁금하다고 말하자 리앤은 말했다. "자기 메일함 좀 그만 채우라고 하더라고요." 리앤뿐만 아니라 보통 여성들이 남편들에게 목록을 보여 주면 관여하기를 거부한다. 친구 클라라도 말했다. "내 남편은 상관하고 싶지 않대. 그래서 한가할 때 넘겨 보라고 목록에 있는 걸 전부 색인 카드에 옮겨 적어 줬지."

색인 카드 아이디어가 마음에 들었다. 돌이켜 보면 나는 여러 해 동안 자문 일을 하면서 색인 카드를 중재 도구로 써 왔었다. 어쩌면 모든 집안일을 색인 카드에 옮겨 적는 것이 목록을 게임처럼 만들어서 눈에 보이지 않고 인정받지도 못하지만 그럼에도 불구하고 가치를 지니는 일들을 파트너에게 보여 주고 함께 이야기하는 새로운 접근법이 되지 않을까. 나는 맨 처음 목록 작성을 도와줬던 친구들을 다시 호출했다. 그리고 그들에게 육아와 집안일을 색인 카드에 옮겨 달라고 부탁했다. 그러자 흥미로운 일이 벌어졌다. 카드를 직접 손에 쥐는 것이 목록에 실체를 부여하는 데에는 도움이 된 반면 가족들을 위해 사실상 거의 모든 일을 떠맡고 있다는 걸 손으로 직접 체감한 친구들의 분노는 그만큼 치솟았다.

나도 내가 하루 평균 80개 이상의 임무를 맡아 재주를 부리는 동안 남편이 알아서 하는 일이 과연 몇 개나 되는지 따져 봤다. 세상에, 돈 관리와 자동차, 놀이 딱 3개였다. 결단코 공정하다고 말할 수 없었다. 나와 똑같은 좌절감을 느낀 친구들이 새로운 불평을 터트렸다. "그는 정당한 몫을 지고 있지 않아! 카드를 탁자 위에 전부 올려놨는데 그는 아무것도 집어들지 않았어!" 하루는 학교 모금 행사에서 질리언의 남편이 나한테 다가오더니 곤란한 듯 말했다. "저기 말해 봐요, 이브. 찌

질한 인간이 안 되려면 그 카드라는 걸 몇 개나 집어야 하는지." 나는 음료수를 한 모금 홀짝이고는 웃으면서 말했다. "0보다는 많아야겠죠."

다음 날 세스와 나는 부부 치료 상담실에서 주말 데이트를 했다. 치료사 데릭이 물었다. "오늘은 뭘 하고 싶으세요?" 마침 지갑에 집안일 카드가 들어 있었다. 나는 잠자코 카드를 꺼내 세스에게 휙 집어던졌다. 세스가 눈을 치켜뜨며 "이게 뭐야?"라고 하자 나는 싸늘하게 말했다. "내가 혼자 다 해치우는 일, 이제 당신이 가져갈 차례야." 그리고는 카드 몇 개를 뒤집어 그의 무릎에 올려놓으면서 큰 소리로 읽었다. "학기말 선생님 선물 마련, 주말 식사 준비, 애들 과제…." 분위기가 심상치 않자 데릭이 나에게 진정하라고 했지만 그 동안 쌓인 분노가 많아서인지 좀처럼 진정할 수가 없었다. 나는 바닥에 떨어진 카드를 집어 세스에게 들이밀었다. "감사장 가져가!" 세스가 의자 뒤쪽으로 등을 기대며 말했다. "난 안 받을 거야." 그것은 마치 '저리 가, 이 미친 여자야!'라고 말하는 듯한 몸짓이었다. 그 순간 깨달았다. 내가 처음에 만든 목록처럼, 색인 카드도 화를 누그러뜨리는 데에는 도움이 되지 않는다는 사실을 말이다. 그것은 노동량 또한 그다지 줄여 주지 못했다.

그런데 반가운 소식이 찾아왔다. 질리언이 남편한테 카드를 내놓았는데 약간의 진전이 있었다며 환한 표정으로 말했다. "남편이 '임무는 안 맡아도 카드는 맡을게'라고 하길래 주말 식사 준비 카드를 줬어." "잘됐다. 그런데 다음 주에도 그 카드를 다시 맡을까?" 내가 그렇게 묻자 낙관적이었던 그녀의 평정심이 흔들리기 시작했다. "아마 아닐걸. 하지만 내가 상기시켜 주면 되지 않을까?"

어떤 남자들은 질리언의 남편처럼 카드를 받기는 받아도 그걸 계속 지키지는 않는다. 계속 지키게 하려면 일일이 상기시켜 주고, 임무를 완수하고 나면 잘했다고 치켜세워 줘야 한다. 하지만 다른 사람에게 무언가를 상기시켜 주는 일은 그 자체로 엄청난 정신적 에너지가 소모된다. 그 임무를 완수하려면 무엇이 필요한지 알아야 하고, 기억해야 하며, 또 그 일을 끝내야 한다고 말해 줘야 한다. 반대로 상대방은 이 모든 짐에서 자유롭다. 아무것도 기억할 필요가 없고 잊을까 봐 걱정할 필요도 없다. 그리고 생각해 보라. 다그치고 칭찬하는 건 자식을 돌볼 때나 하는 일이지 남편하고의 관계에서 할 일이 아니다.

친구 릴리와 점심을 먹으면서 나는 남편이 바닥에 나뒹구는 옷가지며 신발, 레고 조각들을 치워 주길 기대했다가 실망한 적이 얼마나 많은지 토로했다. 그가 보이는 반응은 대체로 다음과 같았다. "나한테 말 안 해 줬잖아", "잠시 딴 생각을 하고 있었어", "그냥 해 달라고 하지 그랬어?"

릴리는 내 심정을 안다는 듯 말했다. "바닥에 나뒹구는 옷이라, 내가 그 심정을 잘 알지. 지난주에 출장을 갔었는데 일곱 살짜리 딸이 전화기를 붙들고 울면서 이러는 거야. '엄마, 어젯밤에 이빨 요정이 안 왔어요!' 난 생각했지. '어라, 이빨 요정이 안 왔어?' 그 일로 남편과 통화하는데 오히려 나를 탓하는 거야. '베개 밑에 돈을 넣어 놔야 된다는 걸 내가 무슨 수로 알아? 당신이 나한테 말을 해 줬어야지!' 그 말에 화가 나서 남편한테 말했어. '진심이야? 당신한테 딸 이빨 빠졌다는 걸 눈치채라고 상기시켜 주는 게 내 책임이라고? 홍콩에 있는 창문도 없는 회의실에서?'" 릴리가 불만에 가득 찬 목소리로 말했다. "남편을 키우는 건 전혀 섹시하지 않아."

그러자 전남편을 '페이스북 아빠'라고 부르는 카르멘이 거들었다. 남편이 집안일을 할 때는 자신이 한 일을 소셜미디어에 올려 기념할 때뿐이었다는 것이다. "순전히 '좋아요' 받으려고 돕는다니까. 친구들은 전부 그가 대단한 아빠 줄 알아. 춤 경연 대회, 티볼 게임, 신학기 쇼핑 같은 사진만 올리거든. 태그로 다는 설명은 다 이런 뜻이야. '내가 한 것 좀 보라고!' 어떤 때는 스스로 기특해하는 이모티콘도 단다니까. 난 사람들한테 외치고 싶어. '이봐요, 이건 다 연출이에요.' 무대 밖에선 어떤지 알아? 아이들 데리고 신학기 쇼핑 좀 다녀오라고 등 떠밀고, 사 오라고 한 물건을 하나도 안 사 와서 문 닫기 직전 쇼핑몰로 달려가는 사람은 바로 나야. 한번은 남편이 보라는 장은 안 보고 덜렁 영화만 보고 온 적도 있어. 사람들이 남편이 하고 있다고 생각하는 일들은 현실에서는 완전히 딴판이야."

드디어 화내거나 잔소리를 할 필요가 없는 해결책을 찾다

파트너에게 무언가를 상기시키는 것은 할 일 목록을 줄이는 게 아니라 늘리는 것이나 다름없다. 게다가 보통은 상기시켜 주는 쪽이 잔소리 누명을 쓰기 일쑤다. 이 프로젝트와 관련해서 인터뷰했던 거의 모든 남성들이 잔소리가 제일 싫다고 말하면서도 자신이 집에서 할 일을 아내가 말해 주길 기다린다는 사실도 인정했다. 둘 중 한 사람이 집안일을 주도하고 있다면 그 관계는 동등한 파트너십을 유지하고 있다고 볼 수 없다. 따라서 어떤 집안일을 위임하는 것과 그 일의 소유권을 양도하는 것 사이에 중요한 구분이 생긴다. 소유권은 누가 일러 주지 않아도 계획을 세워야 한다는 사실을 기억하고, 계획을 세우고, 계획의 전반을 실행하고, 완료하는 사람에게 귀속된다.

기업 내 탁아 서비스 업체인 브라이트 호라이즌Bright Horizons이 실시한 조사에 따르면 워킹맘 중 86퍼센트가 자신이 가족들과 가정을 챙기는 일의 대부분을 맡고 있다고 했다. 그들은 말한다. "약속을 잡는 일뿐만 아니라 아이를 데리고 왔다가 데려가고, 누가 언제, 어디에 가야 하는지 끊임없이 머릿속으로 체크해야 하죠." 이들이 끝내 번아웃으로 탈진해 버리는 사태를 막기 위해서는, 파트너를 지시하는 대로 따르는 단순한 수행인이 아니라, 그 이상의 역할을 하도록 해야 한다. 임무를 일관성 있게 맡아 그 임무를 구성하는 모든 측면을 주도적으로 수행하도록 해야 한다는 뜻이다. 그러지 않고서는 그 임무가 잘 되어 가고 있는지, 제대로 끝났는지, 아니면 하나도 안 됐는지 계속 걱정할 수밖에 없다. 그럴 경우 여성들은 도움이나 호의를 요청해야 하는 정신적·감정적 부담을 계속 떠안고 있게 된다.

하지만 도대체 어떻게 해야 할 일을 일일이 말해 주지 않고도 파트너가 가사와 육아의 책임을 온전히 맡아서 실행하게 할 수 있을까? 어떻게 혼자 알아서 하게 만들 수 있을까? 내가 알아내야 할 문제는 바로 그것이었다. 그래서 나는 작전 타임을 선언했다. 내 프로젝트의 얼리어답터들에게 더 이상 어떤 카드도 넘기지 말고, 계산도, 거래도, 협상도 하지 말라고 당부했다. 나는 그들에게 명확하고, 측정할 수 있고, 꾸준한 성공을 보장하는 규칙을 마련해 줘야 할 빚이 있었다. 이를테면 파트너를 소외시키는 대신 사려 깊게 테이블로 초대하는 사용 설명서가 빠진 할 일 목록 카드는 결혼 생활에 분열과 역기능만 초래할 뿐이었다. 내 결혼 생활을 개선하고 다른 사람들도 나와 같은 변화를 이루도록 돕고 싶다면, 말 그대로 시스템을 새로 만들어야 했다.

다행히 공정한 게임 시스템이 머릿속에 구체적으로 그려지기 시작했다. 일일이 시키지 않아도 파트너가 스스로 알아서 할 수 있다고 느끼기를 바란다면, 우선 여성들은 문지기 역할을 그만두어야 한다. "이렇게 하면 안 돼. 그냥 내가 할게"라고 말하는 것을 멈추어야 하는 것이다. 그 대신 맥락을 더 많이 만들 필요가 있다. '우린 처음부터 끝까지 이 방식을 따르기로 했고 여기에 동의한 이유는 이거야'라는 식의 이야기를 할 필요가 있다는 것이다. 공정한 게임 시스템을 도입한 부부들은 각 카드의 명확한 정의와 상호 합의한 기대치, 분명하게 기술된 역할과 책임, 그리고 자기 가정에 어떤 임무 카드가 필요한지를 잘 안다. 당신의 가정이 이렇게 능률적으로 돌아가는 모습을 상상해 보라. 더 이상 할 일 목록이 넘치지 않는다고 상상만 해도 기분이 좋지 않은가. 물론 처음 프로젝트를 가동했을 때 나와 남편은 몇 주 아니 몇 달 동안 같은 함정에 빠졌다. 이를테면 다음과 같은 식이었다.

나 : 잊은 건 당신이잖아!

남편 : 당신이 말해 줬어야지.

나 : 당신이 제대로 못한 거잖아.

남편 : 그럼 당신이 하던가!

심지어 내가 즉흥적으로 부탁하는 걸 그만두기로 약속하고, 남편이 일상적인 집안일을 더 많이 하기로 맹세했을 때조차 마찬가지였다. 하지만 나는 포기하지 않고 수많은 난관과 실수들을 교훈 삼아 공정한 게임에 필요한 4가지 규칙을 만들었다. 규칙 하나하나가 우리 부부가 함께 배워야 했던 큰 교훈인 셈이다. 규칙은 2부에서 하나하나 자세하게 다룰 예정이다. 중요한 것은 게임을 하기에 앞서 규칙을 읽고 잘 이해해야 한다는 것이다. 그래야만 실제로 당신의 가정에 공정한 게임 시스템을 적용하는 데 있어 필요한 맥락을 얻을 수 있다. 안전띠 단단히 매고 당신 가족이 하는 모든 일의, 모든 방식을 새롭게 변화시킬 채비를 하라.

PART 2

페어 플레이
프로젝트의
4가지 규칙

FAIR PLAY PROJECT

Chapter 3

규칙 1
시간은 모두에게 평등하다

집안일을 좀 더 공정하게 분배하기 위해 공정한 게임 시스템을 만들기 시작했을 무렵, 시애틀로 당일치기 출장을 갈 일이 생겼다. 출국장 연석 쪽에 막 차를 세우는데 남편으로부터 문자메시지가 왔다. '어떤 놈이 우리 집 잔디밭에 외투랑 맥주병을 놓고 갔어.' 이상하고 흉측하다는 생각이 들었다. 그런데 남편은 길바닥에 있는 나보고 대체 어쩌라고 이런 문자를 보낸 걸까.

그로부터 16시간 뒤 집에 도착했을 때는 해가 지고도 한참 지나서였다. 남편의 문자를 까맣게 잊어버린 것은 물론이다. 그런데 진입로에 들어서자마자 잔디밭에 나뒹구는 외투와 맥주병이 눈에 들어왔다. 정말 이러기야? 속이 부글부글 끓기 시작했다.

순간 결혼 생활에서 겪는 크고 작은 문제의 원인 중 하나로 문자메시지와 이메일을 꼽은 수많은 친구들이 떠올랐다. 아이 담임선생님과 코치, 음악 선생님, 주치의가 메일을 보낼 때는 남편과 아내 두 사람 모두에게 보낸다. 그런데 남편은 이상하게도 그 메일을 꼭 아내에게 전달한다.

남편의 시간 vs 아내의 시간

무거운 출장 가방을 질질 끌고 위층으로 올라가자 침대에 편안히 발 뻗고 누워서는 한 손에 휴대폰을 들고 있는 남편이 보였다. 내가 시애틀로 출장을 다녀올 동안 남편도 직장에서 일을 하긴 했지만 아이들을 재우고 난 뒤로도 4시간이나 지났는데, 그 시간을 운동하고, 스포츠 뉴스 보고, 인스타그램을 확인하는 데만 썼다. 16시간 전에 자신이 발견한 낯선 남자의 외투와 맥주병을 치울 시간은 없었던 것이다. 결국 그가 보낸 문자는 "이게 믿어져?"라는 뜻이 아니라 "난 시간 없어. 당신이 해"라는 뜻이었다.

그날 침실 문간에 서서 깨달았다. 남편은 내가 출장에서 돌아와 짐을 내려놓고 쓰레기 봉투를 들고 고무장갑을 낀 다음 밖으로 나가서 알지도 못하는 남자의 젖은 외투와 맥주병을 쓰레기 봉투에 담아 버리고 돌아오기를 기대했다. 나는 도저히 이해할 수가 없었다. 남편은 왜 안 치웠을까? 단순히 잘 가꾼 잔디밭에 대한 기대치가 달라서일까? 아니면 내 눈엔 쓰레기로 보이지만 그는 그게 장식품이라도 된다고 생각하는 걸까?

　나는 화를 억누르며 남편의 기대대로 낯선 남자의 외투와 맥주병을 치우고 돌아와 시간을 확인했다. 정확히 그 일을 하는 데는 12분이 소요됐다. 나에게 다시는 돌아오지 않을 시간이었다. 그런데 내가 고무장갑을 낀 채 침실로 돌아갔을 때 세스는 침대에 비스듬히 기대 앉아 있었다. 그는 쓰레기 치우는 일을 시간 낭비라고 생각했을 뿐 아니라 자기보다 일을 더 오래 하고 온 내 몫으로 남겨 둔 사실로 미루어, 내 시간은 그걸 치우는 데 써도 괜찮다고 생각하는 게 틀림없었다. 한마디로 세스는 내 시간의 가치를 자기 시간의 가치와 동등하게 생각하지 않은 것이다.

　충격이었다. 만약에 세스가 자신이 직접 쓰레기를 치우는 데 걸리는 12분을 내 시간보다 가치 있다고 생각한다면 어떻게 그가 집안일을 더 많이 하기를 기대할 수 있겠는가? 그런데 세스만 그렇게 생각하는 게 아니었다. 이 프로젝트와 관련해 대화를 나눴던 500명 가량의 사람들 중 남자의 시간은 유한하고 여자의 시간은 무한하다는 착각에 빠진 사람들이 의외로 많았다. 한마디로 남자들은 아까운 시간을 낯선 이의 외투와 술병 치우는 일로 낭비하고 싶어 하지 않았다.

　남자들의 시간은 다이아몬드처럼 한정된 자원으로 보호받고, 여자들의 시간은 모래알처럼 남아 돈다는 식의 모순된 생각은 아이가 생긴 뒤에 최악으로 치닫는다. 한 연구에 따르면 아이가 태어난 이후 남자들의 총 노동 시간은 하루 40분 늘어나는 데 비해 여자들은 매일 정기적으로 하는 회사일과 집안일 외에 추가로 2시간 이상을 육아에 쓰는 것으로 나타났다. 1년으로 계산하면 꼬박 2.6주를 더 일하는 셈이다.

어떻게 해야 그 시간을 당신의 이익을 위해, 당신이 경력을 쌓거나 열정을 추구하는 데 쓸 수 있을까? 아니, 그런 건 둘째 치고 잠시라도 할 일 목록에서 벗어나 해변에서 조용한 한 시간을 즐길 수 있는 방법은 없을까?

시간은 모두에게 평등하다

이제는 시간이 모두에게 똑같이 중요하다는 사실을 문화적으로 인식해야 할 때다. 여성들은 직장에서 여성과 남성의 시간이 동등한 가치를 인정받지 못한다는 사실을 자유롭게 지적하면서도 – 남성이 1달러를 벌 때 여성은 80.5센트를 벌고, 여성은 남성에 비해 상사의 생일 케이크 주문 같은 일을 할 시간이 더 많을 거라는 기대를 받는다 – 가정에서는 선뜻 목소리 내기를 주저한다. 여성들에게 정당한 몫보다 더 많은 육아와 가사 노동의 짐을 지우는 시간의 불공평함은 인간관계와 경력, 정체성, 신체적·정신적 건강 등 우리 삶의 모든 면을 위태롭게 만든다. 우리가 진정한 해방을 이룩하고자 한다면 남성의 시간은 유한하고 여성의 시간은 무한하다는 인식 혹은 어떤 식으로든 비중을 다르게 두는 인식을 반드시 바꿔야만 한다.

그러므로 공정한 게임을 통해 진정한 삶을 되찾고 관계 변화의 경험을 누리고 싶다면 시간은 모두에게 평등하다는 규칙부터 받아들여야 한다. 두 사람 모두 시간에 가치를 매기는 방식을 새롭게 바꾸고,

각자 집안일에 쓰는 시간을 균형 있게 재조정한다는 목표에 전념해야 하는 것이다. 파트너에게 시간을 인식하는 틀을 바꾸라고 요구하기 전에 당신 스스로도 이 문제에 대해 충분히 생각해 봐야 한다.

남편이 화상 회의를 하는 2시간은 내가 아이를 데리고 병원에 가는 2시간보다 더 값진가? 즉, 무대 뒤에서 집안일을 하는 데 드는 시간은 무대 위에서 유급 활동을 하는 데 드는 시간과 같은 가치를 갖는가? 당신의 대답은 무엇인가? 파트너의 대답은 어떤가? 당신과 파트너 모두 서로의 시간을 한정된 자원으로 인식하기 전까지는, 집안일 대부분이 여성에게 떨어질 수밖에 없다.

시간은 유한한 자원이다. 두 사람의 시간 모두 다이아몬드다. 둘 다 똑같이 하루 24시간밖에 주어지지 않는다. 당신의 시간이 파트너의 시간과 동등한 가치를 인정받아야 한다고 스스로 확신해야만 육아와 가사 노동 분담이 동등한 방향으로 바뀔 수 있다.

당신은 시간에 관한 잘못된 메시지로부터 얼마나 자유로운가?

우리는 시간은 못 바꿔도 태도는 바꿀 수 있다. 물론, 진정성 있게 의도적인 노력을 기울여야 하지만 불가능한 건 아니다. 사회복지학과 교수인 엄마는 학생들에게 이렇게 말하곤 했다. "태도의 변화는 의식적으로 행동하는 것에서부터, 내가 어떻게 생각하는지에 대한 인식을 발전시키는 것에서부터 출발합니다." 내가 부부들을 상담하면서 알게 된 사실은 남성들의 경우 집안일을 시간의 공정성 면에서만 고려하고, 그 일이 좋은지 싫은지 불쾌한지 아닌지 같은 건 따지지 말라는 요청을 받으면 태도가 확 달라진다는 것이다. 그럴 경우 그들은 카드를 더 많이 그것도 기꺼이 가져갔다.

남성들은 가령 점심 식사 준비(10분), 우는 아이에게 선크림 발라 주기(3분), 식기세척기에서 그릇 꺼내 정리하기(9분), 한밤중에 악몽 꾼 아이 달래기(1시간 내지 3시간), 학교 신청서 작성(최대 3일) 등등에 걸리는 시간을 깨닫고 나면, 그런 일들을 하기 싫어하는 자신의 태도가 부부 관계에 어떻게 필연적으로 시간의 불균형을 초래하는지 이해했다.

결론은 간단하다. 모든 집안일은 시간이 걸리고, 그 시간은 순식간에 불어난다. 두 사람의 시간이 똑같이 가치 있고, 당신이 짊어진 시간의 짐을 덜어 내는 것이 파트너 자신에게도 이롭다는 걸 깨닫고 나면(잔소리와 실망, 원망이 줄어들 테니까) 파트너가 집안일을 분담할 가능성이 훨씬 커진다. 이런 게 바로 공정함이다.

하지만 시간이 모두에게 평등하다는 규칙은 두 사람 모두에게 태도의 변화를, 그것도 때로는 아주 큰 변화를 요구한다. 그러므로 파트너에게 시간의 가치를 인식하는 틀을 바꾸라고 요구할 때에는 반발을 각오해 두는 게 좋다.

파트너의 반발과 관련해서 우리가 가장 먼저 짚고 넘어가야 할 것들이 있다. 그것은 바로 시간에 관한 잘못된 메시지들이다. 그것은 남성과 사회 전반 또는 여성 자신이 남성의 시간은 여성의 시간보다 더 가치 있다는 개념을 내면화한 메시지로 변화를 가로막는 주범이다.

당신은 시간에 관한 잘못된 메시지들로부터 얼마나 자유로운가?

아니, 이렇게 물어보자. 당신은 아래에 쓰인 말들을 얼마나 많이 들어 봤는가? 또는 자기 자신에게 얼마나 자주 말하는가?

- 내가 일하는 시간은 돈이 되고 당신이 일하는 시간은 돈이 안 되니까 내 시간이 더 가치 있어.
- 하루 종일 뭘 한 거야?
- 왜 그런 일에 시간을 낭비해?
- 당신은 일하러 안 가도 되니까 정말 운이 좋은 거야.
- 시간이 부족하면 도와줄 사람을 찾아봐!
- 내가 시간이 없는데 당신이 좀 해 줄래?
- 멀티태스킹은 내가 더 잘 하니까 그냥 내가 할게.
- 남편은 일찍 일하러 갔으니까 내가 해야죠.
- 남편한테 뭘 하라고 시키는 시간이면 그냥 내가 하는 게 나아요.
- 맞아요, 내 시간이 더 많았으면 좋겠지만 냉장고 청소는 정말 꼭 해야 해요.

이 중에 적어도 하나 이상 해당된다면 그동안 당신은 당신의 소중한 시간을 양보해 온 것이다. 그 시간을 되찾으려면 지금부터 이야기하는 잘못된 메시지들을 멀리해야 한다. 다음은 여러 소셜미디어와 직접 인터뷰한 사람들로부터 찾아낸 시간에 관한 잘못된 메시지로 총 10가지 유형으로 나뉜다.

시간에 관한 잘못된 메시지 1 : "시간 = 돈이야"

한 가정의 주요 소득원인 남성들은 이런 말을 많이 한다. "내가 더 많이 버니까 내 시간이 더 가치 있어." 이 말은 "돈이 되는 내 시간이 돈 안 되는 당신 시간보다 더 가치 있어"라는 주장이다. 심지어 아내보다 수입이 적은 남자들도 돈 버는 일에 시간을 쓰는 것이 가장 값지다고 확신한다. 일 외에는 자기 시간을 들일 가치가 없다는 얘기다.

세스는 자기가 사무실에서 일하는 시간을 '집중하는 시간'이라고 말하곤 했다. 그 시간은 방해받으면 안 되고 급여가 안 나오는 일로 위태로워져도 안 된다는 의미였다. 만약 그 일이 조금 일찍 퇴근해서 아들을 치과에 데려가는 것처럼 우리 가족을 위해 봉사하는 일이라 해도 말이다. 여러 해 동안 나도 이 메시지에 반발하지 않았다. 나 역시 그렇다고 믿었기 때문이다. 지금은 그 주장이 무엇을 위한 것인지 잘 알고 있다. 집중하는 시간은 단지 권력 과시일 뿐이다. 이 사실을 깨닫고 난 뒤로는 세스도 더 이상 자신의 수입을 집안일을 덜 하는 구실이나 핑계로 사용하지 않는다. 우리가 여전히 결혼 생활을 행복하게 유지하는 비결 중의 하나가 바로 이것이다.

▶ **대응법** : 시간을 세는 단위는 몇 원이 아니라 몇 분이다.

시간에 관한 잘못된 메시지 2 : "당신은 일 안 하잖아. 그러니까 당신이 시간이 더 많지"

내가 만났던 한 남성이 말했다. "난 매일 아침마다 안전모랑 도시락을 싸 들고 출근하는데 아내는 집에서 온종일 뭘 하는 겁니까?" 아마도 그녀는 가정이 문제 없이 돌아가고 남편이 집안일에 신경을 안 쓰게끔 매일 끝도 없이 반복되는 가사 노동을 도맡아 하고 있을 것이다.

그뿐인가. 남편이 직장에서 편하게 앉아 도시락을 먹을 수 있도록 자동차 등록증 갱신처럼 예정에 없던 일까지 처리한다.

내가 대화를 나눠 본 여성들은 대부분, 심지어 기지 넘치고 능률적이며 활기찬 전업주부들조차 매일 숨이 턱까지 차는 기분이라고 말했다. 깨어 있는 내내 집안일에 육아까지 신경 쓰느라 눈코 뜰 새 없이 바쁘게 보내지만 그래도 여전히 할 일을 다 못했다고 한숨을 내쉰다. 이게 다가 아니다. 그들은 기대에 미치지 못한다는 비난을 당연히 받아들이고 미안해하기까지 한다.

이것은 기본적으로 말이 안 된다. 왜냐하면 집안일과 육아야말로 매일매일 시간을 잡아먹는 괴물이다. 그리고 이미 여성들은 집안일과 육아를 도맡아 하면서 경력과 정체성, 건강에 있어 마이너스가 되는 것을 감수한 상태다. 그런데 왜 비난을 당연하게 받아들여야 하는가. 그것은 결코 여성들의 잘못이 아니다.

나는 오히려 이 문제를 간단한 산수 문제라고 생각한다. 하루는 24시간으로 정해져 있다. 그런데 집안일 카드를 한 사람이 전부 도맡아 하려면 정규직으로 일하는 시간 그 이상이 걸린다. 한 여성이 페이스북에 이런 글을 올렸다. "내 일은 9시부터 6시까지 하는 일이 아니다. 눈을 뜨고부터 잠들 때까지 하는 일에 가깝다." 일정이 끝없이 이어지기 때문에 병원이나 미용실 예약처럼 자신을 돌볼 시간을 내는 건 잊고 살 때가 많다. 남편들이 뭐라고 하든 간에 내가 이야기 나누었던 거의 모든 전업주부는 혼자만의 시간 같은 사치는 부릴 여유가 없다고 말했다. "자기 관리요? 그런 게 있었군요. 알려 줘서 고마워요. 안 그래도 너무 많아서 다 못하는 할 일 목록에 꼭 추가할게요."

전통적인 집안일과 전업 육아를 유급 병가에 유급 휴가, 점심시간, 동료들과 어울리는 시간 같은 사적인 시간까지 보장된 유급 사무직과 비교해 보라. 거의 모든 전업주부는 이런 특전을 누리지 못한다.

▶ **대응법** : 집안일을 하는 시간도 직장에서 일하는 시간만큼 가치 있다.

시간에 관한 잘못된 메시지 3 : "시간이 부족하면 사람을 쓰든지 도움을 더 받으면 되잖아"

물론 외부의 도움은 유용하고 숨통을 틔워 줄 수 있다. 운이 좋아 이따금 아이를 돌봐 주거나 개를 산책시켜 줄 사람을 쓸 만큼 경제적으로 여유가 있다면 말이다. 하지만 대다수 남편들이 미처 고려하지 못하는 것들이 있다. 사람을 찾고, 도움을 요청하고, 일정을 잡고, 할 일을 알려주고, 훈련을 시키고, 그리고 무엇보다 베이비시터와 수학 가정교사, 가사 도우미, 도그 워커 등에게 급여를 주는 일에는 모두 시간이 들어간다는 사실이다.

나는 인터뷰를 통해 외부의 도움을 받는 것과 부부 간의 갈등을 줄이는 것 사이에는 상관관계가 없다는 사실을 발견했다. 도와줄 사람을 구하는 것부터가 시간이 소요되는 일이기 때문이다. 집안일이나 육아에 친구나 이웃, 혹은 시부모의 도움을 받는다고 해도 정신적인 에너지와 시간이 들기는 마찬가지다.

게다가 괜찮은 베이비시터를 구해서 믿고 맡기는 데 걸리는 시간이 일정을 잡고, 계획하고, 성사시키는 것보다 두 배는 더 든다. 아이들을 떼어 놓고 부부가 밤에 단둘이 데이트를 하는 것은 그 나름의 가치가 있지만, 도움을 받는다고 해서 엄마의 할 일 목록에서 한 가지 임무를 완전히 지울 수 있다고 착각하면 안 된다. 게다가 구원투수로 등판한 외부 사람이 막판에 취소라도 하면 그 일은 고스란히 엄마의 몫으로 돌아온다.

> ▶ **대응법** : 조사와 계획, 일정 조율, 관리, 소통, 관계 유지, 그 일에 대한 책임의 이전, 그리고 경우에 따라 도움에 금전적인 대가를 지불하는 데에는 실시간으로 시간이 든다.

시간에 관한 잘못된 메시지 4 : "당신은 쓸데없는 일에 시간을 쓰잖아"

남자들이 종종 불만을 터트릴 때가 있다. "아내는 정말 쓸데없는 일에 시간을 낭비해요." 이 표현은 전통적으로 불필요한 물건들을 사들여 집을 꾸미는 데 돈과 시간을 낭비하는 쇼퍼홀릭이나 비현실적으로 집을 완벽하게 유지하는 데 집착하는 여성들을 비유하는 말로 많이 쓰인다. 나는 이 메시지의 의미를 정확히 알기 위해서 "예를 들면 어떤 거요? 어떤 게 불필요한 건가요?"라고 물었다. 그러자 남자들 중 열에 아홉은 멍하니 쳐다보거나 "왜 있잖아요. 그런 거!"라며 곤란해했다.

나는 아내들이 불필요한 곳에 돈과 시간을 쓴다고 생각하는 남편들의 의심이 도대체 어디에서 비롯된 것인지 명확히 하기 위해 할 일 목록을 보여 주며 다시 물었다. "정확히 어떤 걸 말하는 건가요? 아이들 입을 새 옷 사는 거요? 우편물 확인해 보는 건 어때요? 새는 수도꼭지 조이는 건요? 이 목록에서 당신이 불필요하다고 생각하는 게 있나요?"

이런 대화가 오가는 동안 시카고에 사는 맷은 팔짱을 끼고는 이렇게 말했다. "감사장 쓰기요." "좋아요, 하나 있군요." 그의 대답을 듣자마자 내 남편이 비슷한 반응을 보였던 예전의 일이 떠올랐다. 그때 세스는 잘라 말했다. "그건 안 할 거야!"

나는 다시 맷의 대답을 풀어서 말했다. "감사장은 불필요하다는 말이군요. 생일 선물이나 선생님이나 특별한 친척한테 보내는 거라도요?" 그러자 그는 그건 아니라고 말했다. 다만 자신이 할 일이 아니라고 덧붙이면서 말이다. 그는 농담처럼 넘어가려고 했지만 나는 다시 물었다. "좋아요. 하지만 당신이 안 한다면 당신의 아내가 할 필요는 있나요?" 맷이 다시 팔짱을 끼고 한숨을 쉬며 말했다. "물론이죠. 아이들한테 감사하는 법을 가르치고 싶고, 그건 곧 감사하다고 말하는 걸 의미하니까요."

> ▶ **대응법** : 당신과 파트너가 삶에 중요하지 않다는 데 동의한 집안일이나 양육에 관련된 일은 안 하면 된다. 하지만 그 일이 가치 있고 가정을 영위하는 데 꼭 필요하다고 뜻을 모았다면 누구의 시간이든 그 일에 쓰는 시간은 낭비가 아니다.

시간에 관한 잘못된 메시지 5 : "당연히 도와야지. 내가 편할 때"

하루는 통학버스 정류장에서 아이를 기다리고 있는데 옆에 있던 레이첼이 투덜거렸다. "남편이 도와주고 싶기는 한데 서두르고 싶지는 않대. 자기 편할 때 도와주겠다는 소리지." 나는 그녀만 그런 경험을 한 게 아니라고 말해 주었다.

가사 노동 분담에 관한 연구에 따르면 남성은 자기 편한 시간에 할 수 있는 집안일을 하고, 여성은 미루거나 일정을 조정하기 힘든 일, 본질적으로 하고 안 하고의 선택권이 없는 일을 주로 하는 것으로 나타났다. 예를 들면 다음과 같은 일들이다.

아이 학교 데려다주고 데려오기, 병원 진료, 세면 및 잘 준비, 식사 준비, 아이 과제 도와주기

위와 같이 규칙적이고 반복적으로, 그리고 대부분 아주 정확한 시간에 반드시 해야 하는 집안일은 30여 개에 이른다. 그야말로 판에 박힌 일인데, 가령 통학 버스 정류장에 아이를 마중 나가는 건 내가 편한 시간에 할 수 있는 일이 아니다. 아동보호소 직원을 친구 삼고 싶은 게 아니라면 말이다. 보통 남편들이 하겠다고 고르는 가장 흔한 집안일은 언제 할지 마음대로 정할 수 있거나 통째로 외부에 맡길 수 있는 다음과 같은 일들이다.

조경 및 정원 관리, IT·전자기기 유지 보수, 자동차 유지 관리, 창고 관리

이런 일들이 중요하지 않다는 게 아니다. 다만 식탁에 저녁 식사를 올리는 일은 작년 이맘때 창고에 넣어 둔 크리스마스 전구를 꺼내 다시 설치하는 일과 비교할 때 미룰 수 없을 뿐더러 반드시 해야 하며, 그것도 매일 끊임없이 반복되는 일이라는 의미다.

▶ **대응법** : 내 시간은 당신의 시간만큼 가치 있다. 집안일을 공정하게 나누려면 판에 박힌 일부터 분담해야 한다. 나는 내 시간을 어떻게 쓸지 선택권이 많을 때 존중받는다고 느낀다.

시간에 관한 잘못된 메시지 6 : "내가 그녀를 먹여 살려요"

"아내가 불평할 게 뭐 있어요? 난 식탁에 올릴 음식 살 돈 버느라 스트레스 받는다고요." 한 가정의 생계를 책임지고 있는 남성들이 흔히 하는 말이다. 자신의 재정적인 기여가 아내와 가족의 삶을 가능하게 '해 준다'는 의미다. 하지만 따져 보자. 실제로 식단을 짜고 장을 보고 아침, 점심, 저녁을 준비해서 음식을 식탁에 올리는 사람은 누구인가. 내가 이야기 나눈 부부들 중에 식사 준비 카드를 든 쪽은 대부분 여성이었다. 한 여성은 이렇게 맞섰다. "아이들을 끊임없이 거둬 먹이고 매일 살아 있게 하는 것, 그게 진짜 스트레스 받는 일이라고요!"

어쩌면 남편들이 자기 일에 전념할 수 있었던 것은 아내들이 가정을 꾸려 나가는 정신적·신체적인 부담을 거의 다 지고 있는 덕분인지도 모른다. 이 점은 아내와 사별한 남성들을 보면 더 확실해진다. 나는 적극적으로 이들을 찾아 질문을 던졌다. "아내가 죽고 나서 달라진 점이 뭔가요?" 그들은 대부분 방해받지 않고 일에만 집중할 수 있는 시간이 줄어들었다고 인정했다. 그뿐만이 아니다.《남자들은 항상 나를 잔소리하게 만든다》의 저자 제마 하틀리는 이렇게 강조한다. "사별 또는 이혼으로 혼자가 된 남성들은 같은 처지의 여성들에 비해 잘 지내지 못한다. 자신을 뒷바라지해 줄 배우자의 부재로 인해 건강과 안위, 사회적 유대 관계가 전반적으로 나빠지기 때문이다."

▶ **대응법** : 우리는 각자 자기 자리에서 함께하는 삶을 위해 자기가 해야 할 일을 하며 시간을 보낸다.

시간에 관한 잘못된 메시지 7 : "내 책임이야"

나는 생일이 얼마 남지 않은 엄마에게 선물로 뭘 받고 싶냐고 물었다. "내가 제일 좋아하는 메리 케이 크림이 있으면 좋겠구나." 엄마의 대답이었다. "주황색 치덕이?" 엄마와 나는 어릴 때부터 메리 케이 오버나이트 크림을 발랐는데 화장대 노란 조명 아래서 보면 크림을 듬뿍 바른 엄마 얼굴이 오렌지색으로 보였다. 그때부터 농담으로 그 크림을 '주황색 치덕이'라고 불렀다. 나는 그 크림을 구하려고 애썼지만 몇 번이나 실패를 맛봐야만 했다. 결국 나는 메리 케이 외판원인 카밀라에게 직접 전화를 걸기에 이르렀다. 그리고 그녀가 재고 목록에서 크림을 찾는 동안 자연스럽게 대화가 시작됐다.

흔히 그렇듯 각자 사는 이야기를 주고받다가 내가 공정한 게임 얘기를 꺼내자 카밀라가 풀 죽은 목소리로 말했다. "이 방법이 20년 전에 나왔으면 좋았을 텐데. 지금 이혼 수속을 밟고 있거든요." 내가 어쩔 줄 몰라 하자 그녀가 말했다. "음, 최악은 이혼이 아니에요. 가브런 경고죠(Gavron Warning, 당장은 경제력이 없다는 걸 인정하지만 앞으로는 경제적 자립을 위해 노력하라고 주의를 주는 법적 절차로 일정 기간이 지나면 부양비를 줄이거나 중단하게 된다. - 옮긴이)."

카밀라는 아이들이 생기면서 그 동안 해 온 가정 보건사 일을 그만두었다고 했다. "계속할 만한 가치가 없었어요. 내 1년 수입이나 보모에게 보육비를 내는 비용이나 그게 그거였거든요." 어디선가 많이 들어 본 주장이었다. 〈뉴욕타임스〉의 한 기사에서 카샤 폴릿은 '모두를 위한 주간 돌봄'이라는 제목으로 이렇게 썼다. "그런 식의 계산법에 깔린 무의식적인 성차별에 주목하라. 양육비는 엄마의 수입하고만 저울질할 대상이 아니다. 아빠도 양육의 책임이 있다." 마찬가지로《여자들이 직장을 그만두고 집으로 향하는 진짜 이유》의 저자인 파멜라 스톤도 비슷한 반론을 제기한 바 있다. "아이를 돌보는 비용은 어째서 항상 엄마의 수입으로만 감당하는 걸까? 집에서 그녀의 일을 대신할 사람에게 줄 비용에 대한 책임이 엄마에게만 있는 것처럼 말이다. 그 혜택은 아빠들도 보는데 왜 그들은 비용을 나눠 내지 않는 걸까?"

하지만 나는 그들의 반론을 차마 카밀라에게 전할 수 없었다. 그녀는 지난 17년 동안 남편이 보안 시스템 관리자로 일하면서 가족을 먹여 살렸다는 데 동의하고 있었기 때문이다. "절대 부자는 아니었지만 남편 덕분에 아이들하고 집에서 그럭저럭 잘 지낼 수 있었어요."

그런데 왜 그들은 이혼을 결심하게 된 걸까? 합의 조건을 해결하기 위해 판사 앞에 섰을 때 카밀라의 남편은 이렇게 말했다고 한다. "이혼 수당이나 부양비는 한 푼도 못 줍니다." 크게 당황한 카밀라는 남편에게 물었다. "그게 무슨 소리야? 난 우리 가정을 위해서 직장을 그만뒀어. 애들 학교에 데려다 주고, 운동할 때 데려다 주고, 학부모 대표 활동도 하고, 일일이 설명하기도 힘든 온갖 일을 하려고!"

그랬더니 남편은 이렇게 응수했다. "그건 당신 선택이었잖아." 판사는 남편 말에 동의했고 그래서 그녀는 가브런 경고를 받기에 이르렀단다. "이제 어떻게 하지? 뭘 해서 먹고살지? 다시 가정 보건사 일을 한다고 해도 급여를 많이 받을 수 없다는 건 알고 있었어요. 거의 20년

이 지났으니 기술도 당연히 녹슬었고요."

그래서 어떻게 했느냐고 묻자 카밀라가 답했다. "살길을 찾았죠. 월요일부터 금요일까지는 메리 케이에서 외판원 일을 해요. 주말에는 리프트(Lyft, 승차 공유 서비스) 운전사로 일하고요. 밤에는 온라인 강의를 듣고 있어요. 간호학 학위를 따려고요. 이 정도면 잘해 나가고 있는 것 같지만 이 말은 꼭 해야겠어요. 법정에서 판사 앞에 섰는데 그 오랜 세월 동안 내가 해 온 일들이 하나도 중요하게 느껴지지 않는 거예요. 내가 가정에 재정적인 기여를 하지 않았다는 건 그가 너무 확실하게 짚어 줬지만 자식을 잘 키우는 것도 가치 있는 일 아닌가요?"

남편이 밖에서 일하는 모든 시간에 카밀라는 집에서 일했다. 하지만 두 사람의 공로를 나란히 놓고 비교하자 가족을 위해 시간을 쓰기로 한 그녀의 선택은 너무 가볍게 취급당했다. 당신 생각은 어떤가? 이게 공정한가?

물론 남편을 탓할 수 있다. 사회를 탓할 수도 있을 것이다. 하지만 여성들에게도 어느 정도 책임이 있다. 여성 대다수가 가사 노동의 짐을 많이 지고 있는 건 사실이지만 여성 스스로 시간에 관한 잘못된 메시지를 내면화한 탓도 있기 때문이다.

나는 둘째가 태어나고 다시 일을 시작했을 때, 복직이 우리 가정에 지장을 주지 않게 만드는 게 전부 내 책임이라고 생각했다. 그래서 내 근무 시간과 아이를 돌봐 줄 보모의 일정을 조율해서 5시쯤 집에 도착할 수 있게 했다. 다시 출근해서 일하는 게 즐거웠고 집에서 가족들과 저녁 시간을 보내는 것도 좋았다. 내 선택이 남편을 불편하게 하거나 엄마로서의 내 역할을 하는 데 방해가 되지 않을 거라고 확신했다. 그리고 기본적으로는 그랬다. 남편은 변함없이 7시 30분에 출근했고, 나는 9시 30분으로 출근 시간을 늦춰 아이들에게 아침밥을 먹이고, 첫째를 학교에 데려다주고, 운동장에 서서 엄마들과 어울리고, 그러고 나서 회사로 향했다. 매일 회사에서도 근무 중이고 집에서도 근무 중 상태였다.

하지만 남편에게 아이 둘 키우는 맞벌이 부부의 형편에 맞게 업무 일정을 바꿔 달라고 요구한 적은 단 한 번도 없었다. 왜 그랬을까? 왜 도움을 청하지 않았을까? 아이 둘을 잘 키울 책임은 나만이 아니라 그에게도 똑같이 있는데 말이다.

내 경우 남편 수입이 나보다 많은 게 중요하다고 판단했던 게 실수였다 '시간이 돈'이라는 시간에 관한 잘못된 메시지 1번의 오류에 빠졌던 것이다. 게다가 집안일은 기본적으로 여성이 책임져야 한다는 사회적 관습에서 자유롭지 못했기에 살림과 육아를 응당 내 몫이라고만 생각했다. 남편은 그에 딱히 반대하지 않았다. 오히려 "당신 정말 대단해!"라며 나를 추켜올릴 따름이었다. 내가 인터뷰했던 남편들도 마찬가지였다. "아내가 일과 자기 가정 사이에서 균형을 잘 잡고 있는 것 같아 정말 자랑스러워요." 잠깐, 자기 가정이라고? 그 순간 나는 사려 깊은 칭찬의 말이 사실은 '네 시간과 내 시간의 가치는 같지 않다'는 말을 그럴싸하게 바꿨을 뿐이라는 걸 깨달았다.

하지만 그때만 해도 나는 '내 책임이야'라는 메시지를 너무 깊이 내면화한 탓에 내 방식을 의심하지 않았다. 다른 식으로 생각해 볼 수도 있다는 걸 전혀 고려하지 않은 것이다. 나 혼자만 이렇게 생각하는 게 아니라는 걸 안다. 여성들 대다수가 무의식적으로 '내 책임이야'를 내 세워 자기 시간을 평가절하한다.

- 남편은 일찍 출근해서 늦게 퇴근해요. 그런 사람한테 집안일을 해 달라고 할 순 없잖아요.
- 남편은 하루 종일 회사에 있으니까 집안일은 내가 해야죠.
- 그는 바쁜 사람이에요. 그를 귀찮게 하거나 곤란하게 하고 싶지 않아요.
- 남편이 하는 일은 스트레스가 더 심해요. 그래서 집안일을 더 많이 하라고 요구하고 싶지 않아요.
- 학교 휴일이나 보모가 못 올 때요? 그럼 내가 집에 있어야죠.

잘 생각해 보자. 지금은 디지털 시대다. 여성 리더십 분야에서 기폭제 역할을 하고 있는 티파니 두푸는 《적게 일하고 많이 성취하기》에서 이렇게 지적했다. "지금 같은 디지털 시대에 '그는 여기 없어요'라는 핑계는 남자들을 집안일의 부담에서 벗어나게 해주는 면죄부가 될 수 없다. 남편들이 직장에 있어서 집안일을 할 수 없다는 생각은 그들이 어디에 있든 연결 가능한 기술이 있는 현실을 전혀 고려하지 않은 것이다."

물론 아직은 휴대폰 앱으로 세탁기에 빨래를 넣고 돌리는 건 불가능하지만 새벽같이 출근하든, 별을 보고 퇴근하든, 비행기나 자동차로 멀리 출장을 가든 남편들도 손가락 끝으로 학교 서류 양식을 채우고, 선생님 이메일에 답장을 보내고, 주말 계획을 세울 수 있다. 또, 클릭 한 번이면 식료품과 기저귀, 드라이클리닝, 심지어 잡역부까지 집 앞으로 배달되는 세상이다. 그러므로 직장에 있다는 사실이 더 이상 집안일을 안 해도 되는 면죄부가 될 수 없다.

▶ **대응법** : 모든 게 내 책임은 아니다. 우리 책임이다. 우리 가정과 우리 가족은 두 사람 공동의 책임이다.

시간에 관한 잘못된 메시지 8 : "내가 더 잘해"

- 그건 내가 더 잘하고, 더 빨리 할 수 있어.
- 난 멀티태스킹의 귀재야.
- 난 달라.
- 난 전부 할 수 있어.

위의 말 중에서 하나만 확신해도 당신한테는 남는 시간이 없을 것이다. 생활정보지 〈리얼 심플〉과 가족 및 근로 문제 연구소에서 실시한 조사에 따르면, 여성들의 39퍼센트가 자녀에게 집안일을 맡긴다고 답한 반면, 같은 횟수로 남편에게 집안일을 맡기는 경우는 26퍼센트에 불과했다. 가사 분담에 관한 한 남편보다 자녀에게 더 기대를 많이 한다는 의미다. 그렇다면 아내가 집에서 무슨 일을, 얼마나 하는지 몰라 아내의 시간을 평가절하하는 것이 남편의 잘못이라고 했을 때 아내에게도 그만큼의 잘못이 있는지 모른다. 남편의 능력을 과소평가하고(내가 더 잘해), 그의 태만에 동조하고(세상에, 그냥 내가 하고 말지), 집안일에 대한 통솔권을 포기하지 못하는(맨날 내가 하는데 뭐. 그냥 한 번 더 하지, 뭐.) 잘못 말이다.

그도 그럴 것이 여성들은 아무리 피곤하고 지칠 대로 지쳐도 자신이 한 일과 얼마나 더 잘할 수 있는지를 자랑하고 싶어 한다. 하지만 안타깝게도 여성이 남성보다 멀티태스킹에 더 강하다는 사실을 입증할 만한 일관된 자료는 없다.

나는 늘 스스로에게 주입해 온, 내 두뇌가 남편보다 관리에 더 뛰어나기 때문에 집안일을 더 많이 한다는 생각이 틀리지 않았다는 걸 확인받고 싶었다. 그래서 국내 최고의 뇌과학 전문가 팻 레빗 박사에게 의견을 물었다. 그는 뇌과학 분야의 전문가일 뿐 아니라 사반 연구소 부소장 겸 최고과학책임자, 로스앤젤레스 어린이 병원 발달신경학 심스/만 과장, 그리고 하버드 교육대학원의 〈정신, 뇌, 그리고 교육〉의 편집장이기도 했다. 이 정도 권위자라면 확실히 말해 줄 수 있지 않을까. 그런데 그는 단호한 목소리로 말했다.

"내가 아는 한 여성이 남성보다 멀티태스킹에 더 뛰어나다는 가설을 뒷받침해 줄 연구는 없습니다. 사실, 멀티태스킹은 남녀 누구에게나 좋지 않아요. 우리 뇌는 한 번에 하나 이상의 복잡한 일을 처리하도록 만들어지지 않았기 때문입니다. 심지어 여성이 멀티태스킹에 더 강하다는 걸 입증하려고 설계한 연구에서도 그런 결과는 나오지 않았습니다. 내 짐작에, 여성들이 가정을 조직적으로 관리하고 집안일을 더 많이 하는 건 그 일을 더 잘하는 쪽으로 생물학적 변이가 일어나서가 아니라 단순히 문화적인 영향이라고 봅니다. 여성이 그걸 더 잘한다는 메시지를 받아들이고 그렇게 믿는 거죠."

▶ **대응법 :** 조금이라도 시간을 되찾고 싶다면 스스로 멀티태스커라는 생각을 버려야 한다. 가장 최근의 연구 결과에서도 성별에 따른 뇌 기능의 차이는 없는 것으로 나타났다.

시간에 관한 잘못된 메시지 9 : "내가 하는 게 시간을 아끼는 거야"

스콧과 미셸은 내가 대학을 졸업하고 나서 알게 된 사람들이다. 둘은 뉴멕시코주 샌타페이에 있는 방송 및 영화 제작사의 공동 대표다. 예산과 일정, 대본, 인재 영입, 출연진 섭외 및 제작진 고용, 배급, 프로젝트 거래 등 모든 일을 공동으로 하고, 최소한 한 달에 한 번 따로 출장을 간다. 말 그대로 같이 일을 하고, 같이 회사를 운영한다. 그래서 50 대 50 파트너십 얘기가 나오면 이들은 뿌듯함을 숨기지 않는다. 스콧은 버거를 먹으며 나에게 말했다. "우린 회사의 공동 소유자로서 언제나 책임을 공명정대하게 나눠 지려고 의도적으로 노력해요."

하지만 집에서는 완전히 얘기가 달랐다. 스콧과 미셸은 세 살에서 아홉 살 사이의 세 자녀를 둔 부부이기도 했다. 그런데 집안일에 대한 책임은 거의 100퍼센트 엄마인 미셸이 지고 있었다. 스콧과 미셸의 평일 일정을 한번 비교해 보자.

[스콧의 일정]

a.m. 8:30 라인 프로듀서와 전화 회의, 일별 목표 논의

a.m. 9:00 대본 관련 전화 회의

a.m. 10:30 ~ p.m. 1:00 오디션

p.m. 1:00 촬영감독과 점심 식사, 카메라 장비 관련 논의

p.m. 2:30 토론토에 있는 영화감독과 통화

p.m. 3:30 아마존 스튜디오와 스토리 관련 통화

p.m. 4:30 토론토에서 촬영 중인 영화 예산 관련 통화

p.m. 5:00 LAX 공항까지 갈 자동차 픽업

p.m. 5:30 작가실 전화

p.m. 6:00 토론토 행 비행기 탑승

[미셸의 일정]

a.m. 9:00 대본 관련 전화 회의
* a.m. 9:30 알러지 전문의에게 천식 치료용 흡입기 재주문 전화
a.m. 10:30 ~ p.m.1:00 오디션
* 점심 약국 방문
p.m. 1:00 촬영감독과 점심 식사, 카메라 장비 관련 논의
* p.m. 1:30 베이비시터 일정 조율 전화
p.m. 2:30 토론토에 있는 영화감독과 통화
p.m. 3:30 아마존 스튜디오와 스토리 관련 통화
* p.m. 4:00 은행 방문
p.m. 4:30 토론토에서 촬영 중인 영화 예산 관련 통화
p.m. 5:00 사무실에서 출발
* p.m. 5:30 저녁거리 픽업
* p.m. 6:30 베이비시터 보내고 저녁 식사
* p.m. 7:30 아이들 씻기고 잠자리 준비
* p.m. 8:30 토론토 행 짐 싸기
* p.m. 10:00 아이들 옷 꺼내 놓기, 아침 식사 준비, 커피 준비
a.m. 12:00 취침

스콧은 저녁이 되자 비행기를 탔고, 미셸은 영화 제작을 위해 온 가족이 토론토로 이사하는 계획의 세부 사항을 마무리하기 위해 집으로 돌아왔다. 이제 그녀에게는 짐 싸는 일만 남아 있었지만, 그 전 석 달 동안 아이들이 임시로 다닐 학교를 찾아서 등록하고, 비자 발급받고, 임대주택 알아보고, 그 밖에 이사를 차질 없이 진행하기 위해 크고 작은 수백 가지 일을 처리했다. 그것도 전부 혼자서 말이다.

내가 왜 다른 건 모두 전문가답게 해결하면서 집안일만 그렇게 다르게 관리하냐고 묻자 미셸이 진지하게 대답했다. "알잖아. 스콧은 항

상 회사 일이 너무 바빠서 시간이 없다는 걸 강조해. 재주 부리듯 이쪽 저쪽 왔다 갔다 하는 건 내가 더 잘하니까 그냥 내가 하는 거지. 시간 아끼려고." 나는 그 말에 동의할 수가 없었다. "회사에서 일하는 시간 은 둘이 똑같잖아. 그런데 어떻게 네 시간이 더 많을 수 있어?" 미셸은 순순히 인정했다. "없지, 하지만 나는 찾아내면 되니까."

시간을 찾는다는 건 SF 영화에서처럼 시간이 무한해서 그걸 늘였다 줄였다 할 수 있는 세상에서나 가능한 일이다. 그러나 우리가 사는 곳은 그런 세상이 아니다. 뻔하고 약간 암울하게 들릴지도 모르겠지만 지구상에서 우리에게 주어진 시간은 제한적이다. 누구나 24시간으로 이루어진 하루를 살아갈 뿐이다. 만약 당신이 어딘가에서 그 밖의 시간을 찾아낸다면 부디 나한테도 꼭 알려주기 바란다. 그 획기적인 발견을 미셸과, 맞벌이를 하는데도 집안일은 똑같이 분담하지 않는 다른 부부들에게도 알려주고 싶다.

하지만 현재 우리는 시간이 제한되어 있는 세상을 살고 있다. 그런데 왜 미셸은 시간을 찾아낼 수 있다고 말하며, 집안일을 혼자 다 하고 있는 걸까? 그에 대해 베스트셀러 작가이자 듀크 대학 행동경제학 교수인 댄 애리얼리는 이렇게 말했다.

"여성들이 '남편한테 시키는 것보다 내가 하는 게 훨씬 빨라'라고 생각하는 이유는 충분히 이해해요. 그렇게 하면 시간은 훨씬 절약할 수 있죠. 하지만 앞으로 집안일을 분담하는 게 더 어려워지게 됩니다."

애리얼리 교수는 부부들에게 짧은 안목으로 보지 말라고 충고한다. '당장 고양이 모래를 갈아야겠어. 난 스쿠프하고 타이디 캣 모래가 어디 있는지 아니까'라는 식으로 성급하게 일을 해치우는 대신 장기적인 목표를 고려해야 한다는 것이다.

언젠가 고양이 화장실 청소에서 벗어나기를 원한다면, 그 일의 처음부터 끝까지 전 과정을 파트너와 공정하게 번갈아 할 수 있기를 바란다면, 오늘 그 시간을 공정한 게임에 써라. 그래야만 나중에 각자 자신의 할 일을 나눠 가질 수 있다. 카드의 완전한 소유권을 보유하고 거래하는 것은 두 사람이 서로 잔소리하지 않고도 공정하게 번갈아 고양이 화장실을 치우는 식으로 협업을 촉진시킬 뿐 아니라, 각자 카드를 나눠 가짐으로써 서로의 시간을 똑같이 소중하게 여기는 행복한 파트너십도 키워 준다.

▶ **대응법 :** 시간에 쫓기기는 둘 다 마찬가지다. 그러니 서로의 소중한 시간을 어떻게 관리할지 더 신중하게 접근할 필요가 있다. 오늘 시간을 들여 공정한 게임을 하면 앞으로 집안일을 더 잘 분담하게 될 것이다.

시간에 관한 잘못된 메시지 10 : "~ 해야 할 시간인데…"

나는 기회가 되면 남성들에게 이런 질문을 하는 걸 좋아한다. "출장이 하루 늘어나서 다음 날 아침 일찍 비행기를 탈 수밖에 없다면 죄책감이나 미안한 마음이 들까요?" 보통은 어리둥절해 하는 반응이 돌아온다. 그러면 질문을 풀어서 다시 묻는다. "그날 하루 아이들 잠자리를 챙겨 주지 못하니까 죄책감이 들까요?" 그들은 어깨를 으쓱해 보이며 말한다. "뭐, 아이들이 보고 싶긴 하겠죠. 그런데 왜 죄책감이나 미안한 마음을 느낀다는 겁니까?"

반대로 여성들에게 같은 질문을 하면 거의 모두가 이런 반응을 보인다. "오, 너무 끔찍할 거예요." 그리고 생각만으로도 미안해한다. 물론 회사 일처럼 다른 의무나 책임 때문에 집을 떠나 있어야 하는 게 슬프고 아이들이 그리울 순 있다. 그런데 죄책감과 미안함을 느껴야 할 이유는 없다. 하지만 일하는 엄마들은 그럴 때 보통 미안함이나 죄책감을 느꼈다. 최근 연구에 따르면 워킹맘은 남편보다 죄책감을 많이 느끼며, 특히 있어야 할 때 아이 곁에 있어 주지 못하면 죄책감이 훨씬 더 커지는 것으로 나타났다.

《작은 동물들》의 작가 킴 브룩스가 이런 차이를 정확히 짚었다. "어른들 세계에서의 의무나 온갖 관심사에 정신이 팔린 아빠는 그런가 보다 해요. 근데 엄마가 그러면 아이들에게 실망을 안겨 주죠." 심지어 오늘날에도 소위 좋은 엄마라면 가능한 한 많은 시간을 가족을 위해 써야 하고, 다른 일에 시간을 쓰면 사람들에게 비난 대상이 되기 십상이다. 휴스턴에 사는 린지는 출장 때마다 시어머니가 보이는 반응을 전했다. "애들을 두고 또 출장 가니? 시어머니가 그런 말을 할 때마다 안 그래도 미안해 죽겠는데 출발하기도 전에 기분이 확 나빠진다니까요!"

다른 경우를 가정해 보자. 일하는 엄마가 있다. 그런데 직장 동료들이 가볍게 술 한잔 하자고 한다. 그녀도 사람들과 어울리는 것을 좋아한다. 하지만 좋다는 대답을 하기도 전에 "~할 시간인데"라는 말이 툭 튀어 나온다. 죄책감과 미안함이라는 강풍과 함께 그녀의 머릿속을 시커멓게 뒤덮은 먹구름은 가족에게 이롭고 집안의 질서를 유지하기 위해 그녀가 해야 할 일을 끊임없이 떠올리게 만든다. 그럼에도 위험을 무릅쓰고 먹구름을 무시한다고 해 보자. '그레이스가 잠들기 전에 동화책을 읽어 줘야 하는데 못해 줘서 어쩌지?' 하는 죄책감이 밀려든다. 그래도 초대에 응하면, 이번엔 죄책감을 느끼지 않는 게 미안해진다!

까딱 잘못하다간 이런 식으로 가정의 영역을 침범하는 일이 생길 때마다 번번이 함정에 빠지게 된다. 그러면 결국 사람들과 어울리는 시간이 점점 줄어들고, 정신적인 휴식을 취할 시간도 줄어들게 된다. 무엇보다 자기 관리를 소홀히 할 가능성이 커진다. 한 시간 동안 헬스클럽에서 하는 운동, 친구와의 점심 식사, 오후에 받는 페디큐어 등등은 죄책감과 미안함의 소용돌이를 피해 갈 수 없는 일들이기 때문이다.

전국부모네트워크와 마카로니 키드 출판사가 8,500명이 넘는 워킹맘들을 대상으로 조사한 결과 90.4퍼센트가 자기 자신보다 가족을 더 보살핀다고 답했고, 25퍼센트는 1년 이상 자기 자신을 위해 그 어떤 것도 하지 않았다고 했다. 더불어 알게 된 놀라운 사실 한 가지, 워킹맘들이 가족을 위해 눈에 보이지 않는 집안일을 열심히 하는 동안 남편들은 휴식을 취하는 데 더 많은 시간을 보낸다.

어느 토요일 오후, 나는 집 근처 네일숍에 앉아 차례를 기다리며 나 자신에게 선물하는 이 마법 같은 순간을 흐뭇하게 즐겼다. "이걸 두 달이나 기다렸어요." 옆에 차분히 앉아 있는 할머니에게 슬쩍 털어놨다. "생일 선물로 여기 상품권을 받았는데 그동안은 주말 오후에 아이들을 떼어 놓을 수 있는 시간이 없었거든요."

할머니가 알 만하다는 듯 웃어 보였다. "난 손자들이 있어요. 아이가 몇이나 돼요?" 나는 손가락 세 개를 펴 보였다. "그래서 여기 오는 데 그렇게 오래 걸린 거예요." 그러자 그녀가 놀라서 물었다. "그럼 지금 애들은 누가 봐요?" 나는 속으로 잠깐 '남자한테도 이렇게 묻는 사람이 있을까?' 생각했지만 짧게 대답했다. "아빠가요." 그녀는 고개를 끄덕이며 말했다. "오, 멋지네요. 좋은 아빠가 봐요."

이번에도 마찬가지였다. 왜 아빠들은 자기 자식 돌보는 데도 칭찬을 받을까? 자기 자식 돌본다고 칭찬을 받는 엄마는 왜 없을까?

엄마의 시간과 아빠의 시간에 대한 불공정한 가치 평가를 생각하니 확 짜증이 밀려왔다. 그래서 나는 얼른 바글바글 풍성한 거품으로 뒤덮인 따뜻한 물에 발을 쏙 담그는 상상을 했다. 긴장이 스르르 풀리려는 찰나 익숙한 감정이 불쑥 뛰어나와 내 무장해제를 방해했다. 그것은 바로 죄책감이었다. '나를 위한 시간을 너무 많이 가진 거 아닌가?' 자신감 넘치는 내 자아가 대답했다. '세스가 있잖아.'

나는 제발 세스가 잭과 벤의 더러운 축구화 밑창을 바꿔 주고, 애나의 머리를 빗겨 주는 걸 잊지 않고, 플레이 데이트 장소가 볼링장에서 롤러스케이트장으로 바뀐 걸 기억하고 있기를 간절히 바랐다! 다행히 점점 늘어 가는 걱정이 나를 집어삼키기 전에 내 차례가 돌아왔다. 지갑을 쥔 채로 우두커니 서 있는데 옆자리 손님이 한없이 다정한 목소리로 말했다. "그냥 즐겨요."

하지만 나는 결국 나를 잡아먹을 듯 달려드는 죄책감과 그와 동시에 밀려드는 미안함으로 그 순간을 즐기지 못했다. 그런데 많은 여성들이 대화 중에도 미안한 게 '당연'하다는 식의 표현을 많이 한다. 그만큼 미안한 마음은 여성들이 자신만의 시간을 갖지 못하게 가로막는 가장 강력하고 효과적인 수단이기도 하다.

간혹 여성들은 가정에 봉사하는 의무는 게을리하면서 자기에게 시간을 더 투자하는 삶의 방식을 사람들이 비난할 거라고 미리 예상하고 선수를 칠 때도 있는데, 보통 자신이 그런다는 사실을 깨닫지 못한다. 나는 그처럼 여성들이 가정과 관련된 일을 하지 못할 때 타인의 비판을 예상하며 방어적인 태도를 보이는 것을 '미안함 방패Shame Shield'라고 부른다. 여성들의 소셜미디어 피드만 살펴봐도 당연히 해야 할 일을 안 하고 다른 데 시간을 쓰는 걸 사과하는 다양한 형태의 미안함 방패를 찾을 수 있다.

등교 첫날인데 놓쳐서 너무 슬프다(눈물 이모티콘)#엄마노릇실패#대학동창회#아이들보고싶다
멋진 내 남편, 내가 없는 동안 혼자 아빠 노릇#복도많지
비행기에서 혼자 조용히 보내는 8시간…출장은 즐겁지만#엄마의죄책감

남성들이 올린 글에 비슷한 감정 표현이 있는지 찾아봤지만 '#아빠의죄책감'이나 '#아빠노릇실패' 같은 표현은 찾지 못했다.

▶ **대응법**: 시간을 어떻게 쓰든 죄책감을 느낄 필요는 없다. 나는 죄책감이나 미안함의 먹구름이 나를 집어삼키려고 할 때마다 그런 감정이 오히려 형편없는 양육으로 이어진다는 사실을 스스로에게 상기시킨다. 좋은 엄마는 가족과 자기 자신에게 골고루 시간과 정성을 쏟는 법이다.

남편이 스스로 공정하지 않다는 사실을
인정하기까지

앞에서 얘기했던 낯선 남자의 외투와 관련한 쓰레기 사건을 기억하는지. 나는 늦은 밤 집에 돌아와 낯선 남자가 우리집 잔디밭에 두고 간 외투를 버리고 고무장갑을 그대로 낀 채 침실 문간에 서 있는 나 자신에게 물었다. '이걸 왜 내가 하는 거지? 그걸 치우기에 남편은 너무 일찍 출근하니까? 그냥 내가 해야 하는 일이라서? 내가 더 뛰어난 멀티태스커라서? 이웃에 창피해할 사람은 나니까? 남편한테 시키는 시간이면 내가 하는 게 더 빨라서? 땡! 땡! 땡! 전부 다다.' 그리고 더 중요한 걸 깨달았다. 나 역시 그걸 내 일이라고 생각한다는 것을, 그의 시간이 내 시간보다 더 가치 있다고 믿고 있었다는 것을.

그 믿음은 깨져야 했다. 그래서 나는 침대에 누워 있는 남편 옆에 앉아 최대한 참을성 있는 목소리로 말했다. "있잖아, 우리 둘 다 하루는 24시간이야. 내 시간은 당신 시간만큼 소중해. 그리고 우리 둘 다 자기한테 주어진 시간을 어떻게 쓸지는 각자 선택하는 거야. 알았지?"

아니다, 난 그렇게 말하지 않았다. 그랬으면 정말 완벽했을 텐데 말이다. 현실에서 나는 고무장갑을 벗어서 침대 발치에 내던졌다. '고맙다는 말은 됐네요'라는 명백한 비난을 담은 행동이었다. 그 후로도 분노가 쉽사리 가라앉지 않았고, 그래서 며칠 뒤에야 나는 내가 느꼈던 감정을 효과적으로 전달할 수 있었다.

나는 먼저 아이들을 침대에 눕히고 나서 세스와 소파에 앉았다. "지난번에 나 출장 갔다가 밤늦게 도착해서 잔디밭에 있던 남자 외투랑 맥주병 치웠던 거 생각나?" 세스가 예의 그 알 것도 같다는 표정으로 나를 쳐다봤다. 어쨌든 난 말을 이었다. "그때 난 당신이 그날 내 마지막 12분을 우리 가정을 위해 쓰기를 바란다고 느꼈어. 당신은 그걸 할 시간이 없고 난 있다는 의미로 말이야." 세스는 내 말에 반박하지 않았다. 자신이 양손에 고무장갑을 끼고 그 일을 처리하고도 남았을 시간에 스포츠 뉴스와 인스타그램을 번갈아 보면서 결국 내가 그 일을 하게 내버려 뒀다는 사실을, 즉 자신이 공정하지 않았다는 사실을 인정한 셈이다.

그 뒤로 집안 분위기가 바뀌기 시작했다. 남편이 비로소 우리 두 사람이 똑같이 하루 24시간을 보낸다는 사실을 알아채고 인식했기 때문이다. 내가 화장실 거울에 써 붙인 '시간은 모두에게 평등하다'라는 문구도 그 점을 명확히 하는 데 도움이 됐을 것이다.

생각의 틀을 바꾸려면 의도적으로 노력해야 한다. 시간에 관한 잘못된 메시지에 휘둘리지 않기 위해서도 마찬가지다. 그래서 나는 세스와 "난 시간이 없어", "그건 당신 일이야", "이건 내 일이야" 같은 말들을 되풀이할 때마다, 제한된 시간을 어떻게 쓸지 선택하는 문제에 대해 상대방을 존중하는 말을 씀으로써 대화의 틀을 바꾸려고 노력했다.

그 결과 마침내 12분을 낯선 남자의 외투와 맥주병을 치우는 일로 보낸 건 아무래도 상관없다는 걸 깨달았다. 나는 밤마다 각자 하루를 어떻게 보냈는지 계산하고 비교하면서 분 단위로 점수 내는 일에는 관심이 없었다. 나는 그저 우리 두 사람이 서로의 시간을 똑같이 가치 있게 여기기를 바랐다. 시간을 되찾기 위해 하는 게임이었지만 결국 시간이 게임을 바꿨다.

당신과 파트너가 시간의 가치를 판단하는 사고의 틀을 바꾸고 공정한 관계를 새롭게 재해석하고 나면 마법 같은 일이 일어난다. 오랫동안 느껴 보지 못했던 방식으로 파트너와의 관계를 회복하고 삶에 균형과 활기를 되찾게 되는 것이다. 되찾은 시간과 정신적 여유로 당신은 과연 무엇을 할 것인가. 나는 그것이 정말 궁금하다.

Chapter 4

규칙 2
누구나 재미있게 살 권리가 있다

조시가 여덟 살 때였다. 난생 처음 스키를 타고 비탈을 미끄러져 내려가는데 기분이 너무 좋았다. 덕분에 그녀의 부모는 사계절 휴양지로 유명한 포코노 겨울 스키 캠프에 돈을 펑펑 써야 했다. 조시가 산에서 내려오지 않겠다고 버틸 정도로 흠뻑 스키에 빠졌기 때문이다. 시간이 지나면서 조시는 점점 높은 코스로 옮겨가는 자신을 발견했다. 더 자라서도 스키를 향한 그녀의 열정은 식지 않았다. 그녀의 부모는 집착에 가까운 딸의 스키 사랑을 힘닿는 데까지 최선을 다해 지원했다. 그녀 역시 최선을 다했고 공부도 열심히 해서 결국 스키로 장학금을 받고 버몬트 대학에 입학했다. 대학 알파인 스키팀에 합류하게 된 건 단순한 떨림 그 이상이었다.

결혼 10년 차, 깊은 상실감에 빠지다

하지만 조시는 결혼과 출산을 거치며 스키를 신고 혼자 블랙 다이아몬드 코스를 질주하는 행복을 포기해야만 했고, 이제 초보자용 슬로프에 오를 시간도 없었다. 결혼 10년 차에 접어들면서 깊은 상실감과 더불어 결혼 전 자신의 모습에 대한 그리움이 밀려왔다. 생각다 못해 그녀는 가족들과 함께 스키장으로 휴가를 떠날 계획을 세웠다. 날짜가 다가올수록 그토록 사랑하는 스키를 아이들에게 소개하고, 오랫동안 가지 못한 행복한 장소에 간다는 생각에 밤잠을 설쳤다.

여행 당일, 탬파에서 필라델피아로 가는 비행 시간이 예상보다 길어졌다. 끝없는 지연과 연결 항공편이 모두를 짜증나게 했다. 드디어 비행기가 착륙하려고 하강을 시작했을 무렵, 첫째와 둘째 아들은 의자와 통로 사이에 반쯤 걸쳐 앉아 승무원과 서로 과자를 던지며 놀고 있었다. 13개월 된 막내가 그 장난에 합세했는데 때마침 젖이 새어 나와 그녀의 셔츠 앞쪽이 축축해지기 시작했다. 평소에는 잘 도와주는 남편도 지금은 기분이 썩 좋지 않아 보였다.

착륙 후 수하물 컨베이어 벨트에서 커다란 짐가방 5개와 쌍둥이 유모차, 팩앤플레이 아기 침대, 보조 의자를 겨우겨우 챙긴 뒤 아이들을 진정시키려고 파이럿츠 부티 과자 봉지를 뜯었을 때였다. 그녀는 문득 자신의 스키가 비행기 화물칸에서 컨베이어 벨트로 옮겨지지 않았다는 것을 깨달았다. 대학 시절 내내 신었고, 오랜 세월 슬로프에서 그녀와 마법 같은 순간들을 함께 해 온 소중한 장비를 잃어버린 거였다. 그녀가 남편을 돌아보며 말했다. "분명, 큰 짐하고 같이 나왔어야 했는데….” 그는 어깨를 으쓱해 보이더니 과자를 한 움큼 집으며 말했다. “그래서, 이제 어떡해?”

그녀는 여전히 엄마의 손길이 필요한 지친 아기를 내려다봤다. 일곱 살과 다섯 살의 두 아들은 고삐 풀린 망아지들처럼 짐들 사이를 정신없이 뛰어다녔다. 멀거니 그녀를 쳐다보고 있는 남편을 다시 바라봤다. 그는 아내가 스키를 찾으러 가는 걸 말리진 않겠지만 선뜻 그러라고 하지도 않았다. 그녀도 한숨을 내쉬며 포기하는 심정으로 말했다. “됐어. 비싼 것도 아니야. 그냥 가자.”

그녀는 스키 없이 공항을 떠났다. 다시 한번 자신의 일부를 뒤에 남겨 둔 채로 말이다. 스키는 2주 뒤, 탬파로 돌아가는 길에 찾았다. 덕분에 그녀는 휴가 대부분을 리조트 안에서 아기를 돌보며 지내야만 했다.

한편 그녀의 남편은 두 아들이 초보자 스키 교실에 흥미를 갖게 해보려고 갖은 애를 썼다. 하지만 아이들은 금방 지루해하더니 이내 포기해 버리고 말았다. “눈사람이나 만들래.” 결국 스키는 엄마가 좋아하는 활동에 지나지 않았던 것이다.

조시와 마찬가지로, 나 역시 예전의 생기발랄했던 모습은 어디 가고 투명인간 같은 존재로 바뀌었음을 깨달았을 때는 이미 두 아이의 엄마였다. 하지만 그 후에도 진실을 마주하기 두려워하는 사람들이 그렇듯 방어적인 태도를 취했다. “매일 오후에 그리고 수요일은 2시에 애들을 데리러 가야 하는데, 새로 시작한 사업을 키울 시간이 어디 있어? 일곱 살인 아들 숙제를 도와줘야 하는데 여성들의 공직 진출을 돕는 저녁 회의에 갈 시간이 어디 있느냐고? 의사를 아무리 찾아다녀도 5년 전 제왕절개 흉터가 여태껏 안 아무는 이유를 못 찾았는데 장기 목표와 꿈 따위를 생각할 여유가 어디 있느냐고!"

나는 집과 사무실 어디서나 피곤했다. 그리고 아무리 무의식적이 었다 해도 집안일 대부분이 내 책임이라는 듯이 전혀 신경 쓰지 않는 남편한테 화가 많이 나 있었다. 나 자신에게도 화가 났다. 내가 그토록 자랑스러워하던 나는 어디로 사라졌단 말인가? 내가 사랑했던 나는 어디로 가 버린 걸까? 나는 내 예전 자아를 잃어버린 것 같아 비통했 다. 그녀가 몹시 그립고 걱정스러웠다. '아이들 엄마로 사는 지금 그녀 는 자신에게 돌아가는 길을 찾을 수나 있을까?'

결혼 생활이 이렇게 끝날 줄 알았더라면

공정한 게임의 첫 번째 규칙은 당신과 파트너가 시간은 모두에게 평등하다는 걸 인식하는 것이다. 시간 투입의 결과가 급여든 아픈 아 이 이마를 쓰다듬는 것이든 말이다. 일단 첫 번째 원칙에 동의하고 나 면 공정한 게임이라는 렌즈를 통해 당신의 삶을 새롭게 바라봐야 하 는 가장 중요한 이유, 반짝반짝 두 번째 금방울이 당신을 기다린다. 공 정한 게임은 당신이 관심사를 추구하며 흥미롭게 사는 사람이 될 권 리를 되찾게 해 준다.

이게 어떤 의미일까? 연구 초반에 나는 엘렌이라는 여성과 대화를 나눴다. 그녀는 작지만 한창 성장 중인 실내장식 업체를 운영하다가 백만장자의 길을 걷고 있는 부동산 투자자와 결혼했다. 당시 나는 '돈 이 많으면 상황이 달라질까? 가사와 육아의 책임을 상당 부분 타인에게 맡길 수 있는 여성들은 살림에 매여 있다는 기분을 덜 느낄까?'라는 질문에 대한 답을 찾고 있었다. 그래서 경제적 특권을 누리는 여성의 이야기에 유독 관심이 갔다. 보통의 일하는 엄마들은 독박 육아를 하면서 하루하루가 힘들고 고달픈데, 부자는 혹시 다를까 싶었던 것이다.

그런데 엘렌과 점심을 먹으며 알게 된 사실은 외부의 도움을 아무리 많이 받아도 여전히 시간 부족에 시달린다는 것이었다. 엘렌은 내가 지금껏 들었던 온갖 시간에 대한 잘못된 메시지에 꼼짝없이 갇힌 케이스였다. 우선 그녀는 결혼한 지 얼마 안 돼 남편으로부터 일을 그만두는 게 어떻겠냐는 제안을 받았다. 그의 주장은 이거였다. "그 일을 할 가치가 없어." 그는 그녀의 수입이 그들의 가정을 유지하는 데 전혀 필요가 없으며, 그녀가 밖에서 일하지 않으면 집안을 보살피고 아이들을 키우는 데 그 시간을 유용하게 쓸 수 있다고 생각했다.

엘렌은 망설였다. 그녀는 자신이 일군 사업이 자랑스러웠다. 그리고 어쨌든 중서부에서 유명한 디자인 프로그램에서 장학금을 받고 가족 중 처음으로 대학 교육을 받은 자식이었다. 하지만 어쩌면 남편의 지적이 일리 있지 않을까? 그녀는 더 이상 일할 필요가 없어지는 거고, 그 시간과 에너지를 가정에 쏟아서 남편의 삶을 더 편하게 해 주면, 그래서 남편이 더 행복하고 성공할 수 있다면 공정한 거래 아닐까?

고민 끝에 엘렌은 고객 중심으로 신중하고 착실하게 쌓아 올린 실내장식 사업을 포기했다. 그러나 막상 그녀가 집에서 하는 일은 힘은 힘대로 들지만 아무리 해도 끝이 나지 않는 일투성이었다. 결과적으로 시간은 사업을 할 때보다 더 많이 들었다. 그럼에도 그녀는 15년 동안 어린 두 자식을 보살피고 그녀의 가정이 눈에 보이지 않는 구름 위에서 안정적으로 만족스러운 미래를 향해 쭉쭉 나아가도록 쉼 없이 일했다.

그녀의 노력 덕택에 아이들은 매일 하루도 빠짐없이 말쑥한 옷차림으로 제시간에 학교에 도착했고, 갑자기 몸이 아파도 데리러 와 줄 엄마가 있고 집에 가면 특별한 대접을 받을 수 있다는 걸 아는 아이들만의 차분함을 보였다. 해마다 아이들이 초대받는 수많은 생일 파티와 다양한 가족 구성원들의 삶에 이정표가 될 만한 날이면 어김없이 신중하게 고르고 예쁘게 포장한 선물이 준비돼 있었다.

그녀는 성수기를 피해 일찌감치 가족 사진을 전문가에게 맡겨 찍어 뒀다가 연말이 되면 그 사진을 넣은 연하장을 발송했다. 여름이 오면 요정이 마법의 막대기라도 휘두른 듯 모든 준비가 끝나 있는 캠핑카로 여행을 떠났다. 모든 사교적 약속과 자선 행사 약속, 학부모 상담 일정이 일사천리로 잡히고 항상 지켜졌다. 고마운 줄도 모르는 그녀의 남편이 괘씸하게 이혼을 요구한 그 날까지.

결혼 생활이 끝난 이유를 묻자 그녀가 생각에 잠겼다. 잠시 뒤 그녀가 서글픈 목소리로 말했다. "솔직히, 난 무언가에 관심을 두고 흥미롭게 사는 걸 허락받지 못했다고 생각해요."

처음에 그녀는 아내와 엄마 역할이 만족스러웠고 남편의 직업적인 성공에 대리 만족을 느끼며 살았다. 그렇게 15년을 보내고 나서야 비로소 자신의 정체성을 잃어버렸다는 걸 깨달았다. 최선을 다해 노력해서 얻었던 생기 넘치고 열정적인, 애초에 그녀의 남편이 사랑에 빠졌던 자신을 완전히 잃어버린 것이다. 그녀는 너무 오랫동안 가정주부와 엄마 노릇을 하며 관심사와 재능으로부터 단절된 삶을 살았다. 사실상 자기 삶의 주인공이 아닌, 배경으로 물러난 것이다. 결혼 전 그녀의 모습은 기억 저편으로 사라져 갔다.

엘렌은 자신이 보인 전업주부와 엄마로서의 모습은 더 이상 '내 남편, 내가 속해 있는 공동체, 심지어 나 자신에게도 관심을 끌지 못하는 존재였다'고 인정했다. 그녀가 '남편 외 1명'이라는 이름으로 참석했던 회사 야유회를 떠올리며 말했다. "그곳에서는 내가 할 말이 하나도 없었어요."

그녀는 내가 가져간 할 일 목록을 손으로 쭉 짚어 내려가다가 반려동물과 학교 봉사를 보고는 말을 이었다. "내가 아픈 강아지를 어떻게 보살펴서 건강한 모습을 되찾게 했는지, 아이 학교 공동체 텃밭에 무슨 식물을 심었는지 궁금해하는 사람은 아무도 없었어요. 오히려 하나같이 나한텐 생소하기만 한 기술 혁신이나 너무 피곤해서 일일이 챙길 여력이 없는 세계적인 이벤트를 이야기하며 신나 하더라고요. 끼어들 여지가 전혀 없었죠. 그렇게 몇 시간 동안 거의 한마디도 안 하고 서 있었어요. 사람들이 대화를 나누려고 다가왔다가도 내가 잘 몰라서 입을 다물고 있으니까 빈 잔을 채워야겠다며 하나둘 자리를 뜨더군요. 굴욕적이었어요. 가끔 사람들이 실내장식 일을 다시 할 생각이 있느냐고 물었던 게 기억나요. '과거의 나'와 '현재의 나'로 구분해서 생각했던 거예요." 그녀는 후회하듯 말을 이었다. "힘들게 배웠어요. 재미있게 사는 건 누가 허락해 주는 게 아니라는 것을요. 그건 자기가 선택하는 거예요."

여기서 분명히 짚고 넘어가자. 이 문제는 전업주부 대 워킹맘 사이에 벌이는 또 다른 논쟁이 아니다. 그런 논쟁으로 우리 스스로를 망가뜨리기에 우린 너무 멀리 왔다. 그리고 너무 열심히 일했다. 엘렌이 개탄스러워하는 것은 가정주부로서 아이들과 집에 남았다는 게 아니었다. 시간이 가면 갈수록 점점 더 자신의 많은 부분을 뒤로한 것, 자신도 모르는 사이 생기 넘치고 열정적이고 적극적이며 본질적인 자아가 사라지도록 허락했다는 사실이었다.

내 마음속의 목소리를 무시한 대가

엘렌의 남편이 이혼을 요구하기 몇 해 전, 그녀가 자신을 위해 싸우기로 결심했던 때가, 무언가에 관심을 갖고 흥미진진하게 살 권리를 주장할 기회가 있었다. 한때는 열정적이었지만 지금은 자신 안에 잠들어 있는 자아에 불꽃을 일으킬 수 있다고 확신하는 실내디자인 전문가 과정을 발견했을 때였다. 다만 문제가 하나 있었다. 소셜미디어와 원격 학습이 보편화되기 이전 시절을 떠올려 보라. 그 과정은 이탈리아 밀라노에서만 받을 수 있는 수업이었다. 그래도 그녀는 그 수업을 받기로 결정했다. 그래서 집을 비우는 동안 엄마에게 와 달라고 부탁했다. 또 도움이 필요할 때는 언제든 부를 수 있도록 베이비시터와 도그시터, 방과 후 교사를 고용하는 고된 과정을 시작했다. 그녀가 없는 동안 하나라도 문제가 발생하지 않도록 화이트보드에 달력을 만들어 방대한 할 일 목록도 작성했다.

하지만 남편에게 계획을 알리자 그가 격분했다. "여섯 살, 아홉 살 자식을 두고 어떻게 집을 비울 수 있어? 그것도 2주씩이나? 애들한테 엄마가 필요하면 어떻게 해?" 그녀의 직업은 집을 지키는 것이었다. 이번에도 남편은 그녀에게 그 과정이 필요하지 않으며, 그녀가 다시 일을 시작해서 버는 추가 수입도 필요 없다는 이유를 들었다.

엘렌이 친한 여자 친구들과 동료 엄마들에게 의견을 물었을 때도 비슷한 반응이 돌아왔다. 다른 나라에서 디자인 과정을 밟는 건 뜬구름 잡는 거라며 그녀를 타이른 것이다. 어떤 여자가 남편과 자식을 두고 이탈리아로 떠난단 말인가? 그럴 수 있다고? 그렇다면 지금쯤 우리 모두 두오모 광장에서 젤라또를 먹고 있겠지.

가족과 친구들로부터 '자기 멋대로'라는 식의 암시를 받은 엘렌은 의지가 꺾였다. 열정을 되살리고자 했던 꿈을 포기하게 된 것이다. 동시에 그녀는 아내와 엄마의 역할에 꼭 필요한 건 아니지만 삶에 대한 흥미와 살아 있음을 느끼며 바깥세상에서 시간을 보내도 좋다는 그녀 자신의 허락을 철회했다. 결코 환상이 아니라고 간절히 외치는 자신의 목소리 대신 다른 사람들이 정해 준 자신의 한계에 귀를 기울이고 행동한 것이다.

쌌던 짐을 다시 풀고 집에 남기로 한 자신의 선택을 떠올리며 회한에 젖은 엘렌이 말했다. "그때 밀라노에 갔었더라면 그동안 잊고 살아온 '나'를 재발견하고 재미있게 살 권리를 되찾았을 거예요. 그게 나 자신에 대해 느끼는 감정을 어떻게 바꿔 놓았을지, 결혼 생활에서의 나를 어떻게 변화시켰을지 누가 알겠어요."

엘렌이 '그때 내가 밀라노에 갔었더라면'이라고 하는 것처럼 당신이 '그때 했었더라면'이라고 말하는 스토리는 무엇인가? 혹시 대놓고 하는 반대든 은근한 암시든 배우자와 가족, 친구들로부터 얻지 못한 허락이 스스로 내리는 허락에 영향을 미치지는 않았는가? 지금쯤이면 이런 모습일 거라고 꿈꾸던 삶에서 멀어진, 혹은 정반대의 길을 가고 있진 않은가? 결혼과 출산 이후 어느 시점에 '네 열정을 좇는 건 쓸데없는 짓이야'라고 말하는 목소리를 듣지 않았는가? 그 말을 듣고 스스로에게 재미있게 살 권리를 허락하는 걸 포기하지 않았는가?

당신의 결혼 전 모습, 당신의 어릴 적 모습을 떠올려 보라. 그리고 거울을 한번 보라. 지금 거울에 비친 당신의 모습에서 그때 그 자아가 보이는가? 아니면 엘렌처럼 과거 속으로 사라져 버렸는가?

다른 사람들이 인정해 주지 않는다는 사실이 내가 내리는 결정에 영향을 미치면 비싼 대가를 치르게 된다. 내게 허락되지 않은 일이라고 느끼는 바로 그것이 내 관심을 오래 지속시키고, 파트너나 다른 모든 이에게 나를 흥미로운 사람이라고 느끼게 만드는 핵심 요인일 때가 많다. 이것이 바로 허락의 역설이다.

엘렌은 이혼한 지 1년도 지나지 않아 밀라노로 여행을 떠났다. 그리고 가장 생기 넘치는 자아의 불씨를 되살려 실내장식 경력에 새로운 활기를 불어넣었다.

내가 이렇게 된 건 모두 남편 때문일까?

엘렌의 남편은 아내가 일을 그만두고 집에서 좋은 엄마가 돼야 한다고 주장했지만 정작 자신이 원하는 모습으로 바뀐 아내를 거부했다. 나는 엘런의 밀라노 이야기를 들은 뒤 남자들의 관점이 궁금했다. 과연 남자들은 아내의 이런 변화를 어떻게 생각할까?

앞에서 얘기한, 잃어버린 스키 사건의 주인공 조시를 기억하는지. 그녀의 남편인 빌이 나지막이 말했다. "난 용감하고 활기 넘치는 여자하고 결혼했어요. 그런데 어느 날부터인가 그런 모습을 더 이상 찾을 수가 없더군요."

저런, 하지만 그게 어느 날 갑자기 일어난 일일까? 조시의 옛 자아가 밤새 외계 비행 물체에 납치라도 당한 걸까? 물론 아니다. 그리고 어떻게 그런 일이 일어났는지 어리둥절하기는 빌이나 조시나 마찬가지다. 인터뷰를 통해 끊임없이 드러나는 사실은 명시적인 표현이든 (일 그만둬), 설득이든(애들은 집에 있는 당신이 필요해), 심지어 원하는 방향을 넌지시 암시하는 것이든(은퇴한 아내) 아내가 바깥세상에 관심 갖기를 남편들도 간절히 원한다는 것이다. 아직 남편들이 그것을 미처 깨닫지 못했을 뿐이다.

남편과 데이트를 시작할 무렵 나는 도전을 두려워하지 않고, 약자 편에 서서 싸우며, 다음 세대의 몫으로 남겨서는 안 될 민권 문제에 언제나 눈을 부릅뜨고 있는 야심차고 역동적인 여자였다. 진취적이고 열정적이었다. 젠장, 재미있었다.

그런데 아이들이 태어나자 우리 부부의 세계가 뿌리부터 흔들리기 시작했다. 내 마음속 불꽃의 일부도 사라져 버렸다. 대신 새로 생긴 엄마라는 자아를 확실히 깨닫게 된 순간들이 있었다. 놀이터에서 만난 3명의 베테랑 엄마들 앞에서 나는 이런 불평을 했다. "우리 애는 여섯 달이 다 되어 가는데 아직도 너무 피곤해." 최근에 친구가 했던 말을 되풀이하기도 했다. "뭔가를 다시 느껴봤으면 좋겠어. 피곤해 죽을 거 같은 이 기분 말고." 티팬티 속에 모래알이 굴러다니는 걸 느끼며 잭 뒤를 따라 무릎으로 엉금엉금 기어가며 이런 넋두리를 하기도 했다. "언제쯤 다시 잠 좀 잘 수 있을까? 난 진짜 아침형 인간은 아닌가 봐." 그런데 그 말을 들은 친구가 큰소리로 웃으며 말했다. "애들이 십 대가 될 때까지는 아침 여섯 시에 일어나야 할걸? 그때까지는 오후에 에스프레소 한 잔씩 마시는 걸 추천할게. 두 잔도 괜찮고."

나는 피곤에 찌든, 정말 마음에 안 드는 내 모습을 발견할 때마다 나도 모르게 남편을 탓했다. 새벽 3시에 아기가 울음을 터트리면 그를 향해 중얼거렸다. "이렇게 만들어 줘서 참 고맙기도 하지, 이 나쁜 놈아." 젖병을 데우려고 무거운 몸을 억지로 일으키면서 아무렇지 않게 자고 있는 그를 쏘아보며 생각했다. '왜 난 예전 모습을 알아볼 수 없는 엄마 좀비가 됐는데 당신은 아직 그대로인 거야?'

공정하게 말해 남편은 나에게 "결혼도 했고 아이도 생겼으니까 당신이 당신의 자아를 마음껏 표현하는 걸 허락하지 않을 거야"라는 식의 명시적인 말을 한 적은 없었다. 일을 그만두라고 한 적도 없었다. 한마디로 어떤 식으로든 나는 그에게서 뚜렷한 저항을 받아 본 적이 없었다. 오히려 내가 그의 저항을 가정했다. 기저귀 쓰레기통을 비우는 일처럼 더 중요한 할 일이 있는데 내 경력, 나 자신에게 시간을 쏟는 걸 그가 원하지 않을 거라고 가정한 것이다. 나중에 깨달은 사실이지만 애초에 이렇게 가정하고, 일방적으로 인정하고, 행동으로 옮긴 건 바로 나 자신이었다. 그래서 '맹세합니다'를 복창했던 결혼식 날로부터 불과 몇 년 만에 우리 집에서 유일하게 복창되는 말은 이거였다.

"진취적이고, 열정적이고, 흥미로운 버전의 나를 찾을 수가 없어. 대체 어디로 사라진 거야?"

어깨가 좀 더 가벼웠던 시절의 옛 자아가 흐릿해져 가는 현실을 남편이나 파트너의 탓으로 돌리는 건 쉽기도 쉽고, 만족스러울 때도 있다. 하지만 책임이 전적으로 그들에게만 있는 건 아니다. 재미있게 살 권리를 되찾기 위해 스스로 어떤 조처를 취했든, 자기 자신에게도 책임을 물어야 한다.

이제라도 재미있게 살 권리를 되찾아야 하는 이유

그동안 잊고 지내 온, 부모가 되기 이전의 모습 혹은 허락만 기다리고 있는 진화한 버전의 당신, 심지어 더 흥미로운 버전의 당신을 열렬히 원한다면 재미있게 지낼 권리를 되찾으라는 공정한 게임의 두 번째 규칙을 적극적으로 따르라. 그리고 나중에 딴소리할 가능성은 아내든 남편이든 마찬가지이기 때문에 당신이 따르는 만큼 파트너도 따르게 하라. 두 사람 다 좋은 부모나 멋진 파트너로서만이 아니라 스스로 재미있게 살 권리를 되찾아야 한다. 두 사람 모두 당장 그 권리를 누릴 시간과 공간을 더 많이 요구해야 한다.

그런데 이미 알고 있겠지만 추가적인 시간이나 공간은 마법처럼 짠 하고 나타나는 게 아니다. 사실 그런 건 존재하지 않는다. 당신이 스스로 만들어 내기 전까지는 말이다. 파트너와 가족, 당신 스스로에게 그 시간을 요구하는 것이 바로 내가 '유니콘 스페이스'라고 부르는 공간을 갖는 유일한 방법이다. 이 이름에 영감을 준 신화 속 백마처럼, 유니콘 스페이스는 희귀하고, 신비로우며, 당신을 이 세상에서 유일무이한 존재로 만들어 주고, 최상의 당신이 되도록 이끌며, 부부로서 그리고 한 사람으로서 행복한 삶을 살게 해 주는 관심을 되찾는 데 결정적인 역할을 한다.

유니콘 스페이스 확보에 필요한 시간과 공간이 부족하다고? 아마 그 생각이 맞을 거다. 이미 물 밖으로 간신히 고개만 내밀고 있는 상태로 살고 있다면 안 그래도 바빠 죽겠는데 무언가를 더 해야 한다는 것이 부담스러운 게 당연하다. 다행히 당신이 지금 할 일은 유니콘 스페이스가 생기면 무엇을 할지 생각해 보는 것뿐이다. 아무것도 안 해도 괜찮다. 단지 마음껏 꿈꿔라. 당신 자신과 다시 연결될 수 있는 시간과 공간이 있으면 얼마나 멋지겠는가?

그럼에도 '유니콘 스페이스'라는 이름 자체가 허황되게 들릴 수 있다. 하지만 당신이 그 힘들고 고된 일을 견딜 수 있도록 기운을 북돋고, 생기를 불어넣으며, 당신을 반짝반짝 빛나게 해 주는 그것, 그래서 당신의 관심을 사로잡는 그것은 판타지 같은 것일 때가 많다.

스탠드업 코미디언 앨리 웡은 이렇게 비틀어 말했다. "엄마일 때는 내면에서 죽어 버린 빛을 보상해 줄 반짝이가 필요하죠." 몇몇 행운아들은 5단계 태풍급 열정을 불태울 수 있는 유니콘 스페이스에서 일을 하기도 한다. 유니콘 스페이스가 일과 경력의 장이기도 한 — 복권에 당첨돼도 그만두지 않을 꿈의 직장을 다니는 — 축복을 누리는 것이다. 하지만 그들을 제외한 나머지 대부분의 사람들에게는 생계를 위해 돈벌이를 목적으로 하는 일 말고 다른 무언가에 전념할 시간과 공간이 필요하다. 아침이면 눈을 번쩍 뜨게 해 주고 온종일 힘차게 살아갈 수 있게 활력을 불어넣어 주는 다른 무언가가 필요하다는 말이다. 그 무언가는 환상이나 사치가 아니라 자존감 상승, 건강한 파트너십, 아이들에게 충만한 삶의 본보기 역할을 하는 능력에 핵심이 되는 요소다.

한마디로 말해 유니콘 스페이스는 이 세상에서 제한된 시간을 사는 인간으로서 누릴 수 있는 행복과 성공에 필수적이다. 그래서 유니콘 스페이스가 크면 클수록 삶의 동반자를 만나 짝을 이루고 아이를 낳아 기르는 것을 넘어서는 분명한 삶의 목적이 생긴다.

물론 결혼을 하고 부모가 되는 데에도 목적이 있다. 그걸 부정할 순 없다. 당신이 사랑하는 사람, 당신을 아끼고 지지해 주는 사람과 부부가 되는 건 대단히 의미 있고 만족스러운 일이다. 아이를 보살피고 키우는 일은 기적 같은 경험일 뿐 아니라 한층 더 충만한 삶을 살게 해준다. 특히 품에 쏙 들어올 만큼 작은 생명을 잘 보살피는 일이 당신의 첫 번째 관심사가 되어야 하는 양육 초반이 그렇다. 그렇지만 그래도 여전히 당신은 더 많은 걸 누릴 수 있다. 당신이 찾아 나서기만 한다면 말이다.

엄마로 사는 것도 좋지만 그것만으로는 부족한 순간이 온다

아이가 생기고 엄마가 되면 보통 활기찬 개인으로서의 자신의 모습은 찾을 수도, 볼 수도 없다고 느낀다. 대신 아내와 보호자, 부모, 주부 등 지금 하고 있는 여러 역할에 상응하는 정체성이 그 자리를 차지하게 된다.

내 친구들과 주변의 엄마들은 자신을 자기 이름으로 부르지 않는다. 소셜네트워크에 #브레이든엄마, #소여엄마, #헤이즐엄마 라는 이름으로 글을 올리고, 심지어 이메일에도 그렇게 쓸 때가 있다.

2018년 모성과 육아에 관한 소식을 전하는 매체 〈마덜리〉가 '엄마살이State of Motherhood'라는 주제로 실시한 조사에 따르면, 엄마들의 59퍼센트가 자신의 정체성을 '엄마'라고 인식하는 것으로 나타났다. 내 아이들을 보살피고 알아갈 수 있는 시간이 있다는 건 너무 뿌듯한 일이지만 내 정체성에 학교나 놀이터, 아이들 생일 파티 말고 좋은 친구나 재미있는 저녁 식사 상대, 유능한 커리어우먼 같은 건 포함시킬 수 없는 걸까? 한때 당신이 친구들과 사랑하는 사람들 사이에서 어떤 사람이었는지, 그리고 지금은 스스로 얼마나 자주 그 특별한 누군가로 자신의 정체성을 규정하는지 생각해 보라.

엄마가 되는 것은 멋지고 중요한 일일 뿐 아니라 그 길을 선택한 여성들에게는 중요한 정체성이 될 수도 있다. 하지만 당신이 잊은 게 아니라면 부모가 되기 전에 당신은 다른 누군가였고, 지금도 여전히 '#브레이든엄마' 그 이상이다. 이 사실을 깨닫지 못하면 《엄마됨을 후회함》이라는 극적인 제목의 책에서 사회학자 오르나 도나스가 인터뷰한 수많은 여성이 묘사한 것과 같은 대가를 치러야 한다. 나는 도나스와 함께 그녀가 인터뷰한 여성들에 관해 토론했는데 그중 상당수가 자녀에 대한 사랑을 이야기하면서도 나 자신을 잃어버린 것 같고 내가 점점 희미해지고, 사라지고 있다는 식의 표현을 사용했다.

내가 인터뷰했던 엄마들도 마찬가지였다. 그중 엠마는 솔직하게 말했다. "엄마로 사는 것도 필요하지만 그걸로는 부족해요." 또 다른 엄마는 이렇게 털어놨다. "아이가 생기고 나니 이런 생각이 들더군요. 난 누구지? 가족은 생겼지만 나 자신은 잃어버렸어요." 내 친구 아스펜은 이렇게 말했다. "애들이 생기고 나서 내가 어떤 사람이었는지 다시 실험하고 찾아야 했어. 힘들더라. 30년이나 살았는데 처음부터 다시 시작하는 기분이었어."

그러므로 졸업하고, 결혼하고, 아이를 가지는 이정표들을 하나씩 지나고 나면 개인의 성취를 인정하고 축하할 수 있는 새로운 이정표를 더해가기 위해서라도 우리가 열정을 쏟을 유니콘 스페이스를 확보하는 것이 그 어느 때보다 중요하다.

버나드 대학교 유아개발센터 소장이자 심리학과 부교수인 토바 클라인 박사는 이렇게 당부했다. "아이를 완벽하게 키우는 데만 열정을 쏟으면 안 됩니다. 그러면 다른 사람과의 관계 속에서만 자신을 규정하게 되는데 그걸로는 충분치 않으니까요." 그건 당신 자신에게도, 알고 보면 당신 자녀들에게도 충분치 않다. 한 최신 연구 결과에 따르면 자기 자신을 위해 시간을 투자하는 여성들이 자녀를 돌보는 능력도 훨씬 뛰어난 것으로 나타났다. 그럼에도 어쨌든 자신의 역할을 집이라는 울타리 너머로 넓히는 건 겁이 나는 일일 수 있다. 나와 대화를 나누었던 수많은 여성이 너무 오랫동안 자신의 자아를 '엄마'로 규정해 왔기 때문에 다른 역할을 할 수 있을지 확신이 서지 않는다고 말했다. 지젤의 말을 들어 보자. "부모인 것 말고 다른 누군가가 될 수 있을지 잘 모르겠어요."

또 유니콘 스페이스에서 무엇을 해야 할지 알아내지 못한 수많은 여성들은 집안일에서 맛본 성공을 다른 성공으로 대체할 수 없을지도 모른다는 두려움 때문에 몇 가지 집안일의 책임을 남편한테 넘기는 것조차 망설였다. 아이 학교에서 알게 된 한 엄마는 "지금 두 아이가 학교에 다니니까 셋째를 가질까 생각 중이에요. 낮 시간을 혼자 보낼 걸 생각하면 겁이 나서요. 다른 무언가가 되거나 하는 걸 생각하기에는 너무 늦은 게 아닐까 걱정이에요. 어디서부터 시작해야 할지 모르겠어요." 운동장에서 만난 다른 여성은 이렇게 말했다. "그건 물리학의 영역이에요. 움직이는 물체는 계속 움직이려는 성질이 있잖아요. 근데 난 움직이지 않아요. 정지해 있는 물체인 거죠. 엄마 역할 말고 다른 능력에 대한 자신감을 한번 잃어버리면 예전의 마법을 되찾는다는 게 쉬운 일이 아니에요."

"아내가 자랑스러운가요?"에 대한 남편들의 대답

나는 인터뷰 대상에 남성들을 포함시키고 난 뒤 그들의 이야기를 쉽게 끌어낼 수 있을 법한 질문지를 작성했다. 유니콘 스페이스와 관련해서는 이렇게 물었다. "아내가 자랑스러운가요?" 내가 얘기를 나눈 거의 모든 남성이 처음에는 반사적으로 이런 반응을 보였다. "그럼요, 정말 훌륭한 엄마인 걸요." 더러는 "그녀가 없었으면 못 해냈을 거예요"라거나 "그녀가 살림하는 걸 보면 정말 놀라워요" 같은 감상을 덧붙이기도 했다.

그런데 내가 '자랑스러운'이라는 단어를 쓰면 남성들이 아내의 역할을 곧장 엄마와 가족을 돌보는 사람으로 연결시킨다는 점이 흥미로웠다. 그래서 질문의 틀을 바꿔 이렇게 물었다. "엄마나 아내로서의 역할 말고도 그녀가 자랑스러운가요?"

아내와 엄마의 역할을 다하느라 개인의 열정을 빼앗긴 아내, 즉 자신의 유니콘 스페이스와 무관하게 사는 아내의 남편들은 선뜻 긍정의 대답을 내놓지 못했다. 보통은 얼버무리거나 대답을 회피하다가 결국에는 아내가 과거에 그들을 자랑스럽게 했던 무언가로 위기를 모면했다. 나는 이런 경우를 '그땐 그랬지 사례'라고 부르는데, 그것은 곧 한때는 누군가에게 자랑스러움을 안겨줬던 그녀들이 지금은 사라지고 없다는 증거였다. 반대로 지금 현재 자기만의 독특한 기술과 재능, 열정을 추구하는 아내를 둔 남성들은 아내의 유니콘 스페이스를 그들이 느끼는 커다란 자부심의 원천으로 여겼다. 예외는 없었다.

데이브는 쌍둥이 딸의 엄마이자 치위생사로 일하는 아내 카렌이 자랑스럽냐는 질문에 대뜸 이렇게 대답했다. "그럼요, 아내는 최고의 제빵사예요! 아내가 만든 딸기 루바브 파이는 정말 환상적이에요. 대회에 나가 우승도 했다니까요."

질병통제예방센터에 근무하는 클라우드도 비슷한 답변을 했다. 그의 아내 얀은 밤마다 아이들을 재우고 난 뒤 유화를 그리는 전업주부다. 그의 친구들은 우스갯소리로 클라우드가 이 세상에서 전염병을 퇴치하는 화제를 꺼내면 단번에 이목을 끌 수 있는데 언제나 아내의 예술 사랑 타령만 한다고 놀려 댔다. 그럼에도 클라우드에게는 아내가 이 세상 누구보다 흥미로운 사람이었다. 심지어 그보다 더 흥미로운 점은 얀이 그림을 한 점도 팔지 않았다는 사실이다. 하지만 그건 두 사람 모두에게 아무런 문제가 되지 않았다. 그녀가 돈을 벌려고 그림을 그리는 게 아니었기 때문이다. 그녀는 영혼의 양식을 채우기 위해 그림을 그린다. 부부 침실에는 그녀의 열정이 고스란히 담긴 캔버스가 곳곳에 걸려 있다. "전 클라우드가 있어서 항상 든든해요." 얀의 말이다.

내 남편은 이 책을 쓰는 게 내 열정이라는 걸 알고 나서, 공정한 게임의 가장 열렬한 지지자가 됐다. 이따금 본문에 그가 언급되는 걸 생각하면 좀 재미있기도 하다. 조사와 집필이 한창일 때, 여러 사교 모임에서 그가 성별에 따른 가사 분담의 새로운 해결책에 대해 열정적으로 말하는 걸 우연히 들은 적도 여러 번이다. 상상이 되는가? 만약 누군가가 내 남편에게 아내가 자랑스럽냐고 물으면, 내 아이비리그 학위나 직업적 성공, 헌신적인 엄마로서의 기술은 건너뛸 거라고 장담한다. 남편은 분명 이 책 이야기를 할 것이다. 공정한 게임이야말로 내가 물불 안 가리고 뛰어들어 집념을 다한 일이기 때문이다. 그는 내 열정을 이해했고, 결과적으로 그 역시 내 열정에 물들며 열정적이 됐다.

이처럼 열정은 양방향으로 흐른다. 그래서 여성들 역시 자신의 파트너가 무언가에 흥미를 가질 수 있도록 해 주어야 한다. 당신의 파트너가 가장 생기 있고 열정적인 모습이길, 하루의 끝에 상쾌함과 흡족함을 가득 안고 걸어 들어오기를 바라지 않는가?

여성들에게 "남편 혹은 파트너가 자랑스러운가요?"라고 물으면 대부분에게서 반사적으로 이런 대답이 돌아온다. "그는 정말 훌륭한 가장이에요", "그는 정말 열심히 일해요", "정말 멋진 아빠예요." 그러면 나는 남성들과 인터뷰할 때처럼 좀 더 밀어붙여 다시 묻는다. "그래서 그가 자랑스러우세요?"

자기만의 유니콘 스페이스가 있는 남편의 아내들은 곧바로 그렇다고 답하면서 일이 아니라 남편이 하는 흥미로운 활동을 언급한다. 생계를 책임지는 것 외에 다른 열정이 없는 남편을 둔 아내들은 절망감과 실망감, 때로는 체념이 뒤섞인 반응을 보이는 경향이 있다. 한 여성은 이렇게 인정했다. "세월이 어느 정도 흐르고 보니까 남편이 꽤 지루한 사람이 돼 있더라고요."

돈벌이가 안 돼도 유니콘 스페이스가 필요한 이유

나는 공정한 게임의 두 번째 규칙을 따르는 부부들을 대상으로 지금도 진행 중인 연구에서 아내든 남편이든 열정을 추구하기 위해 유니콘 스페이스를 요구하면 상대방은 그 열정의 결과가 돈벌이로 이어지지 않더라도 파트너를 지지한다는 사실을 발견했다. 레돈도비치에 사는 테럴은 아내 자다에 대해 이렇게 말했다. "금전적인 가치는 중요하지 않아요. 난 아내가 자존감이 높았으면 좋겠어요." 남녀 할 것 없이 여러 사람과의 대화에서 이런 정서가 되풀이되는 걸 확인한 뒤 사람들 개개인에게 더 중요한 질문은 "배우자 혹은 파트너가 자랑스러운가요?"가 아니라 "스스로 자랑스러운가요?"라는 걸 깨달았다. 당신은 지금 당신의 자존감을 높이는 활동과 관심사에 시간을 쓰고 있는가?

둘째가 태어난 뒤 에블린은 세무사 일을 그만두고 집에서 남편 샘의 종합건설사업 회계 관리를 돕기로 했다. 덕분에 그녀는 집에서 돈도 벌고 그동안 막내에게 들어가는 양육비도 줄일 수 있었다. "나한테는 돈을 계속 버는 게 중요했어요. 내가 우리 집에 금전적으로 보탬이 된다는 걸 남편이 알아주길 바랐거든요." 그녀는 5년 동안 남편 회사의 일을 하다가 어느 날 문득 자식들이 학교에 다닐 나이라는 걸 깨달았다. "집에서 일할 필요가 없어진 셈이죠. 그러자 샘은 내가 나 자신을 위한 뭔가를 할 수 있도록 다른 직원을 고용했어요."

마침 그 무렵 에블린의 친구가 빨래방 사업을 도와줄 파트너를 찾고 있었다. 친구는 에블린에게 50대 50의 지분을 제안했다. 에블린은 그 일을 떠올리며 말했다. "돈도 빌고 사업도 할 수 있는 대단한 기회 같았어요. 그래서 덥석 잡았죠."

하지만 에블린은 곧 빨래방 사업이 근무 시간이 길고, 정신적으로 지치고, 육체적으로도 고달픈 일이라는 걸 깨달았다. 수익도 그녀가 바라던 만큼 나오지 않았다. 그녀는 인정했다. "내 일을 하고 싶다는 마음이 너무 간절해서 제대로 생각도 안 해 보고 뛰어들었던 거예요. 얼마 안 가 잘못된 선택이었다는 걸 깨달았죠. 빨래방은 나한테 맞는 일이 아니었어요." 샘은 그녀에게 지분을 팔고 진정으로 만족할 만한 일이 무엇인지 시간을 두고 생각해 보자고 했다.

나는 샘의 제안에 감탄할 수밖에 없었다. "정말 멋져요. 샘은 당신을 진심으로 응원하는군요. 그래서 어떻게 됐어요?" 에블린이 말했다. "곰곰이 생각해 보니 내가 늘 연하장 삽화를 그리고 싶어 했다는 걸 깨달았어요. 하지만 그건 돈벌이가 아니라 취미 생활이었죠." 그 말에 나는 이렇게 물었다. "그러니까 핵심이 돈벌이라는 거죠?" 그러자 그녀는 이렇게 답했다. "우리 가족한테는 그게 분명 중요해요. 하지만 샘은 그런 거랑 상관없이 하고 싶은 걸 하라고 용기를 줬어요. 그래서 남편 회사에서 시간제 근무를 다시 하기로 했어요. 한가한 시간에 연하장 만들기도 시작했고요. 완성한 카드는 지역 아동병원 선물 가게에 기증했어요. 지금은 두 번째 연하장 작업 중이랍니다."

마침내 에블린이 유니콘 스페이스를 추구하는 데에 금전적인 가치를 창출하는 것은 핵심이 아니라는 걸 이해한 것 같았다. 그녀 가족에게 맞벌이는 타협의 여지가 없는 부분이었지만 그래도 그녀는 밥벌이 그 이상의 것을 추구하기 위해 공간을 만들었다.

확실히 해 두자. 유니콘 스페이스는 부자를 위한 공간이 아니다. 나는 현재 업으로 삼은 일에 아무런 변화를 주지 않고도 집안일이나 양육 외에 다른 관심사나 열정을 발견하거나 되찾은 수많은 부부와 커플들에게 증언을 들었다. 그중 몇 가지 사례만 소개하자면 은행 창구 직원으로 일하는 캐리는 저녁 시간을 이용해 베이스 기타 연습을 시작했다. 중학교 선생님인 제프는 주말에 다시 서핑을 시작했다. 집배원 애나는 소방관 자원봉사 과정을 통과했다. 그리고 공장 근로자 조셉은 초등학생 딸과 함께 가라데를 배우기 시작했는데 지금은 둘 다 갈색 띠다!

당신이 누구든, 무슨 일을 하든 당신에게는 밥벌이로 하는 일 외에 다른 무언가에 전념할 시간과 공간이 필요하다. 하지만 여전히 금전적인 성공과 개인의 가치를 혼동하는 사람이 대다수이고, 그래서 나와 대화를 나눈 수많은 사람들 역시 안 그래도 빡빡한 일정에서 돈도 안 되는 일을 하려고 시간을 만들어 내는 걸 주저했다.

가장 속마음을 안 드러내는 사람들은 전업주부들이었다. 이들 대다수는 이미 자신이 가정에 경제적인 기여를 하지 못하는 것에 대해 자기 비판적인 태도를 보였다. 나는 충분히 이해할 수 있다. 우리 사회가 육아와 가사 노동의 본질적인 가치를 인정하지 않고 있는데, 심지어 돈 안 되는 일을 추가로 한다는 건 비난의 대상이 될 수 있음을 의미하기 때문이다.

한편 유니콘 스페이스에 대한 욕구를 무시하는 또 다른 부류는 안 그래도 바쁜 워킹맘들이었다. 그들은 어떻게 일과 가정생활에 지장을 주지 않고 다른 활동을 더 할 수 있는지 궁금해했다. 이런 여러 난관에도 불구하고 가정에 얼마나 금전적인 보탬이 되는지에 상관없이, 자신의 열정을 추구한 여성들은 자부심과 자존감이 높아졌다고 말했다.

이제 당신 차례다. 당신은 어떻게 하겠는가.

Chapter 5

규칙 3
지금 서 있는 그 자리에서 시작할 것

이제 당신과 파트너는 가정이라는 울타리 안과 밖에서 목적의식을 갖고 충만한 삶을 즐기는 행복한 두 사람이 되기 위해 물리적인 시간과 정신적인 여유를 되찾는 것이 어떤 가치를 지니는지 이해했다.

다음 단계는 지금 당신이 있는 그곳에서 시작하는 것이다. 그러기 위해서는 다음과 같은 질문에 먼저 답해야만 한다. '나는 누구인가?', '나와 함께 사는 남편·아내·파트너는 어떤 사람인가?', '내가 이 게임을 하는 목적은 정확히 무엇인가?' 당신의 답은 현재 당신이 카드를 얼마나 들고 있는지 정직하게 평가하는 것과 더불어, 지금부터 소개할 공정한 게임의 기준점이 될 것이다.

이 장을 끝까지 읽고, 당신의 결혼 생활 매시업(Mash-Up, 음악 분야에서 서로 다른 곡을 조합하여 새로운 곡을 만들어 내는 것-옮긴이)을 만들어 보자. 아래의 칸을 채우는 구체적인 방법에 대해서는 차차 설명해 나갈 것이다.

───────────── ⬭ 결혼 생활 매시업 ⬭ ─────────────

내 이름은 _____다. 나는 현재 카드 ____장을 갖고 있다.
나는 _____다. 나는 _____와 결혼했다.
내가 이 게임을 하는 목적은 _____다.

당신이 먼저 나서서 게임 체인저가 돼라

당신이 가장 먼저 인정해야 할 것은 결혼 생활에 있어 게임 체인저가 될 사람이 바로 당신이라는 사실이다. 내가 사회 계층과 가족 형태, 경제적 수준, 인종 등 다양한 표본 집단에 이 제안을 했을 때 그들은 대개 비슷한 저항을 했다.

특히 여성들이 흠칫 뒤로 물러섰다. "왜 변화를 만드는 것까지 제가 책임져야 해요?", "다른 건 이미 제가 다 하고 있잖아요.", "왜 저예요? 제 파트너가 아니고?"

이 질문들에 대해 40년 이상 부부 치료사로 일해 온 필리스 코헨 박사는 다음과 같이 답했다. "모든 건 게임 체인저에서 출발합니다. 시스템 전체를 능동적으로 바꾸기 위해서는 먼저 한 사람이 변화를 시작하면 되거든요."

그 한 사람이 바로 당신이다. 사실 당신은 이미 변화를 만들어 내기 시작했다. 집안일을 재협상하고, 가사 노동 분담에 새로운 균형을 잡고, 결혼 생활에 새로운 활기를 불어넣을 시스템을 배우려고 당신의 소중한 시간을 투자해 이 책을 펼쳤기 때문이다.

물론 당신은 파트너가 이전의 패턴을 바꾸길 기다릴 수도 있다. 하지만 그건 언제가 될지 모른다. 설거지할 그릇과 빨랫감과 원망이 첩첩이 쌓이기 전에 누군가 나서서 말해야 한다. 그렇지 않으면 어떻게 될까? 코헨 박사는 다음과 같이 경고한다. "한 사람이 먼저 변하지 않으면 둘 다 예전의 똑같은 패턴에 영영 갇혀 있게 됩니다." 그녀가 들려주는 좋은 소식도 있다. "결혼한 지 얼마나 됐든, 결혼 생활의 패턴이나 역학 관계가 얼마나 확고하게 자리 잡은 상태이든 상관없어요. 변화의 가능성은 항상 존재하니까요."

당신이 원하는 삶과 협력적인 관계가 진짜로 실현 가능하다고 자신할 수 있다면 어떻겠는가? 물론 지속 가능한 변화를 만들기 위해서는 파트너의 자발적인 참여가 뒷받침돼야 하지만 변화를 시작하는 건 당신이다.

그러니 할 일이 늘어나는 거라고 생각하지 말고 할 일 목록에 마침표를 찍는 용감한 일이라고 생각하라. 시나리오 작가이자 여러모로 멋진 여성인 노라 에프론은 이렇게 강조했다. "자기 인생의 주인공이 되세요. 피해자가 되지 말고." 어떤가, 그 힘이 느껴지는가?

공정한 게임을 하기 전에 알아야 할 카드 100장

이제 궁극의 게임 체인저라는 타이틀을 얻었으니 당장 시작해 보자. 당신이 매일 하는 육아와 집안일의 양은 얼마나 되는가? 공정한 게임 카드를 몇 장이나 들고 있는가? 각 카드에 어떤 활동이 포함되는지는 7장에서 살펴볼 것이다. 여기서는 먼저 공정한 게임 카드 100장을 빠르게 훑어보려고 한다. 지금부터 당신이 왜 그렇게 늘 바쁜지 확인해 보자.

공정한 게임 시스템은 한 가정의 생태계를 집 안의 일, 집 밖의 일, 돌봄, 마법, 불모지라는 5가지 영역으로 신중하게 분류한 98개의 카드와, 반드시 부부가 각자 하나씩 소유해야 하는 유니콘 스페이스 카드 2장을 포함해 모두 100장의 카드로 구성되어 있다. 이 중 60개의 카드는 자녀들과 무관하다. 즉 아이가 생기기 전이거나 아이를 갖지 않은 부부도 카드를 거래해서 집안일을 균형적으로 분담할 수 있도록 하였다.

집안일 세트는 빨래와 쓰레기, 장보기 등 매일 되풀이되며 보통은 특정한 시간에 해야 하는 일들이다. 예를 들어 영국의 한 대중문화 보고서에 따르면 엄마 아빠 들은 아침마다 학교에 가져갈 아이 도시락 준비, 외출 전 빈 그릇 싱크대에 넣기 같은 아침 일과를 무려 43가지나 수행하는 것으로 나타났다. 회사 업무를 시작하는 오전 9시 전까지 가정에서 이루어지는 추가 근무 시간이 주당 10시간 15분이나 된다.

집 밖의 일 세트에는 아이들 학교 데려다주기, 특별활동, 자동차 엔진오일 교체 등 집 밖에서 이루어지는 많은 일들이 포함된다. 전업주부들은 사실 집안에서 보내는 시간보다 이런 일들로 밖에서 분주하게 보내는 시간이 훨씬 많다.

공정한 게임 카드 100장

😊 매일 하는 일　　😊 행복 트리오

집안일 세트 22장	1. 육아 도와주는 사람들	2. 청소	3. 설거지 😊
4. 드라이클리닝	5. 쓰레기 😊	6. 장보기 😊
7. 가정 상비품	8. 가정용품 & 소모품 😊	9. 집 유지 & 관리 😊	10. 주택 매매 & 임대 & 담보대출
11. 손님 맞이	12. 빨래 😊	13. 정원 & 식물 관리	14. 우편물 😊
15. 식사 준비 (평일 아침) 😊	16. 식사 준비 (학교 도시락) 😊	17. 식사 준비 (평일 저녁) 😊	18. 식사 준비 (주말)
19. 추억 & 사진	20. 돈 관리	21. 창고 & 계절별 물품	22. 정리 정돈 & 기부 😊

집 밖의 일 세트 22장	1. 자동차	2. 생일 파티 (아이의 친구들)	3. 일정 관리
	4. 현금 & 청구서	5. 자선 & 봉사활동	6. 시민 참여 & 문화생활
7. IT & 전자기기	8. 특별활동 (비스포츠)	9. 특별활동 (스포츠)	10. 비상사태 & 안전관리
11. 짐 싸기 & 풀기(지역 내)	12. 짐 싸기 & 풀기(여행)	13. 포인트 & 마일리지 & 쿠폰	14. 교환 & 환불
15. 봄방학 & 기념일	16. 방학 (여름&겨울)	17. 학교 서류 작성	18. 사교생활(부부)
19. 이동(아이들)	20. 여행	21. 과외 & 코칭	22. 주말 계획(가족)

 매일 하는 일   행복 트리오

	1. 목욕 & 몸단장 (아이들)	2. 미용 & 의상 (아내)	3. 잠자리 루틴
돌봄 세트 22장	4. 의류 & 잡화 (아이들)	5. 치아 관리 (아이들)	6. 기저귀 갈기 & 배변 훈련
7. 부동산 계획 & 생명보험	8. 교우 관계 & 소셜미디어 (아이들)	9. 몸단장 & 의상 (남편)	10. 건강보험
11. 과제 & 학교 준비물	12. 의료 & 건강	13. 아침 루틴	14. 양가 부모님
15. 반려동물	16. 학교 봉사활동	17. 전학	18. 자기 관리 (아내)
19. 자기 관리 (남편)	20. 정신 건강 (아이들)	21. 선생님과 연락	22. 피임

마법 세트 22장	**1.** 어른들 우정 (아내) ☺	**2.** 어른들 우정 (남편) ☺	**3.** 생일 축하 (아이들)
	4. 훈육 & 스크린 타임 관리 🍺	**5.** 친척들	**6.** 재미 & 놀이
7. 사랑의 표현 (아이들)	**8.** 선물(가족)	**8.** 선물(VIP)	**10.** 어려운 질문
11. 연하장	**12.** 휴일	**13.** 비공식 교육	**14.** 상상 속 마법의 존재들
15. 결혼 & 낭만	**16.** 한밤중에 아이 달래기 🍺	**17.** 파트너 코칭	**18.** 있어 주기 & 참여하기
19. 영성	**20.** 감사장	**21.** 가치 & 선행 (아이들)	**22.** 아이 돌보기

 매일 하는 일   행복 트리오

불모지 세트 10장	1. 나이 들거나 아픈 부모님	2. 죽음	3. 아기가 태어난 첫 해
	4. 갑자기 생긴 일	5. 집 수리	6. 실직 & 돈 문제
	7. 이사	8. 이직	9. 임신 & 출산	10. 심각한 질병

유니콘 스페이스 카드 2장	1. 유니콘 스페이스 (아내)	2. 유니콘 스페이스 (남편)

133

돌봄 세트는 배변 훈련과 반려동물 돌보기, 아이들 과제 도와주기, 집 수리 같은 임무들이다. 여기에 포함된 일들은 파트너 또는 배우자에게 종종 도움을 받아야 하는 힘든 일에 속한다.

마법 세트는 특별한 추억을 만들고 의미 있는 관계를 형성하는 순간들을 포함한다. 예를 들어 생일 축하하기, 한밤중에 우는 아이 달래기, 이빨 요정이 가져갈 지폐 놔두기 같은 것들이다. 이런 순간을 만들려면 감정적인 노력과 시간이 많이 들지만 부모로서 한없이 보람을 느끼는 종류의 일이기도 하다.

불모지 세트는 사랑하는 사람의 죽음, 이직, 이사처럼 삶에 터닝포인트가 될 만한 일들로 구성된다. 임신처럼 미리 계획한 좋은 일도 잘 관리하지 않으면 가정에 문제를 일으키고, 경력을 쌓고 결혼을 잘 유지하는 데에 심각한 영향을 미칠 수 있다.

공정한 게임 카드 100장을 보면 당장 점수를 내고 싶어 안달이 날 수도 있다. 파트너에게 점수를 보여 줘서 찔리게 만들거나 친구들과 총점을 비교해 보고 싶을 수도 있다. 하지만 그래서는 안 된다. 이 게임은 점수 내는 시합이 아니다. 눈에 보이지 않는 집안일을 눈으로 보고 셀 수 있게 바꾼 것은 의미 있는 일이지만 그건 시작에 불과하다. 그러므로 점수 그 자체에 연연하지 마라, 절대로.

'내가 그 카드를 가지고 있다'는 말의 의미

진행하기에 앞서, 공정한 게임에서 어떤 카드를 완전히 가진다는 말이 무슨 의미인지를 정확히 이해할 필요가 있다. 이 시스템에서 카드를 가진다는 건 당신이 그 카드의 전 과정을 모든 면에서 완전히 인지하고Conceive, 계획하고Plan, 실행한다는Execute 뜻이다. 구체적인 CPE의 예를 들어 보자.

당신은 장보기 카드를 갖고 있다. 당신의 아들은 머스터드 소스를 뿌린 핫도그라면 사족을 못 쓴다. 그런데 냉장고와 식료품 창고에 머스터드 소스가 없다는 사실을 알아챘다. 그것이 바로 인지(C)다. 이제 당신은 매주 새로 짜는 장 볼 목록에 머스터드 소스를 추가한다. 가게에 언제 갈지 일정을 잡고 파트너와 다른 식구들에게 추가할 게 없는지 확인한다. 이렇게 계획(P)을 하는 것이다. 그 다음엔 상점에 가서 장을 보고 돌아와 아들이 핫도그를 한 입 크게 베어 물기 전에, 냉장고에 머스터드 소스를 넣는다. 이것이 실행(E)이다.

공정한 게임에서 CPE를 한다는 것은 특정 카드를 가진 사람이 혼자 알아서 — 누가 상기시켜 주거나, 적당히 하거나, 핑계를 대거나, 아니면 완수한 일에 대해 '잘했다'는 칭찬을 바라지 않고 — 인지하고 계획하고 실행하는 것을 말한다. 지금 '그건 비현실적이야. 우리 방식도 아니고, 해 본 적도 없어'라는 생각을 하고 있다면 그렇지 않다. 나는 다양한 커플들을 대상으로 시범 테스트를 한 결과, CPE를 잘 따른 부부들이 상대방에 대한 원망과 소극적으로 드러내는 적대감을 멈추고 공정하고 능률적으로 집안일을 분담함으로써 극적인 변화를 맞이하는 걸 수없이 봐 왔다.

한마디로 두 사람이 각자 자기 '할 일'을 완전히 소유하면 집안일의 효율성이 극대화될 뿐만 아니라 잔소리가 급격히 줄어들고(남편한테 엄청난 이익이다) 정신적인 부담이 크게 줄어든다(아내한테 엄청난 이익이다). 그만큼 CPE 접근법은 혁신적이다. 게임의 판도를 완전히 바꿔 놓기 때문이다.

이런 조직적인 접근법은 지난 50년 동안 수많은 기업에 중요한 역할을 해 왔다. 우리가 좋아하는 제품이 만들어져 집으로 오기까지 필요한 수천 가지 업무는 각 프로젝트 매니저와 팀장들이 맡는데, 그들이 하는 일이 바로 인지와 계획, 실행이다. 그들은 시장 전반의 니즈를 인지하고, 그 니즈를 완벽하게 충족하는 데 필요한 모든 수단과 방법을 계획하며, 팀원들과 협심하여 제품이 계획한 것과 동일하게 제작될 수 있게 실행한다.

프로젝트 매니저들은 모든 게 CPE에 달렸다고 입 모아 말한다. 임무를 완수하는 가장 효율적인 방법이 바로 CPE 접근법이기 때문이다. 이렇게 좋은 걸 집안일에 적용한다는데 안 될 게 뭐가 있겠는가.

필라델피아에서 배송 관리자로 일하는 더그는 공정한 게임에 CPE를 적용한 직후 초반에 인터뷰한 사람이었다. 나는 그에게 물었다. "집에서 혼자 전적으로 책임지고 하는 일은 어떤 게 있나요?" 그는 주저 없이 대답했다. "매일 저녁 식사 준비를 해요." 이전 세대보다 집안일을 아내와 더 많이 분담하는 요즘 남성의 대답다웠다. 그렇지만 내가 그동안 이 주제에 대해 집착에 가깝게 파고들어 알게 된 사실은 집안일이나 양육에 관여하는 정도를 이야기할 때 남성들이 자신의 기여도를 과대평가하는 경향이 있다는 것이었다.

〈뉴욕타임스〉에 실린 인기 기사 '남자들이 집안일을 좀 더 하고 있기는 해도 그들이 생각하는 만큼은 아니다'에서 클레어 캐인 밀러는 남성들이 집에서 실제로 하는 것보다 더 많은 일을 한다고 믿는 증거를 제시하기도 했다.

그래서 나는 더그에게 그가 매일 한다는 식사 준비의 구체적인 단계를 알려 달라고 부탁했다. 그가 곁눈질로 나를 보며 말했다. "정말 간단해요. 그냥 저녁을 만든다고요." 내가 좀 더 구체적으로 물었다. "메뉴를 정하고 그 메뉴에 필요한 모든 물품과 식재료를 장 볼 목록에 넣으세요?" 그가 말도 안 된다는 듯 손을 휘휘 저으며 말했다. "에이, 그건 아내가 할 일이죠. 식단을 짜고 장을 보는 건 아내가 해요. 요리는 내가 하고요." 난 그 대답을 듣고는 몰스킨 노트에 'CPE 분산'이라고 적었다. CPE 분산이란 한 사람이 인지(식단 짜기)와 계획(필요한 재료 장 볼 목록에 추가하기)을 담당하고, 실행(요리)은 다른 사람이 하는 걸 말한다. 특히 이 경우 식사 준비에 드는 에너지는 더그의 아내가 더 많이 쓰고 있는데 반해 그 소유권을 주장하는 것은 더그였다.

연이어 인터뷰해 본 결과, 커플 중 한 사람이 카드 한 장의 CPE 전체를 책임지는 경우는 거의 없었다. 이 사실을 염두에 두고 공정한 게임 카드를 하나씩 따로 CPE 관점에서 들여다보기 시작했다. 먼저 제일 처음 만들었던 할 일 목록으로 돌아가 각각의 임무를 인지와 계획, 실행으로 재구성했다. 내 남편이든 베이비시터든 심지어 엄마든, 누구라도 한 가지 임무를 완수하는 데 필요한 모든 과정을 바로 이해할 수 있게 만들고 싶었다. 모든 것을 적어서 머릿속에는 아무것도 남기지 않았다는 의미다.

시간도 없는데 할 일이 더 많아지는 거 아니냐고? 하지만 독심술 능력이 없는 사람이 집안일 임무를 능수능란하게 완수할 수 있게 하려면 이 정도 맥락은 제공해야 한다. 게다가 좋은 소식이 하나 있다. 당신을 위해 내가 벌써 다 해 놨다.

'평등한' 게임이 아니라 '공정한' 게임인 이유

이제 곧 당신과 파트너는 개인의 선호도와 능력, 여력을 고려해 각각의 카드를 누가 주도하고 CPE 하는 게 좋을지 신중하게 토론하게 될 것이다. 카드 100장을 기준으로 현재 당신이 혼자 가지고 있는 카드가 몇 장이나 되는지 정확하게 평가하고, 당신이 인지와 계획까지만 책임지고 있다고 생각하는 카드를 세는 것이다. 설령 실행까지 책임지고 있다 하더라도 지금 단계에서는 그 부분은 무시해도 좋다. 만약 당신과 파트너가 둘 다 인지와 계획의 일정 부분을 가지고 있다고 생각하는 카드들이 있다면, 그 절반을 당신 걸로 세면 된다.

이 단계에서 나는 카드 87장을 가지고 있었다. 그래서 다음과 같이 적었다(물론 당신은 당신의 이름과 자신이 가지고 있는 카드 개수의 총합을 적으면 된다).

결혼 생활 매시업

내 이름은 이브다. 나는 현재 카드 87장을 갖고 있다.

나는 ＿＿＿＿＿＿＿＿다. 나는 ＿＿＿＿＿＿＿＿와 결혼했다.

내가 이 게임을 하는 목적은 ＿＿＿＿＿＿＿＿＿＿＿＿＿다.

여성이 남성보다 집안일과 양육에 대한 책임을 더 많이 지고 있다는 건 수많은 연구 결과에서 이미 입증된 사실이다. 그러니까 당신이

만약 여성이라면 현재 가지고 있는 카드가 몇 장이나 되는지 눈으로 확인한 뒤, 아무리 화가 나더라도 꾹 참고 숨을 한번 크게 들이쉬어라. 조언할 게 하나 있다. 실제로 게임에 돌입하기 전까지는 집안일과 양육의 책임을 당신이 훨씬 많이 지고 있다는 증거를 파트너에게 들이밀지 마라. 실제적으로 3부에서 공정한 게임에 들어가면 각각의 카드를 누가 가질지 평가할 도구를 두 사람 모두 갖게 될 테니 말이다.

친구인 클레어와 점심을 먹으며 젠더 워gender wars에 관해 토론을 하고 있는데 그녀가 나에게 날카롭게 물었다. "왜 평등equality한 게임이 아니라 공정equilty한 게임이야? 늘 시간의 평등함에 관해서 얘기했었잖아. 평등한 게임도 일을 똑같이 분담한다는 뜻 아니야?"

내가 웃으며 말했다. "제대로 짚었네! 난 누구나 자기 시간을 어떻게 쓸지 선택할 권리가 있다는 점에서 시간이 누구에게나 평등하다고 믿어. 그런데 말장난 같지만 실제로 집안일을 분담할 때는 카드가 꼭 반반으로 나눠지는 건 아니거든. 공정하다고 늘 평등한 게 아니고, 평등하다고 다 공정한 것도 아니니까(이를테면 세 명의 아이에게 빵 하나씩 나눠 주는 것은 평등이고, 세 명의 아이 중 더 많은 일을 한 아이에게 좀 더 많이 주는 것은 공정이라고 볼 수 있다. – 편집자 주)."

내가 만든 할 일 목록이 널리 알려지면서 세계 곳곳의 여성들이 "내 남편은 절반 근처에도 못 가요"라는 식의 불만을 터트렸다. 하지만 나는 평등하게, 즉 똑같이 나누자고 요구했다가 뜻을 이루지 못한 부부들이 너무 많다는 사실을 알게 됐다. 그것이 바로 평등함을 적용하는 대신 공정함에 초점을 맞춰야 하는 이유다.

심리 테스트 - 남편과의 관계에서 당신의 성격 유형은?

집안일 하는 방식에 대해 수백 명의 여성과 대화를 나눈 결과, 여성들이 현재 가지고 있는 카드 개수를 바탕으로 자신을 묘사할 때는 보통 다음의 4가지 성격 유형 중 하나로 표현했다. 둘 이상의 유형에 걸쳐 있다고 생각할 수도 있겠지만 그래도 꼭 하나만 골라야 한다면, 당신은 다음 중 어떤 유형에 속하는가? 알아 둘 게 있다. 당신과 파트너가 일단 게임을 시작해서 카드를 협상하고 어떤 식으로 계속 재협상하느냐에 따라 당신 자신에 대한 정의는 바뀔 가능성이 크다.

2세대 슈퍼우먼 : 2세대 슈퍼우먼인 당신은 60개 이상의 카드를 가지고 있고, 집 밖에서 정규직으로 일한다. 1970년대에 쓰던 '슈퍼'라는 용어는 일하는 엄마들에게 명예 훈장처럼 쓰였다. "세상에 내가 가진 것 좀 봐! 경력, 결혼, 자녀, 우정, 취미…." 하지만 오늘날 당신이 그 모든 자격 요건에 부합하는 2세대 슈퍼우먼이라면, '일 – 부모 역할 – 잠' 쳇바퀴를 끝없이 돌고 돌면서 제아무리 유니콘 스페이스에서 정규직으로 일한다 해도 결정 피로에 시달리고, 그 모든 걸 직접 함으로써 지치고 지친 몸이 임계점에 다다랐을 가능성이 크다. 조심하지 않으면 큰 부상을 입게 될 수도 있다. 내가 만난 2세대 슈퍼우먼들은 굉장히 유능하고, 야심 차고, 성공한 여성들이었다. 그리고 여전히 상당수가 일을 그만두는 걸 고려하고 있었고 크든 작든 만성 질환이나 질병을 달고 살았다. 한 사람도 빠짐없이 말이다. 그중 1위 증상은 바로 불면증이었다. 그리 놀랄 일은 아니다. 수면 장애는 낮 동안 바쁘게 일한 뇌의 징후이기 때문이다.

2세대 슈퍼우먼들은 "날 위해 쓸 시간이 없어요", "벼랑 끝에 서 있는 기분이에요", "저글링하는 공이 하나만 늘어나도…" 외에도 "내 안에서 들리는 목소리를 끌 수가 없어요"라는 말을 자주 한다. 이 유형의 사람들은 인지와 계획, 실행의 전 과정을 배우자에게 넘기는 게 성격상 안 맞는다고 생각할지 모른다. 특히 스스로 한 번에 여러 가지 일을 처리하는 멀티태스킹 능력이 뛰어나다고 생각한다면 더더욱 그렇다. 하지만 몇 가지 책임은 반드시 파트너에게 넘길 필요가 있다. 가정이 무너지기 일보 직전이라는 경고장을 받기 전에 말이다. 당신이 그 모든 걸 다 하고 나서 느끼던 복잡 미묘한 만족감이 8시간의 단잠을 자고 일어나서 느끼는 개운함으로 바뀐다고 상상해 보라.

어쩌다 현모양처 : 당신은 적어도 60개 이상의 카드를 가지고 있고 파트타임으로 일하거나 전업주부이다. 파트너가 주 수입원 역할을 하고 있다는 점에서 보면 전통적인 가정주부이지만 처음부터 가정에서 성별에 따라 역할을 구분하는 관습에 따를 생각은 아니었다. 계속 일을 할 생각이었고 어쩌면 자신을 2세대 슈퍼우먼이라고 여겼을지 모르지만 지금은 집에서 자녀를 돌보는 고학력 여성들의 43퍼센트가 이 유형에 속한다. 어쩌다 현모양처 여성들은 다양한 이유로 일을 그만두거나 경력을 우회한다. 이들은 집에 있는 시간이 많거나 대부분이지만 아직 경력이나 특별한 기술을 되살리고 싶은 욕구가 완전히 사라진 것은 아니다. 하지만 깨어 있는 시간 내내 집안일로 정신없이 보내고 나

면, 그런 욕구를 채우는 것이 사서 하는 고생일 뿐이라는 생각이 든다.

어쩌다 현모양처 유형은 자기 자신에게 이런 말을 하곤 한다. "이건 내가 생각했던 일과 결혼 생활의 조합이 아니야", "어쩌다 내가 이렇게 됐지?", "내 시간은 어디로 가 버린 거야?" 만약 여기에 속한다면 지금 당장 당신이 타고 있는 급행열차의 비상용 브레이크를 힘껏 밟아라. 그러고 나서 파트너와 새롭게 거래하는 기분이 어떨지 상상해 보라.

의도한 현모양처 : 당신은 기꺼이 60개 이상의 카드를 갖고 있는데 처음부터 양육과 집안일을 배우자보다 더 많이 하기로 선택했기 때문이다. 기억하는 한 당신은 가성을 가꾸는 데에 헌신하며 살고 싶어 했다. 당신은 보살피는 일에서 커다란 기쁨과 만족감을 느끼고, 아내와 엄마라는 전통적인 역할, 집안의 보이지 않는 작은 부분까지 꼼꼼히 챙기는 역할을 하며 자부심을 느낀다. 그렇지만 해가 뜨고부터 질 때까지 모든 걸 다 하기에는 시간이 부족하다고 느낄 때가 많다.

당신은 자신의 지위를 집안일을 도맡아 책임지는 대표로 인식하고 있기 때문에 도움도 못 구하고, 머리도 못 식히고, 무엇보다 중요한 자기 관리를 하지 못하는 경향이 있다. 치과 가는 것도 사치라고 느끼는데 유니콘 스페이스를 만들기 위해 시간을 낸다는 발상은 허황된 말로 들릴 뿐이다. 사실 당신은 더 많은 걸 원하지만 그런 심정을 다른 전업주부들에게 말하기가 죄스럽다. 괘씸하다는 말을 들을까 봐 두려울 것이다. 집에서 가정을 돌보는 것은 당신의 선택이었다. 하지만 시간이 갈수록 당신 자신으로 돌아가는 게 점점 불가능한 일처럼 느껴진다. 의도한 현모양처 유형은 이런 말을 자주 한다. "내 마음을 돌볼 시간 같은 건 없어요.", "내 열정은 다 아이들에게 간 걸요.", "살림이 내 일이에요." 하지만 상상해 보자. 당신의 역할을 아내와 엄마를 넘어 당신 자신을 재발견하는 기쁨을 느낄 수 있는 곳까지 넓혀 보면 어떨까.

동업자 : 당신은 60개 이하의 카드를 가지고 있다. 집 밖에 직업이 있을 수도 있고 아닐 수도 있다. 어느 쪽이든 당신은 집안일을 기꺼이 공정하게 분담하는 남편을 둔 행운아로, 당신 가정에서는 협업의 풍경을 자연스럽게 볼 수 있다. 덕분에 두 사람 모두 행복 트리오Happy Trio 즉 자기 관리, 우정, 유니콘 스페이스에 쓸 시간을 낼 수 있다. 당신과 파트너는 가정을 더 평화롭고 효율적으로 이끌어 나가기 위해 집안일과 양육의 책임 분담에 대해 충실하게 의논한다. 동업자 유형은 이미 완벽에 가깝긴 하지만 그럼에도 공정한 게임을 통해 얻을 수 있는 이득이 있다. 예를 들어 식기세척기에서 그릇 꺼내는 일은 둘이 한다고 빨라지지 않는다. 서로 방해만 될 뿐이다! 그럴 때는 공정한 게임을 효율성을 극대화하는 도구로 활용해 보라.

심리 테스트 - 남편과의 관계에서 당신의 행동 유형은?

당신의 성격 유형을 확인했다면 이번에는 당신의 행동 유형을 확인해 볼 차례다. 행동 유형은 다음과 같이 2가지로 나뉜다.

내 방식대로 해. 안 그럴 거면 비켜! : 당신이 남편한테 "여보, 와서 좀 도와줘"라고 말한다. 그런데 잠시 후 당신은 자신도 모르는 사이 이런 말을 내뱉고 있다. "아니, 그렇게 하면 안 돼… 휴, 비켜 봐. 그냥 내가 할게." 당신이 만약 이 유형에 속해 있다면 '내가 다 한다'는 불평을 달고 살면서도, 정작 당신이 하는 방식이 최고라고 확신하기 때문에 통제권을 포기하지 않으려고 한다. 하지만 설령 당신이 인지와 계획을 더 잘한다고 생각하더라도 매사에 파트너를 못 믿고 그가 하는 실수를 지적하고, 세세한 부분까지 간섭하게 되면 얻는 것보다 잃는 게 많다. 파트너를 시키는 일만 그대로 하게 만들면 당장은 시간을 조금 아낄 수 있을지 몰라도 결국 당신은 지치고, 남편을 어린애 취급하게 되며, 가사 노동의 불균형은 오히려 심화되기 때문이다. 잠깐 상상해 보자. 만약 당신이 '내 방식대로 해'를 부르짖는 문지기 역할을 포기하고 집안일의 CPE 권한을 파트너에게 조금이라도 넘겨준다면 어떻게 될까? "뭘 어떻게 하면 되는지 알려 줘. 그럼 도와줄게"라고 말하는 사람 대신 진정한 동업자가 나타나면 좋지 않겠는가.

괜찮아, 내가 할게 : 이 행동 유형은 갖고 있는 카드 개수와 상관없다. 직장에 다니든 전업주부든 당신은 가장 부지런한 엄마이고, 당신이 하는 모든 일이 점수로 매겨지길 바란다. 그럼에도 누군가 도움의 손길을 내밀면 "괜찮아. 그냥 내가 할게"라며 거절하는데, 집안일의 책임을 오롯이 지고 있어야 당신이 가치 있고 필요한 존재라고 느끼기 때문이다. 파트너에게 카드를 넘겨주면 자존감이 무너질까 봐 그러지 못한다. 가정을 돌보는 역할로 존재감을 확인하는 당신은 '순교자 엄마The Martyr Mom'라고 불리기도 한다. 혹시 어젯밤에도 늦게까지 아이들 과제 도와주고 아침에 잠옷 바람으로 급하게 아이들을 학교에 데려다주느라 아침을 걸렀다면, 잠깐 차를 세우고 백미러를 들여다보자. 이제 그만 '내가 할게' 라는 말을 내려놓고 남편과 협력해서 당신이 떠맡고 있는 시간을 좀 더 공정하게 나누는 모습을 그려 보라.

꺆짝 퀴즈

1) 나는 어떤 성격 유형에 속할까?

친구들과 주말여행 계획을 세웠다. 가기 전에 해야 할 일들이 마구마구 떠오른다. 그럴 때 당신은 어떻게 하는가.

a. 할 일은 있지만 풀장 벤치에서 사무실 전화를 받고, 집에서 오는 문자메시지도 받고, 아이들하고 영상통화도 할 수 있어. 계속 집 근처에 있는 기분이긴 하겠지만 두 장소에 동시에 있을 수 있는 게 내 장기니까 괜찮을 거야. 집이나 사무실로 돌아가야 할 일이 생길 때를 대비해서 미리 얘기도 다 해놨고, 어쨌든 내가 모두를 위해서 계획하고 예약한 여행이잖아.

b. 아, 누가 날 좀 여기서 벗어나게 해 줘! 내가 없어 봐야 얼마나 고마운지 알지. 물론 남편을 대책 없이 혼자 둘 순 없지. 아이 먹을 음식도 미리 준비해 놓고, 빨래도 해서 개 놓고, 할 일은 적힌 대로만 하면 될 정도로 자세히 적어서 냉장고에 붙여 놓으면 돼. 그래도 남편이 이번 기회에 진땀 좀 뺐으면 좋겠는데…. 그래야 집안일이 얼마나 힘든지 알지. 난 그동안 해 온 일에 대한 보상이라 생각하고 풀장 벤치에 느긋하게 누워서 마가리타를 마실 거야!

c. 난 정말 다른 사람한테 집안일 맡기는 거 싫은데. 남편이나 애들을 불편하게 하고 싶지도 않고. 엄마한테 와서 도와 달라고 해야겠어. 내가 필요한 일이 생기면 곧바로 오면 돼.

d. 웬만하면 남편이 다 알아서 할 거야. 친구들과 여행을 가다니, 정말 행복해! 고맙다는 뜻에서 주말 내내 아이들은 내가 볼 테니 남편한테는 나가서 놀다 오라고 해야지.

a라고 답했다면 당신은 '2세대 슈퍼우먼'이다.
b라고 답했다면 '어쩌다 현모양처'다.
c라고 답했다면 '의도한 현모양처'다.
d라고 답했다면 '동업자'다.

2) 나는 어떤 행동 유형에 속할까?

a. 나한텐 지금 이 여행이 정말 필요한데 아이들을 두고 밖에서 자 본 적이 없어서 너무 걱정이 되네. 내가 없으면 우리 애들이 싫어할 텐데… 아, 그냥 못 간다고 할까….

b. 고작 이틀 여행 가는데 계획하고 준비할 게 이렇게 많다니 믿을 수가 없네! 모든 시나리오를 예상해서 남편이 처리해야 할 크고 작은 일들을 아무리 꼼꼼히 점검한다 해도 틀림없이 문제가 생길 거야. 집이 홀랑 타 버리거나 아이들이 실종되는 사태를 막으려면 내가 수영장에서 실시간으로 확인하는 수밖에 없어. 날 믿어, 정말 그렇게 할 테니까.

a라고 답했다면 당신의 행동 유형은 '괜찮아, 내가 할게'다.
b라고 답했다면 당신의 행동 유형은 '내 방식대로 해. 안 그럴 거면 비켜!'다.

심리 테스트 - 당신이 생각하는
남편의 성격 유형은?

결혼 상대를 정하는 것은 우리가 살면서 내리는 가장 중요한 결정들 중 하나다. 하지만 연구 결과가 보여주듯이 아이를 갖기 전까지는 파트너가 정말 어떤 사람인지 알기 힘들다. 그동안 집 안에서의 역할과 책임에 관해 나와 대화를 나눴던 여성들은 파트너의 행동과 성향을 다음의 5가지 유형 중 하나로 묘사했다. 당신은 지금 어떤 사람과 살고 있는가?

애어른 : 당신의 파트너는 재미있고 쾌활하며 즉흥적이고 늘 신이 나 있지만 아이들과 똑같이 굴거나 자신이 정한 규칙도 안 지킬 때가 많으며, 식구들을 위해 시간 관리를 체계적으로 하거나 시간을 못 박는 것을 대단히 싫어한다. 자기가 어지른 걸 그대로 내버려 두기 일쑤고, 집안일에 자진해서 나서는 일도 없다. 아무것도 할 줄 모르는 척하고 집안일에서 빠져 나가려고 꾀병을 부리기도 한다. 그가 정말 무능해서 그런 게 아니다. 오히려 당신이 유능하다는 사실이 너무 분명해서, 더 힘들고 지루한 집안일은 응당 당신의 몫이라고 생각하는 것이다. 그는 당신이 하는 그 모든 일에 고마워하기는커녕 이렇게 불평한다. "당신은 너무 재미를 몰라", "너무 심각하게 생각하지 마."

가부장 : 당신의 파트너는 생계비 대부분을 책임지고 있고, 당신이 집안일의 결정권을 가지는 것을 지지하며 당신의 노력에 찬사를 보낸

다. 그러나 한편으로는 당신이 직장을 다니든 안 다니든 집 안에서는 전통적인 성 역할에 따르기를 기대하고, 특별히 유연하지도 않으며, 변화를 주는 데 관심이 없고, 도넛이 어떻게 만들어지는지 전혀 궁금해 하지 않는다. 잘못된 일이 생기면 당신 탓을 할 가능성이 크고, 아무리 사소한 일이라도 자신이 집안일을 했다 하면 폭풍 칭찬을 듣고 싶어 한다. 어쨌든 자신은 집안에서 돈을 버는 가장 중요한 일을 하는 사람이기 때문이다.

그래서 자신도 모르는 사이 당신에게 상처 주는 말을 내뱉게 된다. "온종일 뭘 한 거야?", "시간이 부족하면 도움을 받아!", "당신까지 일을 할 필요가 없어.", "돈 벌어다 주는 사람이 누군데 당신은 지금 내가 그것까지 하기를 바라는 거야?"

버터 어딨어? : 당신의 파트너는 직장에서 인지와 계획, 실행을 혼자 다 알아서 하고 능률적으로 위임할 수 있는 유능한 리더지만 어떻게 된 일인지 매일 저녁 집으로 들어오는 문턱을 넘기만 하면 바보가 된다. 그 놀라운 조직 관리와 시간 관리 능력을 밖에 놔두고 오는 것이다. 그래서 집에서는 완전히 바보가 된 것처럼 행동하고 집안일의 모든 항로를 당신에게 의존한다. 냉장고 문을 열고 늘 있는 자리에 뻔히 보이는 버터를 두고도 도저히 못 찾겠다며 "여보, 버터 어디 있어?"라고 묻는 게 한두 번이 아니다.

당신은 끊임없이 '이 정도쯤은 알겠지.', '다음번엔 잘 하겠지.' 하고 생각하겠지만 이 유형의 파트너는 CPE 맥락을 더 많이 제공하고 스스로 집안일을 책임지고 실행할 수 있도록 격려하기 전까지는 다음과 같은 변명을 늘어놓기 바쁘다. "그건 나보다 당신이 훨씬 잘하잖아.", "당신이 말을 해 줬어야지.", "깜빡했어. 다른 생각 좀 하느라고.", "당신이 우리 집 CEO잖아."

마음만 앞서는 : 집안일에 동참하려는 의지가 넘치는 파트너는 언제나 당신을 기꺼이 도와주고 자신이 집안일을 더 많이 책임지는 데 동의할 가능성이 크다. 그렇지만 안타깝게도 인지와 계획, 실행에 재주가 없어서 일을 그르칠 때가 많고, 뭔가를 했다 하면 어수선하기만 할 뿐 일은 늦어지기 일쑤다. 그럼에도 당신을 실망시키기 싫어서 도와달라는 말도 못한 채 혼자 쩔쩔맨다. 따뜻한 배려심에서 잘 해 보려다가 제대로 계획을 세우지 못해 결국 "내가 뭘 하면 되는지 당신이 알려 주는 게 더 쉽겠어"라며 물러선다.

이보다 좋을 순 없다 : 이 유형의 파트너는 이미 이해하고 있다! 애초에 두 사람 다 시간이 부족하다는 것을 말이다. 그렇기에 사고방식도 유연하고 일정도 융통성 있게 관리한다. 또, 당신에게 호의를 베푼다는 느낌을 주지 않으면서도 즐겁게 집안일을 하고, 뭔가 문제가 생겨도 탓하지 않는다. 하지만 다른 파트너들처럼 당신이 도입하려고 하는 시스템에 필요한 것들을 완전히 이해하지 못할 수 있다. 그럴 때 CPE 접근법을 도입하면 그는 단순히 실행만 하는 사람에서 완벽한 파트너로 발돋움할 것이다. 이보다 더 좋을 순 없는 최고의 파트너가 되는 것이다.

내 남편은 어떤 사람일까?

당신은 주말 여행을 마치고 방금 집으로 돌아왔다. 당신이 없는 동안 파트너는 어떻게 했을까? 당신 앞에 펼쳐지는 광경을 그려 보라.

a. 문을 열면 정돈된 집과 행복한 아이들이 당신을 맞이한다. 집안 풍경이 집을 나설 때와 같을까? 아마 그렇지는 않을 거다. 하지만 당신이 얼마나 축복받았는지 생각해 보라. 아무런 방해 없이 보낸 주말 여행에 기쁜 마음으로 집안일을 책임지는 남편까지!

b. 당신의 꼼꼼한 지시 사항 덕분에 집은 건재하다. 귀가한 날 밤에 남편한테 폭풍 칭찬을 할 준비를 하자.

c. 집은 좀 어수선하다. 당신의 남편이 최선을 다하긴 했지만 마음만큼 성공적이지는 않았다는 증거가 여기저기 즐비하다. 식탁 위에 하다 만 만들기 프로젝트, 뜯지 않은 채 수북이 쌓여 있는 우편물, 세탁기에서 꺼내만 놓고 침대 위에 쌓아 놓은 빨래들…. 제대로 끝내지 못한 남편의 변명을 줄줄이 들을 마음의 준비가 필요하다. 그리고 아마도 "휴, 당신이 집에 오니까 너무 좋다"라는 남편의 말은 정말이지 진심 어린 환영 인사일 것이다.

d. 집은 안 봐도 엉망진창이다. 아마 남편과 아이들은 해방된 분위기에서 마음껏 행복한 시간을 보냈을 것이다. 집을 비운 시간이 얼마나 되느냐에 따라 거실 벽에서 낙서를 보게 될 수도 있다. "에이, 좋게 생각해"라는 남편의 격려가 있을 수도.

e. 얼핏 보면 당신이 떠날 때보다 집이 더 깔끔해 보인다. 당신이 없는 동안 왔다 간 시어머니나 가사도우미 솜씨다. 물론 당신이 그 일정을 잡았거나

미리 돈을 지불했을 가능성이 크다. 당신 남편도 즐거운 주말을 보냈기 때문에 편안한 모습으로 이렇게 반겨 준다. "우린 괜찮았어. 당신이 여행을 자주 다녀도 괜찮을 거 같아."

a라고 답했다면 '이보다 좋을 순 없다'와 결혼했을 가능성이 크다.
b라고 답했다면 '버터 어딨어?'와 결혼했을 가능성이 크다.
c라고 답했다면 '마음만 앞서는'과 결혼했을 가능성이 크다.
d라고 답했다면 '애어른'과 결혼했을 가능성이 크다.
e라고 답했다면 '가부장'과 결혼했을 가능성이 크다.

여기서 부탁이 하나 있다! 파트너의 성격 유형을 확인했다고 해서 그에게 CPE 전체 맥락을 제공하지 않은 채 '당신은 이런 유형이야!' 하면서 꼬리표부터 다는 건 두 사람 관계에 전혀 도움이 되지 않는다. 나중에 공정한 게임 시스템을 도입해서 집안일을 나눠 하게 되면 아마 모르긴 몰라도 당신의 파트너는 자연스럽게 '이보다 더 좋을 순 없다'로 업그레이드돼 있을 것이다. 그때쯤이면 당신이 결혼한 상대가 결혼 전보다 더 멋진 사람으로 거듭났다는 사실에 두 사람이 함께 축배를 들 수 있을지도 모른다.

게임을 하는 목적을 분명히 해야 승리할 수 있다

이제 결혼 생활 매시업에서 빈칸은 하나 남아 있다. 바로 게임을 하는 목적이다. 그와 관련해 오프라 윈프리가 이런 말을 했다. "의도에는 원인과 결과가 있다. 의도가 결과를 결정한다." 당신이 어떤 사람인지 알았고 파트너에 대해서도 좀 더 잘 이해하게 됐으니 이제 당신 가정에 변화를 주려는 목적을 분명히 할 차례다. 목적이 무엇인지에 따라 공정한 게임을 논의하고 진행하는 방법이 달라지기 때문이다. 자, 당신이 바라는 결과는 어떤 것인가?

참고로 내가 인터뷰를 하며 이야기 나누었던 여성들의 대답은 다음과 같았다.

"남편 원망 좀 그만하면서 살고 싶어요."

"내가 가정을 위해 하는 일을 식구들에게 인정받고 존중받고 싶어요."

"내가 우리 가정을 굴러가게 하기 위해서 어떤 일들을 하는지 파트너가 인정해 줬으면 좋겠어요."

"시속 160킬로미터로 전력질주 하는 데 지쳤어요. 난 도움이 필요해요!"

"내 파트너는 정말 많이 도와줘요. 하지만 뭐가 가장 중요한지에 대해서는 의견이 다를 때가 많아요. 우린 우선순위를 다시 정할 필요가 있어요."

"우리의 결혼 생활은 아주 공평하지만 효율은 완전 꽝이에요."

"우린 누가 뭘 할지를 두고 자주 싸워요. 역할과 책임을 분명히 할 필요가 있어요."

"집에서 잔소리꾼 노릇 좀 그만하고 싶어요."

"내가 계획했던 프로젝트를 다시 시작할 수 있게 나에게 시간이 더 많으면 좋겠어요."

"나는 일을 시작할 준비가 됐는데, 그러려면 파트너의 도움이 필요해요."

"그냥 정신적으로 좀 쉬고 싶어요."

"다시 재미있게 살아 보고 싶어요."

당신이 공정한 게임을 하려는 목적은 무엇인가. 나는 나만의 시간을 되찾고 유니콘 스페이스를 갖고 싶었다. 그것이 진정 내가 바라는 것이었다. 그래서 나는 다음과 같이 결혼 생활 매시업을 완성했다. 당신도 한번 같은 방식으로 매시업을 완성해 보라.

결혼 생활 매시업

내 이름은 이브다. 나는 현재 카드 87장을 갖고 있다.

나는 내 방식대로 해. 안 그럴 거면 비켜! 유형을 가진 어쩌다 현모양처다.

나는 버터 어딨어?와 결혼했다.

내가 이 게임을 하는 목적은 나만의 시간을 되찾고 유니콘 스페이스를 갖기 위해서다.

그럼에도 게임을 시작할 용기가 나지 않는다면

당신이 결혼 생활 매시업의 빈칸을 모두 채웠다면 그것은 곧 파트너와 첫 번째 대화를 시작할 준비를 끝낸 것이다. 물론 누군가는 먼저 시작을 해야 하고, 그 당사자가 바로 당신이라는 사실을 잊어서는 안 된다. 그럼에도 선뜻 나서기가 망설여지는가? '그 많은 집안일을 하나 하나 남편과 상의해야 하다니, 남편은 내가 '얘기 좀 해'라고 하자마자 못 들은 척하거나 딴청을 부릴 게 뻔한데⋯.' 당신의 짐작처럼 남편이 대화를 거절할 수도 있을 것이다. 그는 이렇게 직감할 확률이 높기 때문이다. '어이쿠, 또 곤란해지겠군.'

결국 이 게임은 둘이서 하는 게임이다. 당신의 파트너가 자발적으로 동참하지 않으면 변화는 일어나지 않는다. 자발적인 참여의 시작은 사려 깊고 기분 좋은 대화다. 그렇다 하더라도 파트너에게 가정을 공정하고 효율적이고 조화롭게 만들어 보지 않겠냐고 묻는 것은 — 당신에게는 두 사람 사이의 역학 관계에 변화가 필요하다고 요구할 권리가 있고 아무리 그걸 원한다고 하더라도 — 괜히 긁어 부스럼 만드는 일처럼 느껴질 수 있다.

로스쿨 시절 내가 제일 좋아했던 수업을 진행했고, 직장 생활과 삶의 여러 상황에서 많은 도움이 됐던《어려운 대화 극복하기》의 저자 더그 스톤은 배우자에게 집안의 역학 관계에 변화가 필요하다고 요구하는 것이 넘지 못할 거대한 산처럼 느껴지는 이유를 다음과 같이 설명했다.

"회피할지 직면할지 결정하는 게 왜 그렇게 어려울까요? 그건 우리가 어느 정도 진실을 알고 있기 때문입니다. 문제를 피하면 이용당하는 기분이 들고, 감정은 속으로 곪아 터지고, 왜 자신을 위해 스스로 나서지 않는지 의문이 들고, 상황을 개선할 기회를 다른 사람에게 빼앗기게 되죠. 하지만 문제에 직면하면 상황이 더 나빠질지도 모릅니다. 거절당하거나 공격받을 수도 있고, 그 사람에게 의도치 않은 상처를 줄 수도 있지요. 그래서 결국 관계는 더 나빠지고요."

그래서일까. 내가 만난 수많은 여성들 또한 파트너를 대화에 초대하는 것에 대해 부담스럽고 걱정이 앞선다며 다음과 같은 말들을 했다.

"변화가 필요하다는 건 알지만 그가 변화를 받아들이지 않을까 봐 걱정이에요."

"너무 힘들어요. 차라리 말을 안 하고 말래요."

"남편한테 새로운 방식을 설명하느니 그냥 내가 하는 게 편해요."

"도움이 필요하다고 말하면, 내가 혼자 알아서 할 수 없다는 사실을 인정하는 것인데 그러고 싶지 않아요."

"남편과 마주 앉아서 내가 하루에 하는 그 많은 일들을 일일이 상의해야 한다고 생각하니 비명이라도 지르고 싶은 심정이네요."

"그에게 이래라저래라 하고 싶지 않아요."

"그가 방어적인 태도로 나와서 결국 부부싸움을 하게 될까 봐 걱정스러워요."

"뭘 해 달라고 해야 할지 모르겠어요."

"벌써 남편이 무슨 말을 할지 들리는 것 같네요. '지금도 다른 남자들이 하는 것보다 더 많이 하는데 그거보다 더 하라는 거야?'"

"마주 앉아서 얘기하는 데 걸리는 시간이면 그냥 내가 하고 말겠어요."

"두려운 걸 수도 있고, 내가 한다는 게 자랑스러운 걸 수도 있겠죠. 어느 쪽이든 도움을 청하는 게 마음이 편치 않아요."

"싫다고 하면 어떻게 해요?"

"내가 있다고 믿었던 파트너십이 우리 부부에게 없다는 걸 깨닫게 되면 어떡하죠?"

〈허핑턴포스트〉가 이혼한 여성들을 대상으로 결혼 생활에서 가장 후회되는 게 뭐냐는 질문에 제일 많이 나온 대답은 이것이었다. "도움이 필요할 때 도와 달라고 했으면 좋았을 거예요."

재정 상담 서비스를 하는 블로그 〈밀리어너러스 마마〉의 운영자 발렌시아 모턴이 침통한 표정으로 말했다. "난 모든 면에서 완벽한 엄마, 완벽한 아내가 돼야 한다고 생각했어요. 나한테는 그게 빅토리아 시그릿 패션쇼 무대에서 방금 내려온 사람처럼 자기 관리를 하면서 육아와 집안일, 요리까지 다 하는 걸 의미했죠. 지금 와서 드는 생각이지만 전남편한테 '도와줘'라고 한마디만 했으면 됐을 거예요. 이젠 확실히 알겠어요. 그때 내 감정을 솔직하게 털어 놓았다면 결혼 생활이 극단으로 치닫는 걸 막을 수 있었다는 걸요."

당신도 변화의 주도권을 잡고 배우자에게 당신의 기분과 욕구를 명확하게 전달하기가 망설여질지 모른다. 하지만 그거 아는가? 당신은 이미 그 대화를 시작했다. 예를 들어 한 고객이 말했다. "오빠랑 아빠 유언장 얘기는 하고 싶지 않아요. 저에겐 그에 대한 말을 꺼내는 게 너무 힘든 일이에요." 나는 그녀에게 말했다. "당신은 이미 눈알을 굴리거나 침묵하는 방식으로 대화를 시작한 거예요. 매번 약속 시각에 늦는 것도 뭔가를 말하는 거고요. 말로 하지 않았을 뿐이죠."

당신과 배우자도 아마 비슷한 상황일 것이다. 언어의 힘을 빌리지 않았을 뿐 이미 의사소통을 하고 있다. 그것도 가장 요란한 방식으로 말이다. 몇 가지 사례를 보자.

마리안은 "종일 집에서 뭐했어?"라는 남편의 시비에 그녀가 집에서 하는 눈에 보이지 않은 일들을 전부 촬영했다. 그리고는 그걸 남편에게 보여 주며 말했다. "증거야. 내가 쓸데없는 일에 시간 낭비하지 않는다는 증거." 리디아는 기저귀 쓰레기통이 꽉 찬 걸 보고 복도로 끌고 가서 한복판에 놔두고 와 버렸다. "내가 안 비웠으니 남편이 눈치껏 치우겠죠." 로리는 마트에 간 남편이 전화로 "필요한 게 뭐라고?", "그게 몇 번 코너에 있었지?" 같은 질문을 못하게 하려고 아예 전화기를 꺼 버렸다. 줄리아는 가끔 한밤중에 아들이 침실에 들어오면 자는 척한다고 고백했다. "그렇게라도 해야 남편이 일어나서 나 대신 아이를 돌보죠."

한편 다이애나는 남편 할 일 목록에 이 말을 강조해 화장실 거울에 붙여 놓는다. "잊어버리지 마!" 스텔라는 남편이 건조기에 넣는 걸 깜빡한 젖은 빨래를 남편의 베개 위에 올려놓았다. 스테이시는 남편이 저녁 식사에 늦을 때 예의상 하는 전화나 '일이 늦어지고 있어'라는 식의 문자메시지를 일부러 안 받는다. 그래야 문을 잠가 그가 집에 못 들어오게 할 수 있어서다. 웬디는 남편이 약속 시간에 맞춰 준비를 마치지 않으면 먼저 출발해 버린다. "좀 깨달으라고 나 먼저 가 버려요. 남편한테는 이렇게 말하죠. '거기서 만나.'" 트루디는 싱크대에서 설거지가 사라질 때까지 남편과 섹스를 하지 않는다.

아마 당신도 위의 사례와 비슷하든 비슷하지 않든 당신이 원하고 필요로 하는 걸 말하고 있을 것이다. 단지 그 방식이 바람직하거나 건설적인 방법이 아닐 뿐이다. 이제 그처럼 비언어적 방식으로 전하던 것을 언어의 영역으로 옮겨 와 정면으로 부딪힐 때다.

당신의 대화법을 체크해 보라

그런데 의사소통을 하기 전에 명심해야 할 것이 하나 있다. "수많은 결혼 실패의 근본적인 원인은 분열을 초래하는 의사소통 방식에 있어요." 의료사회복지사이자 세계 각지에 있는 수천 명의 부모들을 교육했던 제니퍼 발트브루거의 말이다. 당신은 어떤 식으로 대화하는가? 혹시 당신도 잘못된 언어 선택이나 이분법, 지난 일 들먹이기 등 최악의 의사소통을 하고 있다면 이제 그 방법을 바꿀 때다.

━━━━━━━━━━━━━━ **깜짝 퀴즈** ━━━━━━━━━━━━━━

내 대화법, 이대로 괜찮은 걸까?

수동적·공격적인 암시, 무언의 비난, 파트너에 대한 감정적 체념. 우리 대부분이 이런 방식으로 도와 달라는 의사 표시를 한다. 원하는 결과를 얻기 위해 극단으로 치닫는 사람도 있다. 당신이 하는 의사소통 방식은 무엇이 문제일까?

장황함 : 주절주절 주절주절, 이렇게 말하면 누구도 경청하지 않는다.

날카로운 명령이십니다, 대장 : 교관 같은 태도는 군대에서도 인기가 없다.

나쁜 타이밍 : 당신은 꼭 안 좋은 타이밍에 불만을 터트리고 도움을 요청한다. "꽃 고마워. 근데 식기세척기 세제를 안 사 왔네. 마트가 10시에 문 닫는데 그 전에 다시 갔다 올 거지?"

잘못된 단어 선택 : "정말 아무 말 안 하려고 했는데 당신이 그러는 게 너무 싫어. 다음번에도 이걸 이런 식으로 하면~"

이분법 : "당신은 죽어도 화장지를 안 채워 놓더라. 변기 뚜껑은 맨날 올려놓고."

지난 일 들먹이기 : "당신이 전에 ~를 잊었을 때랑 똑같아."

화가 점점 끊어오름 : "정말 참아 보려고 했어. 아무 말도 안 했고. 근데 생각할수록 너무 화가 나."

나는 수많은 인터뷰를 통해 남성들 대부분이 직접적이고 명시적으로 도와 달라고 하면 긍정적으로 반응한다는 것을 알게 됐다. 샌안토니오에 사는 마크는 이렇게 말했다. "빨래를 개면서 '정말 실망이야'라거나 '당신이 미워 죽겠어'라는 눈빛으로 노려보지 말고 그냥 필요한 걸 해 달라고 하면 좋겠어요."

확실히 해 두자. 공정한 게임 시스템에서 파트너에게 도움을 요청하는 것은 당신이 시키는 대로 하는 사람이 아니라 시스템을 운영하는 데 있어 진정한 협력자가 필요해서다.《남자들은 항상 나를 잔소리하게 만든다》에서 제마 하틀리가 이 차이를 멋지게 설명했다. "돕는다는 건 '이건 내 일이 아니야. 다만 내가 당신에게 호의를 베풀고 있다'라는 의미이다. 즉 '이건 당신의 책임이다'라는 뜻을 담고 있다. 자기가 할 일의 범위를 넘어선 일을 한다는 뜻을 함축하고 있는 것이다. (중략) 완벽한 파트너십은 도와주는 거라는 생각에서 벗어나 책임을 동등하게 지는 것을 의미한다."

그러므로 이 중요한 차이를 염두에 두고 집안일 카드를 균형 있게 나누려고 하는 목적을 되새긴 다음 파트너에게 공정한 게임을 같이 하자고 손 내미는 초대장을 만들어라. 대화를 할 때는 인내심을 발휘

해야 한다. 예를 들어 이런 식으로 대화를 시작하는 것도 괜찮은 방법이다. "있잖아, 내가 읽고 있는 책이 있는데 그걸 보다가 우리 가정이 잘 돌아갈 수 있게 뒷받침해 주는 집안일에 대해 다시 생각해 보게 됐어. 무질서를 바로잡고 균형을 잘 맞춰서 집안일을 효율적으로 하기 위해서, 그리고 최종적으로는 우리 둘 다 부모 역할 말고 다른 관심사를 가질 수 있게끔, 둘이 같이 할 수 있는(이게 핵심이다!) 새로운 방법을 시도해 보고 싶어."

어떤 단어를 골라 어떤 식으로 대화를 시작하든, 첫 번째 대화는 위와 같이 짧고 긍정적으로 유지하는 것을 목표로 삼아라. 그리고 반드시 아이들이 다른 데 정신이 쏠려 있어 부부 둘만의 대화가 가능한 시간을 노려라. 우는 아이 달래면서 피자를 주문하느라 둘 다 정신없는 상황인데 파트너한테 집안일을 어떤 식으로 공정하게 나눌지 생각해 보라고 말하는 우를 범하지 말라는 것이다. 집 안이 조용하고 둘 다 조금 여유가 있는 금쪽 같은 시간을 틈타 가볍게 초대장을 건네라.

남편을 게임에 초대할 때 연습은 필수다

첫 대화에 공을 들이라는 나의 조언에 무대 위에서 연기하는 것처럼 너무 계획적이고 꼭 연습까지 해야 하냐는 생각이 들 수 있다. 하지만 전략적으로 계획을 세워 준비한 몇 분의 시간이 파트너가 당신이 하는 말을 어떻게 받아들일지를 결정한다. 면접장이나 PPT 발표 자리에 가면서 연습을 안 하고 들어가는 사람은 없다. 당신의 뜻을 잘 전달하기 위해서는 그만큼의 연습과 노력이 필요하다. 당신이 하는 말에서 진정성이 느껴지기를 바란다면 의미를 잘 생각해서 단어를 신중하게 선택해야 한다. 혼자 일방적으로 얘기해서 파트너로 하여금 소외감을 느끼게 만드는 게 아니라, 그를 대화에 끌어들여 게임에 초대하는 방식으로 메시지를 전달하는 것도 중요하다. 이때 파트너의 성격 유형에 맞는 가치를 제안하면 그가 당신의 초대를 받아들일 가능성을 높일 수 있다.

내 경우에는 공정한 게임을 실행하기에 앞서 남편에게 집안일 일머리를 더 많이 키워 주고, 통제는 덜 하고, 기대치를 명확하게 공유하는 것뿐만 아니라 앞으로는 그가 쓰레기통을 비우지 않았을 때 아이들 앞에서 소리를 지르지 않겠다고 약속했다.

어떻게 해야 파트너가 제 발로 공정한 게임에 참여하도록 그를 초대할 수 있을까? 파트너가 어떤 성격 유형인지에 따라 제안할 수 있는 가치는 조금씩 달라지는데 예를 들면 다음과 같다.

애어른 : 그를 재미와 효율성이라는 두 마리 토끼를 잡을 수 있는 게임에 초대하라. 공정한 게임을 하면 어떤 점이 그에게 유리할까? 잔소리가 줄어들고 경솔함이 사라진다. 그렇다면 그에게는 이런 식으로 제안해 볼 수 있을 것이다. "애들이 생기기 전의 우리 모습을 되찾고 싶어. 우리 같이 새로운 방법을 시도해 봤으면 좋겠어."

가부장 : 그에게는 변화를 요구하기보다 당신을 지지해 달라고 부탁하는 게 낫다. 그러므로 먼저, 유니콘 스페이스를 바라는 당신의 간

절한 마음부터 전하라. 그에게는 이런 식으로 제안해 볼 수 있을 것이다. "가정이라는 울타리를 넘어서 내 열정을 재발견하고 싶어. 거기에 필요한 시간을 내려면 시간의 균형을 다시 잡아야 하는데, 둘이 같이 새로운 방법을 시도해 봤으면 좋겠어." 공정한 게임에 참여했을 때 그는 무엇을 얻을 수 있을까? 가정에 대한 의무를 게을리하지 않으면서도 더 행복하고 만족스러워하는 아내를 볼 수 있지 않을까.

버터 어디 있어? : 당신의 유능한 남편을 새로운 집안일 관리 시스템을 배울 기회에 초대하라. 이 시스템은 비효율성을 극적으로 줄이고 두 사람 다 집에서 좀 더 널썽한 정신으로 실 수 있는 환경을 만들어 준다. 구체적으로 어떤 점이 그에게 유리할까? 그가 주도적으로 집안일을 해 나갈 수 있게 힘을 실어 주는 아내가 생긴다.

마음만 앞서는 : 당신의 야심 찬 파트너를 그가 하는 집안일이 모두 성공적으로 끝나게 되어 있는 게임으로 초대하라. 구체적으로 어떤 점이 그에게 유리할까? 일머리가 생겨서 노력이 헛수고가 되지 않으며, 아내에게 제대로 못한다고 핀잔 들을 일도 없어질 것이다.

이보다 더 좋을 순 없다 : 당신의 자발적인 파트너를 집안의 효율성을 높일 수 있는 게임에 초대하라. 이미 원활하게 소통하고 있어서 특별히 설득할 필요도 없겠지만 공정한 게임을 하게 되면 둘이 함께 더 재미있고 자유로운 시간을 보낼 수 있다는 약속을 해 두는 것도 나쁘지 않을 것이다.

첫 번째 대화에서는 공정한 게임 시스템 전체를 설명할 필요가 없다. 그냥 테이블로 초대만 하면 된다. 그러므로 대화는 5분 안에 끝내라. 그럼에도 의욕이 꺾일 수 있는데 그렇다 하더라도 주저앉지 마라. 당신은 당신이 초대한 게임을 거절하지 않을 정도로 당신을 소중히 여기는 파트너를 가질 자격이 있다. 이 점을 명심하라.

자, 이제 아래와 같이 가정의 새로운 운영 방식을 자세하게 논의할 날짜와 장소, 시간을 명기하여 초대장을 만들어 보자.

공정한 게임 초대장

날짜 : _____

장소 : _____

시간 : _____

이미 공정한 게임 시스템을 도입한 부부들은 하나같이 알맞은 장소와 적당한 시간이 핵심이라고 입을 모았다. 그러면서 가장 효과적인 시간으로 결혼기념일, 밸런타인데이, 생일, 주말 야간 데이트를 꼽았다. "결혼기념일이어서 같이 하이킹을 갔어요. 산 정상에 올라 일몰을 감상하면서 얘기를 꺼냈죠. 이미 함께 산에 오르며 '둘이 같이'라는 협동적인 분위기가 무르익어 있어서 말을 꺼내기가 별로 어렵지 않았어요.", "우리가 제일 좋아하는 식당에 저녁을 먹으러 갔어요. 둘 다 투쟁 모드가 아니어서 그런지 대화가 자연스럽게 흐르더군요.", "내 생

일이었어요. 그가 자기에게 원하는 게 있냐고 묻기에 '우리의 결혼 생활을 더 행복하게 만들어 줄 새로운 게임을 해 보자'라고 했죠. 뭐, 그 상황에서 그런 제안이 싫다고 할 수는 없을 테니까요."

당신의 파트너가 공정한 게임에 참여할지 아직도 반신반의하는가. 그에 대해 노인 치료사이자 부부 상담가인 스티븐 트리트 목사는 솔직하게 말했다. "처음에 아내가 집안일을 어떻게 분담할지 대화 좀 하자고 했을 때 싫다고 했어요. 특히 수요일에 아이를 보고 집안일을 맡아 달라고 했을 땐 더 그랬죠. '수요일은 내가 환자들 만나는 날이잖아. 맨날 자기가 해 놓고 이제 와서 왜 나보고 하라는 거야?' 알고 보니 아내는 수니어 칼리지(2년제 대학) 수업을 듣기 위해 휴일을 원하는 거였어요. 아내는 내가 도와주길 바랐죠. 나도 내가 그녀를 돕고 싶어 한다는 걸 깨달았고요. 그래서 얼마 후부터 딸아이를 등하교시키고, 과제를 돕고, 그 밖에 수요일에 필요한 일은 뭐든지 내가 맡아서 했어요. 그랬더니 뭘 알게 됐는지 아세요? 그 시간을 집에서 보낸다고 일할 시간을 빼앗기는 게 아니더라고요. 게다가 더 중요한 건 딸과 훨씬 친해졌다는 겁니다. 20년 뒤 딸이 결혼식장에서 그러더군요. 아빠와의 추억 중에 가장 소중한 기억으로 남는 건 '우리의 수요일'이었다고. 난 반평생 넘게 같이 산 아내를 바라보며 웃었어요. 물론 그때 우리가 본격적으로 '공정한 게임'을 한 건 아니었지만 내용적으로는 그게 공정한 게임 아니면 뭐겠어요? 카드를 재분배한 거잖아요. 지금은 그런 변화에 나를 초대해 준 아내가 고마울 따름입니다."

Chapter 6

규칙 4
당신 가족만의 중요한
가치와 기준 먼저 세울것

이제 파트너를 테이블로 초대하는 것까지 마쳤다. 하지만 두 사람이 실제로 마주 앉아 게임을 하기 전에 반드시 해야 할 일이 있다. 가치와 기준을 정하는 것이다. 이 규칙은 너무나 중요해서 당신과 파트너가 본격적으로 카드 협상을 시작하기 전에 꼭 강조하고 넘어가고 싶다. 특히, 당신의 성격 유형이 2세대 슈퍼우먼이라면 나는 우선적으로 한 가지를 더 마음에 새겨 두고 시작하라고 말하고 싶다.

선구적인 사상가 그렉 맥커운은 《에센셜리즘》에서 이렇게 지적한 바 있다. "유능한 사람들은 다음 단계로 잘 넘어가지 못한다. 모든 게 중요하다는 신념을 버리지 못하기 때문이다."

이 말의 의미를 되새겨 보자. 만약 모든 것이 중요한 게 아니라면 어떻게 될까? 일부를 놓아 버릴 수 있다면 어떨까? 만약 당신과 파트너가 가장 중요하게 생각하는 가치에 따라 집안일을 의도적으로 선택할 수 있다면 어떨까?

집안일, 결코 당신이 다 할 필요가 없다

그렇다. 모든 걸 당신이 다 할 필요가 없다. 그러니 모든 일을 혼자서 다 하려고 애쓰는 대신, 당신 어깨의 짐을 차근차근 내려놓고 당신이 꿈꾸던 삶을 살 수 있게 해 주는 게임을 시작하라. 밀레니얼 세대가 '잡무 마비증(택배 발송이나 환불 신청 같은 간단한 일도 할 수 없는 번아웃 상태-옮긴이)'이라고 부르는 상태와 극도의 피로에서 당신 자신을 구해 내라. 스스로에게 일을 덜 해도 된다고 허락해 주라는 말이다.

그러기 위해서는 일단 가정의 생태계를 현미경으로 들여다볼 수 있어야 한다. 지금 당신이 가진 카드 중에서 버리고 싶은 카드가 있는가? 파트너에게 넘기고 싶은 카드 말고 욕조 물과 함께 완전히 하수구로 쓸어내 버리고 싶은 카드가 있는지 묻는 것이다.

가령, 사라는 남편 클라크에게 말했다. "안 되겠어. 베니 반 친구들 생일 파티는 이제 안 갈 거야." 낮 시간이 뭉텅 날아가고, 끝나고 나면 귀가 먹먹해서 물에 잠긴 기분으로 남은 하루를 보내게 되는 실내 놀이터나 오락실 혹은 주말 행사를 쫓아다니느라 너무 힘들었기 때문이다. 그런데 남편이 너무 순순히 "그건 나도 괜찮아"라고 말했다. 그 말을 들으면 남편이 반발을 하거나 최소한 비난하는 눈빛을 보낼 거라고 예상했는데 말이다.

그래서 사라는 다시 얘기했다. "내 말은 앞으로 내가 살아 있는 한 다른 아이 생일 파티는 안 가겠다는 거야. 베니 절친의 생일 파티만 빼고." 남편은 이번에도 순순히 동의했다. "나도 좋아. 그런 데 가면 미쳐 버릴 거 같아. 내가 왜 그런 데 안 다니는데. 그리고 우리 베니도 별로 안 좋아해. 걔는 사람들 많은 데에 잘 안 섞이려고 하잖아. 맨날 자기 차례 안 왔다고 울거나, 요란한 불빛에다 온갖 단 음식 때문에 지칠 대로 지쳐서 집에 온다고."

그 말을 들으며 사라는 속으로 중얼거렸다. '세상에, 그럼 그동안 나는 뭐 하러 내 소중한 시간과 우리 가족의 주말을 그런 데 바친 거야?' 물론 그녀도 답은 이미 알고 있었다. 좋은 엄마라면 응당 그렇게 해야 한다고 생각했기 때문이다. 그녀는 시끌벅적한 생일 파티에 가지 않음으로써 되찾을 훨씬 더 의미 있는 시간들이 그녀와 가족 삶에 어떤 영향을 미칠지 상상의 나래를 펼치기 시작했다. 그러자 남편이 윙크를 날리며 말했다. "까짓 거, 입방아에 좀 올라 보지 뭐. 어쨌든 앞으로 우리 할 일 목록에서 생일 파티는 빼는 걸로." 사라가 웃으며 받아쳤다. "반란인데!"

내 경우에는 남편과 함께 우리 삶에 진정한 가치를 더하는 카드에 초점을 맞춰 버릴 카드를 골라냈다. 그러고 나서 남은 카드를 공정하게 나눴다. 그처럼 두 사람 모두 가치 있다고 생각하는 카드만 남겼더니 남편이 쓸데없는 일을 한다며 나를 비난하는 일이 없어졌고, 집안일 할 시간이 없다는 남편의 변명도 사라졌다. 또 일상적인 보복으로 이어지던 시간에 관한 잘못된 메시지 남발이 대부분 멈췄을 뿐 아니라 남편이 훨씬 주도적으로 더 많은 카드를 책임지기 시작했다.

한 번만 더 강조하고 다음으로 넘어가자. 당신이 모든 것을 다 할 필요가 전혀 없다. 공정한 게임의 모든 카드를 당신이 다 책임질 필요가 없다는 말이다. 더 이상 주위의 압력과 사회적 기대는 신경 쓰지 마라. 대신 일을 덜함으로써 생기는 시간을 어떻게 쓰고 싶은지, 삶을 어떻게 의미 있게 꾸려갈지 신중하게 생각해 보라. 그렇게 공정한 게임에 포함할 카드를 결정하고 나면 어떤 식으로 게임을 할지 의견 일치를 봐야 한다. 아이 돌보기든 정리 정돈이든 돈 관리든 모든 카드에 대해 두 사람이 합의한 — 둘이 공유하고 있는 가치에 부합하는 — 최소한의 관리 기준이 필요하다는 말이다. 그것을 얼마나 꼼꼼하게 정하느냐에 따라 공정한 게임으로 얻게 되는 보상이 훨씬 많아진다.

단박에 부부싸움을 줄일 비법, 합리적인 사람 테스트

공정한 게임의 최소 관리 기준(MSC: Minimum Standard of Care)은 내가 로스쿨에서 배운, 전 세계 판사들이 활용하는 판단 기준에서 영감을 받았다. 시민 한 사람이 하는 어떤 행동에는 공동체가 공유한 가치와 전통이 반영되게 마련이다. 개미를 죽이는 행동이 어떤 공동체에서는 위생을 위해 어쩔 수 없다고 인식되지만 다른 공동체에서는 야만적인 행동으로 받아들여진다. 신발을 신고 실내에 들어가는 행동이 어느 공동체에서는 아무렇지 않지만 다른 공동체에서는 몰상식하다는 말을 들을 수도 있다.

어쨌든 각 공동체는 구성원들이 공유한 사회적 가치를 바탕으로 최소한의 관리 기준을 정한다. 법체계 시스템은 그 기준을 정하는 데 있어 '합리적인 사람 테스트Reasonable Person Test'를 거친다. 즉 "우리 공동체가 합의한 기준을 고려할 때 합리적인 사람이라면 이렇게 했을까?"라는 질문을 통해 사람들의 분쟁 해결을 돕는 것이다. 예를 들어 "우리 공동체가 합의한 기준을 고려할 때 합리적인 사람이라면 개미를 발로 밟을까요?"라고 묻는 것이다.

나는 공정한 게임 규칙을 만들면서 생각했다. 각 가정에서 어떤 기준에 대해 합의를 이끌어낼 때도 합리적인 사람 테스트를 적용해 보면 어떨까? 왜냐하면 남성과 여성이 가진 집안일에 대한 기준이 너무 다르기 때문이다. 이를테면 남성들은 여성들이 생각하는 집안일의 기준이 너무 높다고 말했고, 반대로 여성들은 남성들이 완벽하고 거리가 멀거나 기준점에 훨씬 못 미친다고 불만을 터트렸다. 그렇다면 부부가 각자 최소한의 기준을 정하고 그 중간에서 만나면 어떨까? 그렇게 하려면 어떻게 해야 할까?

남편 : 이걸 왜 이런 식으로 해야 해?

아내 : 그게 우리 방식이니까.

남편 : 아니, 그건 우리가 그렇게 해야 한다고 당신이 생각하는 방식이지.

아내 : 맞아. 그러니까 내 방식대로 해!

이처럼 방식을 놓고 충돌할 때는 합리적인 사람 테스트를 거치는 것이 좋다. 쉽게 말해 '합리적인 사람(이 경우 당신의 파트너, 보모, 간병인, 양가 부모님)'이라면 비슷한 상황에서 내가 한 대로 할 수 있을까?'라고 질문을 던져 보고, 그에 맞게 카드의 인지, 계획, 실행 방법을 정하는 것이다. 대답이 '예스'라면 가족이 합의한 최소 관리 기준(MSC)을 따르면 된다.

예를 들어, 당신의 '마음만 앞서는' 남편이 여름방학 카드를 들었다. 그래서 다가오는 방학을 맞아 아이들을 YMCA 캠프에 등록시켰다. 이제 다음주면 캠프 시작이다. 당신은 기대에 부푼 아이들이 '금요일의 색깔 전쟁'에 대해 신나게 떠드는 걸 듣고는 남편한테 그게 뭐냐고 묻는다. 그런데 남편이 확인도 안 해 본 채 대충 대답한다. "아, 그거. 애들이 캠프에서 정해 준 색깔의 옷을 입는 건가 봐. 캠프에서 보낸 이메일이 있는데 가서 다시 읽어 볼게." 그는 목요일 밤늦게서야 이메일 확인하는 걸 깜빡했다고 인정한다. 문제는 그 조건이 그가 생각했던 것보다 훨씬 구체적이라는 것이다. 하지만 그럼에도 그는 "걱정하지 마. 우리가 해결할게"라고 호탕하게 말한다. 해결한다고? 내일 아침에는 아이들 깨워서 옷 입히고, 밥 먹이고, 캠프행 버스에 태우는 것만으로도 시간이 부족할 텐데?

당신은 남편이 문제를 해결할 가능성이 아주 희박하다는 걸 잘 안다. 시간이 없는데다 아이들이 입어야 하는 옷 색깔이 카나리 옐로(샛노란색)와 라임 그린(노란빛이 도는 녹색)인데, 집에는 그런 색깔의 옷이 없기 때문이다. 이쯤 되면 임기응변으로 아들한테는 여동생 잠옷 상의를 입히고 딸에게는 무지개 색깔로 된 줄무늬 셔츠를 입히고는 노란색이 있지 않느냐고 우기는 수밖에 없다. 물론 그 카드가 당신의 책임이었다면 애초에 이런 일은 발생하지 않았을 것이다.

그래서 '내 방식대로 해, 안 그럴 거면 비켜!' 행동 유형인 당신은 손전등을 들고 혹시 마땅한 걸 찾을 수 있지 않을까 아이들 옷장을 뒤지기 시작한다. 캠프를 손꼽아 기다린, 그것도 다른 애들은 전부 정해진 색깔 옷을 입고 나타났는데 자기들만 다르다는 사실을 알고 실망할 아이들을 생각하니 마음이 아팠기 때문이다. 그와 동시에 아이들이 소외감을 느끼고 당황스러워할 게 뻔한 상황을 만든 남편에게 적개심이 차오른다.

그런데 남편은 대수롭지 않다는 듯 말한다. "그냥 티셔츠일 뿐이잖아. 그게 뭐 그렇게 큰일이라고." 당신은 화를 간신히 억누르며 대꾸한다. "큰일이지!" 자, 이제 당신은 어떻게 해야 할까? 스스로에게 물어라. 합리적인 사람이라면 아이들에게 정해 준 색깔 옷을 입혔을까? 이 질문에도 확실한 대답을 못하겠다면 법률 전문가 캐롤린 포렐이 설명하는 객관성 테스트를 적용해 볼 것을 권한다. "판사와 배심원들은 기본적인 질문 두 가지를 고려하죠. 당신이 한 불합리한 행동(또는 이 경우 필요한 행동을 하지 않음)이 해를 입혔는가? 입혔다면 얼마나 심각한가?'"

색깔 옷 사건의 경우, 캠프 둘째날 캠프장에서 당신 자녀들을 제외한 모든 아이가 정해진 색깔 옷을 입었다. 그날 밤늦게 아이들이 울면서 너무 당황스러웠다고, 그 이후로는 재미가 하나도 없었다고 성토한다. 아이들은 상처받았다. 즉 해를 입었다. 더군다나 아이들이 또래 집단에 속해 있는 느낌을 경험할 수 있도록 맞는 색깔의 옷을 입혀 주는 게 가치 있는 일이라면, 그리고 그걸 결정할 수 있는 권한이 부모에게 있다면, 당신 남편의 실수와 무심함은 합리적이지 않으며, 당신의 최소 관리 기준도 만족시키지 못한다. 기준을 정하는 게 왜 중요한지 이제는 이해하겠는가?

또 다른 예를 들어 보자. 어느 화창한 여름 온 가족이 해변으로 소풍을 갔다. 늘 덤벙대는 당신의 '애어른' 남편이 실수로 서랍에서 자외선 차단제 대신 엉덩이 크림을 챙겨 왔다. 상표를 봤지만 그는 '산화아연 성분이 자외선 차단제 역할을 두 배로 할 거야, 안 그래?'라고 생각하며 그냥 아기 얼굴에 엉덩이 크림을 바른다. 그런데 아뿔싸, 그 엉덩이 크림에는 아기 볼을 태우는 추가 성분이 들어 있다. 당신은 비치백에서 엉덩이 크림을 꺼내며 불신에 가득 찬 표정으로 남편에게 묻는다. "이걸 자외선 차단제로 쓴 건 아니지?"

당신과 남편은 이 상황을 어떻게 해결해야 할까? 이번에도 스스로에게 물어라. 합리적인 사람이라면 자외선 차단제 바를 곳에 엉덩이 크림을 바를까? 발랐다면 피해가 생길까? 엉덩이 크림과 자외선 차단제는 각각 다른 목적을 가진 제품이다. 게다가 햇빛으로부터 피부를 보호해 주기를 기대하며 아기 얼굴에 엉덩이 크림을 바르는 건 합리적인 행동이 아니다. 햇볕에 탄 아기 얼굴이 그 증거다! 당신과 파트너가 자외선 차단제는 피부가 심하게 타는 걸 막고, 나중에 혹시라도 피부암에 걸리는 것을 예방하기 위해 사용하는 거라는 데 동의한다면, 그래서 당신 가족에게 중요한 일임에 의견 일치를 봤다면, 남편의 행동은 가족의 최소 관리 기준에 미치지 못한다고 볼 수 있다. 따라서 당신은 남편에게 의료 및 건강(아이들) 카드를 더 성실히 이행하라고 당당히 요구할 수 있다.

하나만 더 예를 들어 보자. 전문 요리사인 남편이 밤늦게 식당 일을 끝내고 자동차 뒷자리에 무심코 칼을 끼워 놓았다. 당신이 18개월 된 아기의 카시트가 접히는 틈새에서 면도날만큼 날카로운 식칼을 발견하고는 남편에게 어떻게 된 일인지 묻는다. 그는 이렇게 우긴다. "맹세해. 전부 상자에 들어 있었다니까!" 순전히 실수라고 하니 넘어가도 되는 일일까? 어림도 없다. 소설보다 섬뜩한 이 실화를 들려준 여성은 말했다. "난 뭐든지 내 맘대로 해야 직성이 풀리는 불합리한 사람이 아니에요. 내 아이가 칼을 갖고 노는 걸 바라지 않을 뿐이라고요! 그게 맞잖아요. 안 그래요?"

먼저 스스로에게 던져야 할 질문 4가지

최소 관리 기준을 정하기 전까지 우리 집에서는 쓰레기 카드가 제일 골칫거리였다. 세스가 쓰레기 카드를 갖기로 했지만 아침에 주방에 들어서자마자 바닥까지 흘러넘친 쓰레기통을 발견하는 게 하루이틀이 아니었다.

나는 책임을 소홀히 하는 그에게 화가 났지만 직접 말하지 않고 커피메이커 옆 카운터에 깨끗한 쓰레기 봉투를 올려놓는 방법을 택했다. 그리고 기다렸다. 그가 커피를 가지러 조용히 걸어 들어오면 눈이 마주칠 때까지 쳐다보고 있다가 눈이 마주치면 아주 천천히 내 시선을 쓰레기 봉투로 옮기는 식이었다.

이 침묵 시위 전략이 통했을까? 통할 때가 있긴 했지만 그는 흘러

넘치는 쓰레기통을 들고 뒷문으로 나갈 때마다 미성년자 관람 불가 등급의 거칠고 험한 단어를 중얼거리지 않는 법이 없었다. 나는 고작 카드 하나 때문에 계속 갈등이 불거지는 게 너무 답답했다. 그래서 쓰레기에 대한 그의 불합리한 기준치에 대해 잔소리를 늘어놨고, 그는 내 기준치가 너무 높다고 되받아쳤다.

주방 바닥에 떨어져 있는 빈 피자 상자에 발이 걸려 헛디딘 날 아침, 남편의 대학 시절 일화가 떠올랐다. 대학교 1학년 때 일인데, 남편의 룸메이트 케빈이 기숙사에서 캠퍼스 밖에 있는 아파트로 이사를 갔다. 얼마 지나지 않아 손바닥만 한 케빈의 아파트는 주말에 세스를 비롯한 친구들이 다 같이 모여 스포츠 경기를 보는 아지트로 변했고, 경기가 끝날 때까지 맥주를 마시는 게 일상이 되었다. 그해 봄, 대학 농구 토너먼트가 시작됐다. 그들은 시즌이 시작된 3월부터 광란의 열기가 막을 내릴 때까지 케빈의 집 앞 계단에 도미노 피자 상자를 몇 개나 쌓을 수 있을지 궁금해했다. 목표는 100개였다. 물론 그것은 그 안에 든 피자를 모두 먹어 치운다는 의미였다. 30일×엑스트라라지 사이즈 피자 8조각×100, 그 양이 얼마일지 짐작이 되는가. 그런데 세스와 친구들은 목표를 달성하는 데 성공했고, 세스는 지금도 그때 얘기를 즐겨한다.

문득 나는 현관 앞 계단에 피자 상자 100개가 쌓여 있는 모습을 상상하게 되었고 그 순간 깨달았다. 남편과 나의 주방 청결에 대한 기준이 전혀 다르다는 사실을 말이다. 세스에게 바닥에 떨어진 빈 피자 상자 하나쯤은 합리적인 거였다. 그제야 나는 최소 관리 기준을 명확히 정하기 전까지는 우리가 쓰레기 버리는 날 어떻게 행동할지에 대해 영원히 합의를 보지 못할 거라는 사실을 이해했다.

그러므로 당신과 파트너가 양육과 집안일에 대해 '합리적인 것'의 기준치가 전혀 다를 수 있다는 걸 인정하는 것이 시급하다. 최소 관리 기준이 정해질 때까지는 좌절과 실망의 나날이 계속될 것이다. 분명히 해 두자. 나는 지금 당신이 정한 기준치에 파트너가 맞추어야 한다고 말하는 게 아니다.

그렇다고 당신의 기준치를 낮춰야 한다는 의미도 아니다. 누구의 기준이 더 옳은지 논쟁하기보다 당신 가정에 가장 합리적인 기준을 찾아서 서로 협력하는 게 무엇보다 중요하다. 최소 관리 기준에 대해 합의를 볼 수 없다면 먼저 다음과 같이 스스로에게 물어보라.

1. 합리적인 사람이라면 (당신의 파트너, 보모, 간병인, 양가 부모님) 비슷한 상황에서 나처럼 할까?
2. 내가 속한 공동체의 기준은 무엇이며, 그 기준을 우리 가정에 적용하기를 원하는가?
3. 이 방식으로 하거나 하지 않았을 때 생기는 피해가 있을까?
4. 우리의 '왜'는 무엇인가?

최소 관리 기준을 정하면 잔소리를 없앨 수 있다

공정한 게임에 포함시킬 카드의 최소 관리 기준을 정할 때는 이 게임이 당신과 파트너, 그리고 가족을 위한 장기전이 될 거라는 점을 명심해야 한다. 여기서 당신이 깊이 생각해 보고 반드시 던져야 할 질문이 있다. 우리는 이 일을 왜 그 방식으로 하는가? 우리에게 중요한 가치는 무엇인가? 우리 아이들도 믿었으면 하는 기준을 만들어 가고 있는가? 미래에 우리 가족이 어떤 모습이기를 바라는가? 무엇보다 우리는 여전히 같은 방향을 바라보고 있는가?

베스트셀러 《YES를 이끌어 내는 협상법》이 제안하는 최상의 윈윈 협상은 안전과 건강, 행복, 장기적인 신뢰 구축 같은 커다란 목표를 달성하기 위한 공동의 이해관계에서 시작된다. 우리 집의 쓰레기 관리 기준에 대한 의견 불일치 얘기로 돌아가 보자면 세스와 나는 '무엇이 합리적인가?'와 더불어 '우리 가족을 위해 무엇을, 왜 하고 싶은가?'라는 질문을 던지고 나서야 비로소 새로운 기준을 정할 수 있었다. 우리의 대답은 다음과 같았다.

"우리는 우리 가족이 깨끗한 집에 살기를 바란다. 우리 아이들이 청결을 중요한 가치로 삼기를 바란다. 가족 전체를 위해 서로가 깨끗한 환경을 만들기 위해 노력하고 있음을 알기를 바란다."

최소 관리 기준을 정할 때는 개인의 취향에 영향을 받는 세부 사항에 초점을 맞춰야 더 구체적인 논의가 이뤄진다. 예를 들어 우리는 이런 식으로 질문을 던졌다. 우리가 말하는 청결의 의미가 무엇일까? 쓰레기를 매일 비운다는 건가? 매일이 아니라면 정확히 어느 시점에 쓰레기 봉투를 묶어서 내다 버려야 할까? 참고로 말하자면 난 제발 세스의 대답이 '피자 박스가 다섯 개 쌓였을 때'가 아니길 빌었다.

그 많은 집안일을 언제 이렇게 하나씩 협상하고 있냐는 볼멘소리가 들리는 듯하다. 하지만 장담한다. 당신과 파트너가 정확히 언제 쓰레기를 내다 버려야 할지 정하는 몇 분이 장차 몇 시간이 되어 당신에게 돌아올 것이다. 일단 기준을 정해서 대화의 내용이 바뀌고 나면 쓰레기 문제가 다시 튀어나오는 일이 현저히 줄어들게 된다. 두 사람의 합의를 거친 기대치와 기준이 정해져 있고, 누가 그 카드를 가졌든 무엇을, 언제, 어떻게 할 것인지 정확히 알기 때문이다.

요즘 세스와 나는 '매일 밤 7시에 쓰레기통을 비운다'는 최소 관리 기준을 잘 지키고 있다. 이 기준이 어떤 영향을 미쳤을까? 내가 침묵 시위를 하거나 남편에게 눈치 주는 일이 없어졌다. 물론 불만에 가득 찬 세스가 씩씩거리며 "잔소리 좀 그만해"라고 소리치는 일도 없어졌다. 그냥 매일 밤 7시에 쓰레기통이 비워진다.

에밀리와 폴의 예를 들어 보자. 둘은 툭하면 고양이 화장실 치우는 문제로 싸웠다. 두 사람이 처음 만났을 무렵 폴은 얼룩 고양이 두 마리를 키웠고 그에 수반되는 모든 일을 혼자 다 했다. 문제는 '우리'가 되고 나서부터 발생했다. 두 마리였던 고양이가 네 마리로 늘어났는데 폴이 반려동물 카드를 들고 있음에도 임무를 소홀히 했다. 아니, 사실은 자신이 그 카드 주인이라는 걸 어느 순간 잊어버렸다. 나와 대화를 나누던 에밀리가 불만을 터트렸다. "고양이 사료가 떨어져 가니까 사 오라고, 물그릇의 물 좀 갈아 주라고, 화장실 치우라고 일일이 잔소리하지 않으면 하는 법이 없어요. 그러니 웬만해서는 그냥 제가 하고 말아 버리죠."

나는 그녀에게 물었다. "고양이 화장실 치우는 게 왜 그렇게 중요해요?" 그녀가 뭐 그렇게 당연한 걸 묻느냐는 듯한 눈빛으로 말했다. "똥 냄새가 지독하잖아요!" 내가 다른 이유는 없느냐고 묻자 그녀가 잠깐 생각해 보더니 말했다. "화장실이 더러워지고, 배설물이 계속 쌓이는 건 동물한테나 사람한테나 좋을 게 없죠. 냄새에 독성이 있을 수도 있고 고양이가 어쩌다 그걸 먹으면 아플 수도 있으니까요. 게다가 이제 막 걸음마를 뗀 아이가 차고에 들어갔다가 고양이 화장실 모래로 장난치는 걸 재미있어 하기라도 하면 어떻게 해요."

그래서 나는 고양이 화장실을 깨끗이 치워야 하는 가장 중요한 이유가 안전이냐고 되물었고, 에밀리는 맞다고 대답했다. "그러면 폴도 동의할까요?" "네, 그럴 거예요. 하지만 폴은 큰 그림을 볼 줄 몰라요. 그냥 자기가 하고 싶지 않은 허드렛일쯤으로 생각하거나 아니면 미루고 미루다가 '내일 하지 뭐'라고 해놓고 그 자체를 잊어버리는 것 같아요."

나는 그녀가 '큰 그림'이라는 말을 한 순간 멈칫했다. 댄 애리얼리 교수가 장기적인 안목에 관해 이야기할 때 했던 말이 생각나서였다. "장기적인 목표를 생각하세요. 두 사람이 공정하게 고양이 화장실을 번갈아 치우는, 행복한 결혼이라는 목표를요."

난 깨달았다. 애리얼리는 서로의 시간을 소중하게 생각하는 맥락에서 한 얘기였지만 시간은 공정함의 방정식에서 한 가지 인자일 뿐이었다. 첩첩이 원망을 쌓는 대신 파트너를 집안일에 적극 참여하게 만들려면 가족의 안전 같은 장기적 목표에 초점을 맞춘 최소 관리 기준이 필요하다.

만약에 폴이 생각을 바꿔, 고양이 화장실 치우는 일을 번거롭고 귀찮은 일이 아니라 가족과 고양이들을 건강하고, 깨끗하고, 안전하게 살 수 있게 해 주는 보험이라고 인식한다면 좀 더 자발적으로 화장실을 치우지 않을까. 어쨌든 이것은 내 가설에 불과했기에 에밀리에게 가설을 한번 실험해 봐 달라고 요청했다.

얼마 뒤 에밀리는 실험 결과를 들려줬다. "폴이 또 화장실 치우는 걸 잊었을 때 일단 심호흡으로 마음을 가라앉혔어요. 그러고 나서 다스베이더 흉내를 내며 이렇게 말했죠. '이건 단순히 고양이 똥 문제가 아니다. 우리 가족의 미래와 당신에 대한 믿음이 걸린 문제다.' 내 어설픈 제임스 얼 존스 흉내에 폴이 웃더라고요. 덕분에 편안한 분위기에서 왜 이 문제를 해결하는 것이 우리 가정에 그토록 중요한지, 우리 가족의 청결과 안전을 지킨다는 게 어떤 의미인지 차분히 설명할 수 있었어요. 내가 그를 없애 버릴지 모르는 사태도 막았고요."

에밀리가 잔소리 대신 화장실을 치우는 게 장기적으로 가정에 어떤 이로움을 주는지 설명하자 폴의 행동과 태도가 달라졌다. 폴은 에밀리가 잔소리하거나 시키지 않아도 알아서 고양이 화장실을 치웠다. 그걸 해야 하는 이유를 깨달은 덕분이었다.

더 이상 남편의 변명을 듣고 싶지 않다면

당신과 파트너는 실망은 줄이고 신뢰는 높일 수 있도록 공정한 게임의 네 번째 규칙에 따라 기준치를 명확하게 정해야 한다. 두 사람 모두 공정한 게임에 포함시킬 만큼 가치 있다고 생각하는 모든 카드에 대해, 장기적으로 가장 유익하고 이 정도면 틀림없이 둘 다 해낼 수있을 거라고 확신하는 최소 관리 기준을 만들도록 하자.

179

포렐 교수는 이렇게 주장했다. "모든 건 신뢰의 문제입니다. 정지 신호에 차가 멈출 거라는 확신이 없다면 길을 건널 때 안전하다고 느낄 수 없는 것처럼요. 둘이 같이 정한 최소한의 기준도 못 지키는 파트너라면 신뢰할 수 없고, 그런 관계 속에서는 안전하다고 느끼지 못하며, 만족을 느끼지도 못할 겁니다."

내가 '내 방식대로 해. 안 그럴 거면 비켜' 행동 유형을 가진 '어쩌다 현모양처'였을 때는 남편이 내 관리 기준이나 기대치에 맞춰 집안일의 CPE를 한다는 건 상상도 못 할 일이었다. 그래서 '그냥 내가 하는 게 낫겠어'라는 잘못된 메세지를 성급하게 받아들였다. 내가 만난 수많은 여성들 역시 남편에게 넘긴 카드가 세대로 실행되지 않거나 아예 실행조차 안 되는 게 두려워 통제권을 내려놓을 수 없었다고 털어놓았다.

그러다 보니 당연한 결과로, 게임은 실패로 끝날 수밖에 없었다. 남편들은 한다고 했는데 타박만 받는 게 두려워 자발적으로 돕는 걸 그만두었다. 아칸소주에 사는 칼이 말했다. "아내가 시키기 전에 내 생각대로 하거나 알아서 하는 건 그만뒀어요. 어떻게 해도 아내가 다시 할 텐데요, 뭐."

최소 관리 기준을 정하면 이런 문제가 완화된다. "어떻게 하는 건지 몰랐어"라는 변명이 통하지 않기 때문이다. 대신 당신의 파트너가 CPE를 주도하고 신중하게 이행할 거라고 믿을 수 있다. "이걸 이렇게 처리하면 어떻게 해?"라는 잔소리와 점수를 매기는 평가도 사라진다. 당신이 통제권을 내려놓고 그 빈자리를 파트너에 대한 신뢰로 채우면, 파트너는 두 사람이 합의한 최소 관리 기준에 따라 실패에 대한 두

려움 없이 자신 있게 임무를 수행하게 된다. 둘 다 윈-윈 한다는 것의
의미는 바로 이런 것이다.

PART 3

페어 플레이 프로젝트를 승리로 이끄는 법

Chapter 7

100장의 카드를
준비하라

게임을 시작하기 전에 공정한 게임에 사용할 카드 100장을 하나씩 살펴보자. 카드에 어떤 임무가 포함돼 있고, 각 카드의 CPE(인지, 계획, 실행)를 당신 가정의 중요한 가치에 맞춰서 어떤 식으로 응용할지 파악하는 것이다.

공정한 게임은 가정의 생태계를 집안일과 집 밖에서 하는 일, 돌봄, 마법, 불모지 등 다섯 영역으로 구분하고 있으며, 게임 참가자인 두 사람 모두 가져야 하는 유니콘 스페이스 카드를 포함하고 있다.

명심하라. 카드 100장을 모두 게임에 포함시킬 필요는 없다. 다만 각각의 카드가 어떤 임무를 담고 있는지 아는 게 중요하다. 그래야 당신과 파트너가 당신 가정에 맞춤식으로 카드 패를 구성할 수 있기 때문이다.

공정한 게임 카드 100장

집안일	집 밖의 일	돌봄	마법	불모지
육아 도와주는 사람들	자동차	목욕 & 몸단장 (아이들)	어른들 우정(아내)	나이 들거나 아픈 부모님
청소	생일 파티 (아이의 친구들)	미용 & 의상(아내)	어른들 우정(남편)	죽음
설거지	일정 관리	잠자리 루틴	생일 축하(아이들)	아기가 태어난 첫 해
드라이클리닝	현금 & 청구서	의류 & 잡화(아이들)	훈육 & 스크린 타임 관리	갑자기 생긴 일
쓰레기	자선 & 봉사활동	치아 관리(아이들)	친척들	집 수리
장보기	시민 참여 & 문화생활	기저귀 갈기 & 배변 훈련	재미 & 놀이	실직 & 돈 문제
가정 상비품	IT&전자기기	부동산 계획 & 생명보험	사랑의 표현(아이들)	이사
가정용품 & 소모품	특별활동(비스포츠)	교우관계 & 소셜미디어(아이들)	선물(가족)	이직
집 유지 & 관리	특별활동(스포츠)	몸단장 & 의상(남편)	선물(VIP)	임신 & 출산
주택 매매 & 임대 & 담보대출	비상사태 & 안전관리	건강보험	어려운 질문	심각한 질병
손님 맞이	짐 싸기 & 풀기 (지역 내)	과제 & 학교 준비물	연하장	
빨래	짐 싸기 & 풀기 (여행)	의료 & 건강	휴일	
정원 & 식물 관리	포인트 & 마일리지 & 쿠폰	아침 루틴	비공식 교육	
우편물	교환 & 환불	양가 부모님	상상 속 마법의 존재들	
식사 준비(평일 아침)	봄방학 & 기념일	반려동물	결혼 & 낭만	
식사 준비 (학교 도시락)	방학(여름 & 겨울)	학교 봉사활동	한밤중에 아이 달래기	
식사 준비(평일 저녁)	학교 서류 작성	전학	파트너 코칭	
식사 준비(주말)	사교생활(부부)	자기 관리(아내)	있어 주기 & 참여하기	
추억 & 사진	이동(아이들)	자기 관리(남편)	영성	
돈 관리	여행	정신 건강(아이들)	감사장	
창고&계절별 물품	과외 & 코칭	선생님과 연락	가치 & 선행(아이들)	
정리 정돈 & 기부	주말 계획(가족)	피임	아이 돌보기	

유니콘 스페이스 (아내)

유니콘 스페이스 (남편)

- 커플만 게임에 참여할 수 있는 카드 : **60장**
- 커플과 아이들이 함께 게임에 참여할 수 있는 부수적인 카드 : **40장**
- 다섯 영역에 골고루 분포돼 있으며 일상적으로 반복해야 하는 카드 : **30장**

집안일 카드 세트

아이들이 있는 집 살림에는 CPE가 얼마나 많이 필요한지 입이 떡 벌어질 지경이다. 해도 해도 끝이 없는 빨래와 장보기, 식사 준비, 쓰레기통 비우기, 청소, 언젠가는 꼭 앨범으로 만들어 간직하고 싶은 클라우드에 저장된 사진 9,000장…. 집안일의 세계에 온 걸 환영한다. 누군가는 화장실 휴지가 떨어지지는 않았는지, 딸이 제일 아끼는 인형이 어디 있는지 알아야 한다. 아, 맞다. 세금 신고한 지가 벌써 1년이 다 돼 간다.

육아 도와주는 사람들

아이 한 명을 키우려면 마을 전체가 필요하다는 말이 있다. 그만큼 많은 사람의 도움이 필요하다는 의미이다. 당신이 사는 동네에 보모와 베이비시터, 도와줄 가족, 이따금 필요할 때 도와줄 수 있는 친구와 이웃이 있다면 정말 운이 좋은 것이다! 하지만 설령 도와줄 사람이 있다 해도 당신과 파트너 중 한 사람은 아이를 돌봐 줄 사람이 나타나 실행을 맡아 주기 전 단계인, 인지하고 계획하는 과정을 책임져야 한다. 당신이 원한다고 도와줄 사람이 짠 하고 나타나는 게 아니기 때문에 일정을 잡고, 돈을 지불하고, 책임을 위임하고, 지속적으로 소통을 해야 하는 것이다. 주의할 사항이 있다. 도와주기로 한 사람이 약속을 취소하거나 그만둘 시 이 카드 소유자가 모든 일을 중단하고 육아에 매달려야 하는 것은 아니다. 곧장 공정한 게임에 돌입해 관련 카드, 예를 들어 이동(아이들)과 아이 돌보기 같은 카드를 재거래해야 한다.

청소

오븐 옆면 틈새에 팬케이크 반죽이 묻었다고? 그것도 지난주에? 그런데 아직 그대로다. 아이가 제대로 조준을 못해서 변기 주위에 오줌이 튀었다고? 그것도 아직 그대로다. 신발에 묻혀 온 놀이터의 모래가 현관 입구에 지저분하게 떨어져 있다고? 역시 아직 그대로다. 만약 더러운 욕실과 주방을 청소해 줄 사람이 있다면 당신은 행운아다. 일정을 잡고, 할 일 목록을 만들고, 비용을 지불하는 등 관리의 책임은 남아 있지만 말이다. 청소는 중요하니까 이 카드는 자주 재거래하는 것이 좋다. 팁을 하나 주자면 가정용품 및 소모품 카드를 가진 사람과 상의해서 필요할 때마다 청소 용품을 구비해 두는 것이 좋다.

설거지

가사 노동에 관한 수많은 기사가 설거지로 시작해 설거지로 끝나는 데는 다 이유가 있다. 설거지는 사소한 집안일 중에서도 가장 뜨거운 감자다. 설거지 카드 소유자는 식사 때마다 식기세척기에 그릇을 넣고 꺼내는 설거지와 건조를 책임진다. 물론 식기세척기에 그릇을 잘못 넣어도 뭐라고 할 사람은 없다. 식기세척기가 없다면 하루 세 끼 설거지를 직접 다 해야 한다. 설거지가 밀릴 경우 그 양은 생각보다 엄청나다. 그러므로 접시가 휙휙 날아다니는 참사를 막으려면 설거지 카드는 자주 재거래하는 것이 좋다.

드라이클리닝

드라이클리닝처럼 간단해 보이는 일도 단계적인 CPE가 있다. 이 카드에는 통이나 가방을 마련하고, 그 안에 드라이클리닝 해야 할 옷이 들었는지 확인한 다음 세탁소를 찾고, 맡기고, 찾을 시간을 조정할 수 있도록 세탁소 개점 및 폐점 시간을 알아 두고, 찾아온 옷을 옷장에 걸기 전에 비닐을 벗기는 임무가 포함된다. 두 사람이 합의한 최소 관리 기준이 모든 옷이 집으로 무사히 돌아오는 거라면 드라이클리닝 카드 소유자는 배우자가 제일 좋아하는 셔츠가 분실됐을 때 셔츠를 추적하거나 환불 협상을 할 책임까지 응당 져야 한다. 다른 세탁소를 알아보는 것도 카드 소유자의 몫이다.

쓰레기

한 가족이 배출하는 쓰레기 양이 얼마나 될까? 생각보다 그 양은 어마어마하다. 쓰레기 카드를 가진 사람은 적어도 쓰레기 수거차가 오는 시간에 맞춰 쓰레기를 정해진 장소에 갖다 놓아야 한다. 쓰레기 봉투 구입 시기를 예상해 미리 준비하는 것도 필요하다. 쓰레기통에 새 봉투를 끼워 넣을 때까지 소파에 앉을 생각은 하지 않는 게 좋다.

장보기

어떻게 해야 냉장고와 식료품 창고에 식자재가 떨어지지 않을까? 그것은 장보기 카드를 가진 사람이 얼마나 잘 해내는가에 달려 있다. 이 카드에는 부족하거나 유통기한이 지난 재료는 없는지 확인하고, 떨어져 가는 식료품 목록을 만들고, 우유가 하나도 안 남았다는 걸 깨닫기 전에 미리 마트에 가서 장을 보는 임무가 포함된다. 인터넷으로 장을 보고 저녁 식사는 냉동 피자를 먹는다 해도 이 카드의 소유자는 거의 365일 CPE가 필요하다. 정기적으로 식자재를 점검하지 않으면 타코의 밤을 준비하려고 선반을 열었는데 그제야 타코셸이 없다는 사실을 깨닫는 불상사를 막을 방법이 없기 때문이다.

가정 상비품

이 카드에는 모든 침대에 베개가 잘 있는지, 욕실 수납장에 수건이 들어 있는지 확인하는 것부터 가족 중 누군가가 금 간 유리잔 때문에 이를 다치기 전에 교체하기 같은 기본적인 임무가 포함된다. 가정 상비품 카드는 일회성 거래에 포함되지 않는데 그 이유는 주기적으로 물건을 채워 놓아야 하고, 주방 용품점인 베드 배스 앤 비욘드에서는 20퍼센트 할인 쿠폰을 쓸 수 있는데 당신은 그 쿠폰이 어디 있는지 모르기 때문이다. 다음에 쿠폰을 확실히 챙기고 싶다면 포인트와 마일리지, 쿠폰 카드 소유자에게 상냥하게 물어봐라.

가정용품 & 소모품

이 카드는 세탁 세제와 배터리, 전구, 치약, 커피 필터, 쓰레기 봉투까지 모든 것을 CPE 해야 한다! 우리 부모님 세대가 아마존닷컴을 비롯한 온라인 쇼핑몰 없이 어떻게 이걸 다 해냈는지 놀라울 따름이다.

집 유지 & 관리

이 카드를 가진 사람은 심심하면 막히는 변기를 뚫고, 아나나 다를까 한여름에 고장 난 에어컨 수리 기사를 부르고, 먼지를 뿜어 대는 진공청소기의 사용 설명서를 찾고, 그 밖에 직접 손봐야 할 집안의 모든 것들에 대한 유지 및 관리를 책임져야 한다.

주택 매매 & 임대 & 담보대출

언젠가 담보대출을 끼고 집을 구입할 예정이라면 그 전 과정을 CPE 해야 할 때가 올 것이다. 주택 구입 시 우선 구입한 주택에 문제는 없는지 알아보고, 필요한 서류를 작성해 제출하고, 세금을 내야 한다. 만약 담보대출을 받아야 한다면 얼마까지 가능한지, 이자는 얼마인지 따져 보고 관련 서류를 은행에 늦지 않게 제출해야 원하는 때에 대출금을 받을 수 있다. 정부에서 받을 수 있는 혜택은 없는지 알아보고, 이자를 제때 내는 것도 이 카드 소유자의 몫이다. 임대할 집을 구하고 있다면 우선 조건에 맞는 매물을 찾는 것이 관건이다. 내가 살고 싶은 집을 찾기가 그만큼 쉽지 않기 때문이다.

손님 맞이

뒤뜰 바베큐 파티든, 포트럭 저녁 식사든 손님 맞이 카드 소유자는 초대장 보내기와 메뉴 선택, 꽃병 장식, 식탁 차리기 등의 임무를 책임진다. 이 카드를 소유할 때의 단점은 다른 사람들이 모임이나 파티를 즐길 수 있도록 신경 쓰느라 정작 자신은 즐기는 걸 잊기 쉽다는 것이다. 장점이라면 식사 자리에 앉기 전에 벌써 만 보는 족히 걸었기 때문에 손님 맞는 날은 따로 운동할 필요가 없다는 것이다.

빨래

빨래 카드 CPE가 처음인가? 그러면 가족들이 한 주 동안 빨랫감을 얼마나 내놓는지 한번 살펴보라. 아마 당신의 눈을 의심하게 될 것이다. 깨끗한 양말을 신지 못하는 날이 없거나 딸이 제일 좋아하는 무지개 셔츠를 언제든 꺼내 입을 수 있다면, 빨래를 세탁기와 건조기에 넣는 건 물론이고 꺼내서 옮기고 착착 개서 제자리에 넣는 것까지 책임지는 빨래 카드의 소유자에게 감사를 표하는 것이 마땅하다. 반면 빨래 바구니가 꽉 차서 넘치는 경우가 자주 발생한다면 그때는 카드를 재거래하고 기준을 새로 정할 필요가 있다.

정원 & 식물 관리

잔디밭이나 뒤뜰이 있는 집에 살거나 발코니에서 채소를 키우고 주방 창문 옆에 다육식물을 놓아 뒀다면, 그 파릇한 식물들이 웃자라지 않고 푸르름을 유지하게 하려면, 아주 세심한 CPE가 필요하다. 또 솜씨 좋은 정원사의 도움을 받는다 해도 평소에 식물 영양제를 꽂아 줘야 할 만큼 시들진 않았는지 식물들의 상태를 유심히 살펴야 한다.

우편물

이 카드 소유자는 매일 현관 앞에 쌓인 우편물을 가지고 들어와야 한다. 중요한 건 집 안에 가지고 들어온 다음부터다. 날짜에 신경 써서 시기적절하게 우편물을 개봉하고, 초대장과 각종 납세 고지서, 건강 보험이나 세금 환급 안내문 등을 해당 수신인에게 전달할 수 있어야 한다. 대신 이 카드 소유자는 스타워즈 우표나 엘비스 프레슬리 기념 우표 중에서 마음대로 고를 선택권을 가진다. 가족이 발송하는 우편물에 붙일 우표를 사고 붙이는 것 또한 그의 몫이기 때문이다.

식사 준비(평일 아침)

한 엄마는 아이들이 단단한 음식을 먹을 수 있는 나이가 된 이후로 하루도 빠짐없이 이 카드를 가지고 있다고 한탄했다. 매일, 하루도 빠짐없이 말이다. 빛의 속도로 오트밀과 토스트 대령하는 걸 낙으로 삼는 게 아니라면 이 판에 박힌 임무를 자주 재거래할 준비를 하는 게 좋겠다. 설거지와 정리 정돈 카드까지 갖고 있는 게 아니라면 싱크대에 담긴 접시와 조리대에 쏟아져 있는 우유는 책임질 필요가 없다.

식사 준비(학교 도시락)

당신이 이 카드를 가졌다면 우선 밤에 쉰다는 생각을 창문 밖으로 던져 버리는 것이 좋다. #점심도시락 해시태그가 달린 인스타그램 사진들에 괜히 기죽을 필요는 없다. 이 카드의 최소 관리 기준을 정해서, 아이가 잘 먹을 수 있게만 준비해 주면 된다. 만일 당신 아이의 학교에서 급식을 한다 해도, 피자가 나오는 금요일에 점심 값을 챙겨 보내는 건 당신이 해야 한다.

식사 준비(평일 저녁)

아이들(특히 어린 아이들)이 있는 가정에서 저녁 식사 준비 CPE를 한 번도 해 본 적이 없는 사람에게 이 한밤의 서커스를 제대로 설명할 수 있는 단어가 없다. 식사 준비 카드 소유자는 평일 저녁 식단을 짜고, 장보기 카드 소유자에게 전달해 재료를 준비하고, 실제로 요리해서 음식을 만들고, 식사 시간을 양질의 대화 시간으로 이끌어야 한다. 남성들에게 한마디 하자면, 만약 요리가 당신의 담당이라면 그것은 식사 준비 카드의 일부에 불과하다는 사실을 잊지 말기 바란다. 영웅의 자리는 양손에 프라이팬과 주걱을 하나씩 장착했다고 거저 얻어지는 게 아니다.

식사 준비(주말)

주말 식사 준비가 평일보다 훨씬 힘들게 느껴지는 이유가 뭘까? 아마도 평일보다 사람이 두 배로 많아서일 거다. 덕분에 주방이 폭격당한 것 같은 상태가 되는 것도 두 배 이상 빨라진다. 토요일 저녁 식사를 무사히 마쳤다 해도 일요일 식사 준비가 아직 남아 있다는 생각을 하면 가슴이 답답해지게 마련이다. 그러므로 주말 식사 준비는 카드를 따로 만들 만하다. 누가 그걸 하고 싶겠는가? 그럼에도 당신이 한낮에 지쳐 쓰러진 게 아니라면 주말 점심을 오후 4시에 주는 건 반칙이다.

추억 & 사진

당신이 이 카드의 소유자라면 가족의 평생 추억이 당신 손에 달려 있는 셈이다. 아이가 '금주의 학생'에 쓸 포토콜라주(인쇄된 사진을 잘라 붙여 화면을 구성하는 기법 – 옮긴이)가 필요하다고 한다면 이제 듣던 음악을 끄고 당신만의 시간과 작별 인사를 해야 한다. 아이의 유치원 시절부터 모아 온 미술품 상자들이 온 집안의 벽을 점령하기 일보 직전이라면 창고 및 정리 정돈 카드 소유자와 상의하라. 전부 그대로 보관할지, 아니면 몰래 재활용할지 말이다.

돈 관리

당신이 돈 관리 카드를 갖기로 했다면 용감하다고 말해 주고 싶다. 가정의 예산 관리는 결코 만만한 일이 아니기 때문이다. 이 카드 CPE 에는 생각보다 많은 임무가 포함된다. 장단기 예산 짜기, 대출 상환, 은퇴 계획 세우기, 대학 등록금 마련을 위한 저축과 퇴직연금 투자하기 등등…. 물론 거기에 세금 신고와 납부 시한 날짜가 다가올 무렵의 스트레스도 빼놓을 수 없다. 현금과 영수증 카드를 다른 사람이 가졌다면 두 사람은 협업할 일이 많을 것이다.

창고 & 계절별 물품

당신의 집에 창고가 있다면, 거기에 어떤 물건들이 쌓여 있는지 아는가? 모른다면 당장 일어나 정리 CPE에 돌입하라. "여보, 잭 침낭 어딨어? 오늘 거기서 자겠대"라는 질문을 받기 전에 말이다.

정리 정돈 & 기부

이 카드에는 침대와 장난감 정리, 소파 밑으로 굴러간 레고 조각 꺼내기, 초파리가 꼬이기 전에 조리대에 올려진 상한 바나나 치우기 등이 포함된다. 이 카드는 깔끔함의 기준에 대해 아직 합의점을 마련하지 못한 집일수록 매우 민감한 문제이므로, 쏟아져 나올 듯한 장난감 벽장과 층계 밑에 쑤셔 박혀 있는 잡동사니, 몇 달 동안 자동차 트렁크에 방치된 등산 가방과 운동화 등을 얼마나 오래 참을 수 있는지부터 구체적으로 논의하는 게 좋다. 〈호더스〉에 출연해 스타가 될 생각이 아니라면 넷플릭스에서 〈곤도 마리에 : 설레지 않으면 버려라〉 에피

소드를 몇 개쯤 몰아 보는 것도 괜찮은 생각이다.

집 밖에서 하는 일 카드 세트

집 안에서 일어나는 일은 보통 집 안에서 끝날 때가 많기 때문에 깨끗한 속옷이 없는 것은 당신만의 작은 비밀로 남을 수도 있다. 하지만 집 밖에서 하는 일은 다르다. 이 카드 세트는 아이들을 정확한 날짜와 시간에 특별활동 장소에 데려다주는 것부터 시작해서 봉사활동이나 시민으로서의 책임을 다하는 것까지, 굉장히 다양한 일들을 포함하고 있다. 그래서 집 밖에서 바쁜 가족들의 삶을 CPE하는 건 가장 높은 수준의 관리를 필요로 한다.

자동차

자동차 카드 소유자는 보험을 갱신하고, 세차를 하고, 주기적으로 주유하고, 가족들이 안전하다고 느낄 수 있도록 엔진오일 교체하는 것을 비롯해 자동차에 관한 모든 일을 처리한다. 벌금 딱지가 날아왔을 때 제때 그것을 처리하는 것도 이 카드 소유자의 몫이다.

생일 파티(아이의 친구들)

참석 여부 확인부터 선물 구입까지, 아이들 생일 파티는 '어이쿠, 오늘 파티는 공주 복장이 테마라고 했는데 깜빡했네!'와 같은 실수를 저지를 상황이 넘쳐 난다. 그런데 왜 주말에 다른 집 아이 생일 파티에 가면 잘 알지도 못하는 부모들과 잡담하는 게 일이라는 것을 말해 주는 사람이 없을까? 딸아이 둘이 같은 파티에 초대받아 한날한시 같은 장소에 데려갈 수만 있다면 어깨춤이 절로 나올 텐데.

생일 파티 카드는 아이가 둘 이상이어서 파티를 따로 해야 할 경우 당신과 파트너 모두 소유해야 할 수도 있다. 같은 카드를 가지고 있지만 각각 다른 아이를 맡는 것이다. 또, 이 카드는 이동(아이들) 카드, 선물(VIP) 카드와 짝을 이룬다. 즉 당신 아들이 트램펄린 파크에서 열리는 생일 파티에 가야 한다면 아들 손에 선물을 들려서 그 장소에 데려다주고 끝나면 데려올 책임까지 맡아야 한다.

일정 관리

보통 대기업의 임원들은 온갖 회의와 행사 일정을 관리하는 비서를 따로 둔다. 하지만 안타깝게도 당신에게는 비서가 없다. 온 가족의 하루, 한 주, 그 달의 일정을 파악하고, 거기에 맞춰 계획을 세울 수 있는 시스템을 만드는 게 순전히 당신 몫이라는 얘기다. 그냥 벽에 못을 박아 일정표만 걸면 되는 것으로 생각한다면, 뒤늦게 아들의 축구 연습이 보이스카우트 행사 날짜와 겹친다는 걸 발견하고서 곤란에 처할 수도 있다. 게다가 당신의 일정에 배우자의 일정까지 합쳐지면 조정해야 할 일이 그만큼 많아진다.

현금 & 청구서

적정한 현금을 유지하는 게 얼마나 힘든 일인 줄 아는가. 이 카드 소유자는 가족 중에 누구라도 "미안, 현금이 지금 없네"라는 말을 하거나 듣지 않도록 시스템을 마련해야 한다. 또 이 카드 CPE에는 인터넷 뱅킹이든 자동 납부든 모든 청구서를 기한 내에 납부해야 할 책임이 포함되어 있다. 연체 고지서가 날아드는 일을 겪고 싶지 않다면 기한 체크와 통장 잔고 체크는 필수다.

자선 & 봉사활동

당신은 지역 공동체와 종교 단체, 아이들의 학교, 그 밖에 세상에 보탬이 되는 일을 추구하는 곳에 당신이 가진 것을 돌려주고 싶어 한다. 그래서 학교 기금 마련 행사에 감당할 수 없는 기부금을 덜컥 약속할 수도 있다. 그럴 때는 아무리 좋은 일에 쓴다고 해도 반드시 돈 관리 카드 소유자와 먼저 상의를 할 필요가 있다.

시민 참여 & 문화생활

친구들은 모두 동네 주민들이 무대에 오르는 〈애니〉 공연 티켓을 가지고 있는데 당신만 몰랐다고? 아마 그들의 가정에는 이 카드를 CPE하는 사람이 있을 것이다. 이제 당신도 그 일을 해야 한다. 구청이나 시청의 행사 및 콘서트, 도서관 강연까지 이 카드 소유자는 가족의 경험을 풍부하게 해 줄 지역 행사를 검색하고 계획을 세우는 책임을 맡는다.

IT & 전자기기

휴대폰 액정이 깨지면 누구한테 말해야 할까? 바로 이 카드 주인이다! 와이파이가 되지 않거나 노트북이 고장나면 누구한테 말해야 할까? 이 카드 주인이다. 이 카드 소유자는 기술적인 노하우가 있을 필요는 없지만 카드를 CPE하려면 충분한 시간과 의지력이 필요하다. 특히 오전 휴가를 써서 케이블 기사를 기다려야 하는 상황에서는 더욱 그렇다. 새 전선과 충전기, 잉크 카트리지가 필요하다고? 아이의 첫 휴대폰을 사 줘야 한다고? 그것도 이 카드 소유자의 책임이다.

특별 활동(비스포츠)

딸이 걸스카우트 모임이 있는 날 학교 연극 리허설에 가겠다고 애원한다. 이 카드 소유자는 가족 전체의 일정에 어떤 특별활동 일정이 있는지 확인하고 조율할 책임을 가진다. 그리고 이 카드는 이동(아이들) 카드, 짐 싸기(지역 내) 카드와 짝을 이룬다. 즉 딸이 걸스카우트 행사와 학교 연극에 둘 다 참여해야 한다면 두 장소에 필요한 복장과 준비물을 가지고 어떻게 이동할지 조율할 책임이 당신에게 있다.

특별 활동(스포츠)

이 카드는 시간 맞춰 경기장에 가서 아이를 응원하면 되는 걸까? 틀렸다. 당신 아이가 홈런을 칠 때 그 자리에 있을 수 있는 건 커다란 보상이지만 그 이전에 해야 하는 인지와 계획은 훨씬 지루하고, 머리를 굴려야 할 일 또한 많다. 어떤 장비가 필요한지, 경기 일정은 어떻게 되는지, 팀 간식은 언제 나눠 줘야 좋을지 미리 생각해야 하는 것이다. 이 카드 역시 이동(아이들) 카드, 짐 싸기(지역 내) 카드와 짝을 이룬다. 당신에게는 글로브가 가방에 있는지 확실하게 챙기고, 시간 맞춰 경기장에 도착하도록 일정을 조율할 책임이 있다.

비상 사태 & 안전 관리

이 카드 소유자는 병원에서 갓난아기를 집으로 데려오기 전에 차에 영아용 카시트를 먼저 설치해야 한다. 대형 태풍이 지역을 강타하기 전에 건전지와 생수, 그 밖의 다른 비품을 갖춰 놓는 것도 이 카드를 가진 사람이 할 일이다. 전화는 불통이고 집 밖으로 나가 더 안전한 장소로 대피해야 할 때를 대비한 대책은 마련해 두었는가? 전기가 나갔을 때 사용할 손전등과 양초, 성냥은 준비해 놨는가? 이 카드는 중요하고 진지하게 받아들여야 한다. 그야말로 가족의 안전이 이 카드 하나에 달려 있기 때문이다.

짐 싸기 & 풀기(지역 내)

지난번 기저귀 가방에서 마지막 기저귀를 꺼내 쓰고 미처 채워 놓지 못했다. 그런데 아이가 설사를 시작해서 계속 갈아 줘야 할 상황이 되었다. 그렇다. 매일 아이 책가방에 도서관에서 빌린 책과 점심 도시락, 과제물, 물병, 방과 후 활동에 필요한 옷가지 등을 챙겨 주듯이 기저귀 가방 채워 놓는 것도 잊으면 안 된다. 외박용 짐 싸기, 학교에서 필요할 때 입을 옷 챙기기, 아이가 장갑 한 짝을 잃어버렸을 때 학교 분실물 센터에 들러서 있는지 확인하는 것도 이 카드 소유자의 몫이다.

짐 싸기 & 풀기(여행)

아이들과 함께 가는 여행 짐을 싸다 보면 이렇게까지 해서 여행을 가는 게 과연 그럴 만한 가치가 있는지 의문이 든다. 마치 한 부대가 이동하는 양의 짐인데 부대원들이 아직 스스로 짐을 싸고 장비를 챙기기에는 너무 어린 상황인 것이다. 그래서 이 카드 신병은 출발 직전에야 아이패드 배터리가 1퍼센트밖에 안 남았다는 사실을 알게 되는 실수를 하곤 한다.

포인트 & 마일리지 & 쿠폰

다음 여행을 공짜로 하려면 항공 마일리지가 얼마나 더 필요한지 알고 있는가? 이미 충분하다면 당신 파트너도 같이 갈 수 있는 상황인가? 이 카드 소유자는 마일리지와 신용카드 포인트, 쿠폰, 그 밖에 돈을 아낄 수 있는 모든 수단을 지속적으로 관리할 의무를 지닌다. 또, CPE를 철저히 해야 한다. '1개 구매 시 3개 공짜' 같은 횡재는 쿠폰을 잘 챙겨 뒀다가 계산대 점원에게 건네줘야만 받을 수 있는 혜택이기 때문이다.

교환 & 환불

물건을 사면 환불이나 교환을 해야 할 때가 종종 생긴다. 하필 집으로부터 꽤 멀리 있는 가게에서 산 물건의 영수증을 잃어버렸다면 꽤나 바빠질 각오를 해야 한다. 환불이나 교환은 일정 기한이 지나면 불가능한 경우가 많으므로 놓치지 않도록 꼼꼼히 챙겨야 한다.

봄방학 & 기념일

생각보다 봄방학과 기념일은 금방 돌아온다. 또 학부모 상담과 학교 공사, 폭설, 화재, 그 밖에 직접 나서서 아이들을 챙겨야 할 상황이 생기면 재빨리 모드를 전환해서 능숙하게 CPE할 수 있어야 한다.

방학(여름 & 겨울)

이 카드를 CPE하는 사람은 방학 몇 달 전부터 아이들이 참가할 수 있는 캠프나 활동을 알아보기 시작해야 한다. 이 임무는 모든 서류 작성과 비용 처리를 포함해 방학 기간 내내 지속된다.

학교 서류 작성

아이들 입학 서류부터 도서관에서 빌린 책 연체 통지서, 현장학습 학부모 동의서까지, 그 망할 놈의 온갖 서류가 당신 손에 달렸다. 학교 서류 양식은 이메일을 통해서 전달받을 수도 있고, 아이 책가방에 쑤셔 박혀 있거나, 학교 웹사이트를 통해 얻을 수도 있다. 단, 이 카드를 가진 사람은 학교 서류 양식만 신경 쓰면 된다. 선생님과 직접 연락하는 임무는 '선생님과 연락' 카드를 가진 사람의 몫이다.

사교생활(부부)

이론상으로는 만날 사람들에게 문자를 보내고, 날짜와 장소를 정하고, 나가면 되는 간단한 일이다. 하지만 현실에서는 그렇게 쉽게 진행되지 않는다. 게다가 아이가 생기면 더하다. 우선 당신은 파트너에게 누군가를 만나려고 하는데 괜찮은지 동의를 구해야 하고, 그러고 나면 베이비시터가 필요해진다. 그래서 '육아 도와주는 사람들' 카드 소유자와 상의해야 한다. 베이비시터를 구하고 일정을 조율하다 보면 이렇게까지 노력을 들일 가치가 있는지 의문이 생길 수도 있다. 하지만 취소하지 않고 실제로 집을 나서면 근사한 음식과 맛있는 칵테일이 당신을 기다린다.

이동(아이들)

이 카드는 한마디로 표현하면 시간을 잡아먹는 괴물이다. 당신 아이들이 버스를 타든, 카풀을 하든, 걸어다니든, 아니면 당신이 운전기사 역할을 하든, 아이들의 이동을 관리하는 임무는 기피 대상이 될 수 있다. 평일에 아이들 등·하교를 도와주는 사람들과 일정을 조율하는 것만으로도 상당한 시간이 든다. 거기다 플레이 데이트와 방과 후 활동, 보이스카우트 캠프, 그 밖에 일주일 내내 아이들이 있어야 할 장소에 데려다주고 데려오는 것까지 더해야 이 임무가 완성된다. 이미 말하지 않았는가, 시간 잡아먹는 괴물이라고. 한편 이 카드는 생일 파티(아이의 친구들), 교우 관계 & 소셜미디어(아이들), 특별활동(비스포츠), 특별활동(스포츠) 카드와 짝을 이룬다. 즉, 짝을 이루는 카드에서 아이들을 차에 태우는 행위가 포함될 경우 그 활동이 이루어지는 장소에 직접 데려다주고 데려오거나 다른 이동 수단을 마련할 책임도 당신에게 있다.

여행

여행을 계획 중이라면 '누구와, 언제, 어디로, 어떻게'라는 질문이 공식처럼 따라오기 마련이다. 다른 가족과 같이 가는 여행이라면 정해진 예산 안에서, 한날한시에, 모든 인원이, 바라건대 즐거움이 기다리고 있을 그곳으로 모이게 할 방법을 찾는 당신에게 행운을 빈다. 가장 친한 친구 결혼식에 참석하기 위해 떠나는 당일치기 여행이라도 계획과 실행을 맡아서 할 사람이 필요하다. 따라서 당신이 가는 곳이 흰 모래사장이 드넓게 펼쳐진 눈부신 해변이 아니라 해도 이 카드

CPE를 피할 순 없다. 만약 목적지에 도착한 뒤 여행 가방 안에 적절한 옷가지와 세면 도구와 수건, 속옷 등의 기본적인 용품들이 빠짐 없이 들어 있기를 바란다면 짐 싸기&풀기 카드 소유자와 아주 긴밀하게 협력할 필요가 있다.

과외 & 코칭

만약 당신과 파트너 중 아이들 학업에 적극적으로 관여하는 쪽이 당신이라면 재빠르게 이 카드를 낚아채라. 어떤 가정에서는 정규 교육을 중요시하지만 일부는 학원에 보내거나 보충 학습, 스포츠 또는 악기 같은 특별한 활동을 위해 선생님을 고용하기도 한다. 어느 쪽이든 이 카드 소유자는 선택지를 조사하고, 일정 관리자에게 가능한 일정을 확인하고, 꾸준히 학습 진행 상황을 관리해야 한다. 그리고 시작한 지 반 년이 지났는데 아이가 아직도 공을 못 친다면, 새 코치 혹은 다른 운동을 알아보아야 할 때다.

주말 계획(가족)

가족이 다 함께 보내는 주말 계획은 컴퓨터나 휴대폰 없이 하는 야외 활동 및 아내 또는 남편의 친구들 만나기, 아이 친구들의 가족과 어울리기 등 여러 가지가 포함될 수 있다. 이런 계획에는 꽤나 지난한 과정의 CPE가 요구된다. 만약 친구들에게 스무 명의 아이들을 데리고 공원으로 소풍을 가자고 해 볼까 고민 중이라면 실제로 제안하기 전에 한 번 더 고민해 볼 것을 권한다.

돌봄 카드 세트

살림은 어느 정도 남한테 맡길 수 있지만 돌봄 카드들은 그게 불가능하다. 아이들과 가족, 친구들의 필요를 CPE할 수 있는 것은 오직 당신과 파트너뿐이기 때문에 다른 사람들이 그 역할을 대신해 줄 수 없다. 게다가 돌봄 카드는 임무를 수행해도 표가 나지 않을 때가 너무 많다. 그 중요도에 비하면 말이다.

목욕 & 몸단장(아이들)

이 카드 소유자가 져야 할 책임의 성격은 아이의 나이에 따라 달라지지만 핵심은 아이가 이를 닦고, 목욕하고, 세수하고, 손톱 깎고, 머리를 빗게 하는 것이다. 매일매일 말이다. 이 카드 임무를 수행하는 시기에는 하루가 다르게 자라는 아이들에게 무엇이 필요한지 세심하게 관찰할 필요가 있다. 십 대인 아들이 반경 1.5미터 안에만 들어오면 쿰쿰한 냄새를 풍긴다고 해 보자. 이 카드 소유자는 당장 데오도란트를 사서 사용법과 함께 사용 횟수를 아들에게 알려 줘야 한다.

미용 & 의상(아내)

여자들은 특히 아이가 생기고 나면 자기 모습에 만족감을 느끼기가 쉽지 않다. 당신이 제아무리 혼자 미용을 해결하는 유형의 여성이라 해도 수분 크림을 듬뿍 바르고, 눈썹을 정리하고, 머리를 손질하고, 립스틱을 바르는 데는 시간이 걸린다. 단계를 하나 올려서 매니큐어와 페디큐어, 속눈썹 연장, 왁싱을 추가할 수도 있다. 여기에 임신 전,

임신 후, 수유, 그 밖에 온갖 이유로 요동치는 몸무게에 맞는 다양한 사이즈의 옷 쇼핑까지 더하면 잠재적으로 이 카드는 돈과 시간이 많이 드는 카드라고 볼 수 있다.

잠자리 루틴

밤에 아이와 그날 있었던 일을 이야기 나누며 조금 더 깊어진 유대 감을 확인하거나, 다정하게 안아 주거나, 아이 옆에 조용히 누워 있는 시간은 당신에게 커다란 보상이 될 것이다. 하지만 아이가 물 한 잔만 더 달라고 하거나 동화책을 5분만 더 읽어 달라고 조를 때는 당신의 인내심과 불굴의 의지를 시험해 보게 될 것이다. 그리고 이 카드 CPE 는 한 사람이 주도하지만 그렇다고 다른 사람이 자유의 몸이 되는 건 아니다. 당신이나 파트너나 느긋하게 소파에 앉아 TV를 보고 있을 시 간은 없다는 얘기다. 이렇게 해 보자. 한 사람이 목욕&몸단장(아이들) 카드를 맡으면, 다른 사람은 아이에게 잠옷을 입히고, 이야기를 해 주 고, 불을 끄는 책임을 맡는 것이다. 다행히 이 루틴은 영원히 계속되 는 않는다. 지금 당신 품 안에 쏙 들어오는 그 아이가 훌쩍 자라서 당신 이 그 아이보다 일찍 잠자리에 드는 날이 생각보다 빨리 온다는 의미 이다.

의류 & 잡화(아이들)

당신 아이들의 옷과 신발, 그것도 딱 맞는 사이즈는 누가 마술을 부려 아이들 옷장에 가져다 놓지 않는 한 이 카드 소유자의 몫이다. 어떤 옷 과 잡화를 사야 할지 CPE하고, 적합한 상점에 가서 구입하고, 주기적으로 서랍을 정리해서 낡거나 작아서 못 입는 옷들은 정리 정돈&기부 카드 소유자에게 넘겨줘야 한다. 다행히도 학교에서 한 번만 입으면 되는 옷이 필요할 경우 그 책임은 방학이나 과제 카드를 쥔 사람에게 있다.

치아 관리(아이들)

치과 정기검진은 당신을 바쁘게 만든다. 게다가 아이들 치아 상태를 따로 점검하고, 스케일링을 받고, 어쩌다 충치 치료까지 받게 되면 시간이 생각보다 어마어마하게 많이 든다.

기저귀 갈기 & 배변 훈련

이 카드를 맡은 사람은 새 기저귀를 주문하고, 더러워진 옷을 빨고, 배설물 묻은 기저귀를 가능한 한 빨리 처리하는 일을 포함해 전반적인 재고 관리를 책임져야 한다. 아이에게 변기 사용법을 가르치는 것도 이 카드 소유자의 몫인데, 여기에는 훈련 과정에서 아이가 실수한 걸 치우는 임무도 포함된다. 놀라지 마라. 마침내 기저귀에서 해방됐다고 만세를 불렀는데 어느 순간 혼자서도 잘할 나이인 초등학교 1학년 아들의 엉덩이를 닦아 주고 있는 자신을 발견할 수도 있다. 그럼에도 이 임무는 언젠가 끝난다. 약속한다.

부동산 계획 & 생명보험

당신과 파트너에게 무슨 일이라도 생기면 아이들은 누가 돌볼까? 물론 당신 가족의 장기적인 안위와 생사를 가르는 중요한 의료 결정은 두 사람이 같이 의논해서 하겠지만, 이 카드의 소유자는 최악의 시나리오를 대비해 적절한 대비책을 세우고, 가족의 보험을 관리할 의무를 진다.

교우 관계 & 소셜미디어(아이들)

당신 아이가 실생활이나 온라인에서 어떤 친구들과 노는지 아는가? 나쁜 친구들과 어울리는 건 아닌지, 소외감을 느끼진 않는지, 괴롭힘을 당하는 건 아닌지 아이가 학교에서 울면서 돌아와 털어놓지 않는 한 당신은 알 방법이 없다. 그러니 최소한 아이가 활동하는 다양한 소셜미디어 계정에 친구나 이웃을 맺어 놓고 플레이 데이트와 외박, 그 밖에 다른 아이들 모임을 감독하는 정도는 해 보자.

몸단장 & 의상(남편)

남편이 순진한 말투로 아내에게 이렇게 묻는다. "여보, 내 검은색 정장 어디 있어?" 다음 대사가 곧바로 이어진다. "신경 쓰지 마, 찾았어. (잠시 멈춤) 젠장, 옷이 안 맞잖아." 여기서 결정적인 것은 친한 친구 결혼식이 1시간도 채 안 남았고, 남편이 새 옷을 사거나 빌려 놓지 않았다며 아내를 탓하는 동안에도 시간이 재깍재깍 흐르고 있다는 사실이다. 남편을 위해 이 카드를 CPE하는 여자라면 흔히 경험하는 시나리오다. 왜 남성들은 특별한 날 입는 옷은 물론이고 머리를 자르고 바지를 수선하고 구멍 난 속옷을 바꾸는 것까지 아내에게 의지하는 걸까? 그 방식이 두 사람에게 잘 맞는다면 나도 할 말은 없다. 그러나 그게 아니라면 이 카드는 스스로 책임지게 하는 게 맞다.

건강보험

건강보험이 있다는 건 축복이다. 그렇지만 그것을 유지하기 위해 해야 할 일이 생각보다 많다. 이 카드 소유자는 가족 중 누군가가 병원에 갈 때마다 그 사실을 알아야 하고, 보험금 청구에 필요한 서류를 챙기고, 뭔가 일이 잘못됐을 때 나서서 처리해야 한다. 집으로 배달된 보험회사 우편물을 볼 때마다 보험 혜택을 준다는 내용이기를 기도하라. 우편물이 당신에게 틀림없이 전달될 수 있도록 우편물 카드 소유자와 협력하는 것도 당신의 몫이다.

과제 & 학교 준비물

당신이 아이의 과제물에 일일이 참견하고 확인하는 부모가 되지 않기로 맹세한 건 알겠다. 그래도 최소한 아이가 과제를 하긴 하는지 알아야 하고, 아이가 도움을 필요로 할 때는 언제든 도울 수 있어야 한다. 이 카드 CPE는 매일 생기는 과제는 물론 프로젝트를 도와주고 가정학습의 질을 높이는 임무까지 포함한다. 아이가 '이번 주 스타는 바로 나!'에 선정돼 게시판을 꾸며야 하거나 스낵 데이에 가져갈 과자가 필요하다면 그것도 당신 책임이고, '희한한 겨울'이라는 주제에 맞춰 옷을 입고 가야 하거나 밸런타인데이에 카드 24장을 준비하는 것도 당신 일이다. 이 카드는 오랜 기간 해야 하는 일이기 때문에 자주 재거래하는 것이 좋다.

의료 & 건강(아이들)

일반적인 진통제 구입부터 소아과 정기검진이 필요한 경우 전문의 상담에 이르기까지, 아이들 건강관리에는 엄청난 조사와 복잡한 일정 조율, 상당한 시간이 든다. 이 카드 CPE에는 비타민과 아이 건강을 위한 간식을 사는 것부터 온 가족이 다 같이 운동을 하도록 유도해 건강한 생활 습관을 들이게 하는 임무가 포함된다. 손 세정제와 자외선 차단제를 사는 것도 이 카드 소유자가 할 일이다.

아침 루틴

마지막으로 아침에 푹 자고 일어나 화장실에서 평화롭게 볼일을 보고 나와 여유롭게 커피를 마시며 신문을 읽었던 게 언제였더라? 당신이 이 카드를 가지고 있다면 그 기억은 이미 아이가 생기기 전일 것이다. 이 카드 소유자는 이른 새벽부터 갓난아기 혹은 아직 어린 학령기 자녀와 벌일 일상의 전투에 대비하고 있어야 한다. 아이를 침대에서 일으켜 세수시키고 머리 감기고 옷 입히고 자외선 차단제를 발라 문밖까지 데려다주는 일은 생각보다 만만치 않기 때문이다.

양가 부모님

가까이 살든 멀리 살든 부모님과의 관계는 다정한 보살핌과 CPE가 많이 필요하다. 누군가는 부모님들에게 주기적으로 전화해서 100년 된 리모컨으로 텔레비전 켜는 방법을 알려 드리거나, 연휴와 생일 때 파티에 초대해야 한다.

반려동물

물론 처음에는 아이들이 자진해서 상당한 책임을 맡겠다는 조건으로 반려동물을 키우게 됐을 수 있다. 하지만 어쨌든 이제 당신에게는 사랑스러운 털 뭉치와 일 뭉치가 떨어졌다고 볼 수 있다. 키우는 동물이 어떤 종인지에 따라 다르지만 사료 및 간식 준비, 동물 병원 예약, 몸단장, 반려동물 용품 구입, 집을 비울 경우 펫시터 찾기 등 해야 할 일이 많다. 애석하게도 반려동물 화장실 치우기와 배변 봉투 준비역시 당신의 몫이다.

학교 봉사활동

처음에 아이들 박물관 견학에 보호자로 따라가기로 했을 때만 해도 당신 아이나 반 친구들과 소중한 시간을 보낼 멋진 기회라고 생각했을 것이다. 통학 버스 맨 뒷자리에 앉아 울렁거리는 속을 간신히 참고 있기 전까지는 말이다. 이 카드는 이메일 43개를 읽고, 일일 교사 강의 준비를 하거나 컵케이크를 굽는 일처럼 시간이 뭉텅 날아가는 일이다. 학교에서는 왜 엄마들한테만 자원봉사를 요청하는 걸까? 아빠들도 충분히 멋진 학부모가 될 수 있다는 사실을 정말 모르는 걸까?

전학

유치원부터 대학까지 아이가 학교를 옮기거나 입학 신청을 해야 할 경우 이 카드 소유자는 견학과 서류 작성 등을 책임진다. 그리고 이 모든 건 아이에게 가장 적합한 학교가 어디인지, 그래서 어디에 지원할 것인지 조사를 완벽히 끝낸 뒤 그 학교에 입학할 수 있는 최선의 기회를 만들고 나서야 시작된다.

자기 관리(아내) & 자기 관리(남편)

부부는 자식이 몇 명이든 맡은 카드가 몇 장이든, 각자 자기 관리 카드를 갖는다. 이 카드의 CPE는 사람에 따라 종합비타민 복용이나 책 읽기, 뜨거운 욕조에 몸 담그기가 최상의 조합이 될 수도 있고, 매주 받는 치료나 건강 상담, 규칙적인 운동이 될 수도 있다. 죄책감 따위는 허용되지 않는다. 이 중요한 시간을 소중히 사용하고 파트너에게도 그렇게 하라고 격려해 주길 바란다.

정신 건강(아이들)

아이에세 특별한 관심이 필요한 상황이거나 아이가 정신 건강에 문제를 겪고 있다면 이 카드의 소유자는 CPE에 엄청난 주의를 기울여야 한다. 문제 확인부터 최상의 해결책 찾기, 치료 계획, 진료 예약, 약물 치료 모니터링, 학교 개별화 교육 프로그램 참여 등, 사랑으로 무장한 배에 아이를 안전하게 태우고 항해하는 선장이 되어야 한다. 이 임무를 잘하기 위해서는 많은 도움이 필요하다. 따라서 계획 단계에는 당신이 확보한 광범위한 지원 시스템을 어떻게 활용할 것인지, 조금이라도 아이의 상태를 개선시키려면 어떤 환경을 만들어 줘야 하는지에 대한 계획이 포함되어야 한다.

선생님과 연락

아이와 선생님의 특성에 따라, 이 카드 소유자는 일 년에 한두 번 학부모 상담에 참석하는 게 임무의 다일 수도 있고, 매주 선생님과 이메일을 주고받거나 과제 혹은 아이에게 필요한 특별 학습 지도 같은 문제를 놓고 선생님과 매일 통화하거나 직접 대화를 나눠야 할 수도 있다. 잠재적인 문제를 미리 발견하기 위해 아이들을 능동적으로 관찰하고, 선생님과 협력해 아이가 잘 성장할 수 있도록 돕는 일이 당신 손에 달렸다.

피임

피임을 왜 자기 관리나 의료&건강 카드에 넣지 않고 별도의 카드로 분류했을까? 피임과 관련된 일들은 응당 여자의 몫으로 떨어지는데 그러면 안 되기 때문이다. 즉 이 카드는 여성뿐만 아니라 남성도 가질 수 있다. 아이 계획이 없다면 이 카드 소유자가 피임법 조사, 콘돔과 피임약 구입, 자궁 내 피임 기구(IUD) 삽입 시술 또는 정관수술 예약 등을 책임지게 된다. 너무 피곤해서 섹스를 못하는 것도 피임법이라고 할 수 있을까? 뭐라고 말하기 어렵다. 주변에 물어봐라.

마법 카드 세트

이 세트에 포함된 카드들은 당신이 모자에서 토끼를 꺼내는 마술을 선보이는 식으로 정말 마법을 부리는 것이 아니다. 새벽 4시에 악몽을 꾸고 잠이 깬 아이를 달래는 수고는 마법하고는 영 거리가 멀기 때문이다. 하지만 나중에 당신이 떠올릴 소중한 추억은 어쩌면 마법 카드를 CPE 하는 순간들일 수 있다. 사랑하는 사람들이 나중에 당신을 기억할 때 떠올리는 것도 마찬가지다.

실제로, 심스/만 연구소에서 실시한 유년기에 관한 연구에 따르면, 다른 사람들과 관계를 맺는 방식이 그 사람의 성격과 특성을 결정한다고 한다. 이때 중요한 관계는 오랜 시간에 걸쳐 마법 같은 순간들이 켜켜이 쌓일 때 비로소 만들어진다. 당신이 아이들을 위해 지금 당장 그 빌어먹을 휴대폰을 내려놓아야 하는 이유다.

한편 마법 카드가 제대로 힘을 발휘하려면 엄마와 아빠 둘 다 필요하다. 그런 순간들이 주는 보상은 한 사람만 경험하기에는 너무 소중하기 때문이다. 그러니 마법 카드는 자주 재거래하는 것이 좋다.

어른들 우정(아내) & 어른들 우정(남편)

친구는 건강과 행복, 회복력, 경력, 그리고 무엇보다 온전한 정신의 열쇠다. 따라서 부부가 각자 이 카드를 가지는 게 좋다. 아이를 등교시킨 뒤 친구를 만나 커피를 마시거나 저녁 식사를 함께 하고, 행사에 참석하거나 주말여행을 가는 등 어떤 식으로든 우정을 쌓으면 엄청난 보상이 돌아온다. 우정은 사치가 아니다. 그러니 죄책감 같은 건 던져버리고 이 카드에 충실하라. 여성들만의 약속이든, 남성들만의 밤 외출이든 기껏해야 칵테일 한 잔 정도다. 그런 걸로 괜히 열 내지 마라. 우정은 건강한 결혼 생활의 보조제이고 당신을 지지하고 지탱해 주는 영양제와 같다.

생일 축하(아이들)

차 트렁크에 풍선 10개를 욱여넣어 본 적이 있는가. 두더지 게임을 하는 기분이지만 상금은 없다. 간단히 집에서 가족끼리 저녁 식사를 한다 해도, 이 카드 소유자는 퇴근 시간 교통체증을 뚫고 아이가 제일 좋아하는 빵집이 문 닫기 전에 케이크를 공수해야 한다. 선물 카드까지 가진 게 아니라면 선물은 준비할 필요가 없다.

훈육 & 스크린 타임 관리

훈육은 재미와는 거리가 먼 힘든 임무이지만, 아이들에게 경계를 설정해 줌으로써 어느 정도가 안전하고 어떻게 행동하는 게 옳은지 판단 기준을 만들어 주는 것이다. 이 카드를 거래하는 목표는 당신의 파트너만 재미&놀이 카드를 가지고 당신 혼자 평생 훈육의 책임을 지는 상황이 일어나지 않게 하는 것이다. 따라서 한 번에 한 사람이 주도권을 잡되, 파트너는 카드 소유자에게 지속적으로 협력해야 한다. 가령 스크린 타임은 가정에서 아이들이 벌을 받는 가장 흔한 이유이자 심각한 문제다. 이 카드 소유자는 먼저 아이들에게 적절한 스크린 타임이 어느 정도인지 조사하고, 컴퓨터나 휴대폰 사용을 제한하는 합리적인 경계에 대해 파트너와 상의해야 한다. 만약 경계를 정했다면 아이들에게 일관성 있게 그 규칙을 적용하는 것이 좋다.

친척들

이 카드 소유자는 고모할머니 메리의 아흔 번째 생일을 기억하고 축하 전화를 할 수 있어야 한다. 자녀들이 사촌들과 친하게 지내길 바란다면 플레이 데이트 일정도 잡아야 한다. 왕복 두 시간을 운전할 사람이 항상 당신이라고 해도 말이다. 부부가 이 카드에 얼마나 가치를 두는지에 따라 이 카드 소유자는 친척들과의 만남을 자주 주선할 수도 있고, 추수감사절 만찬에 노만 삼촌을 초대하는 걸 기억하는 사람이 될 수도 있다. 그가 밤새 정치 얘기를 할 게 뻔하지만 말이다.

재미 & 놀이

어쩌면 당신은 육아가 얼마나 재미있는지 잊은 걸지도 모른다! 아이들이 하도 졸라서 데리고 간 실내 워터 파크에서 너무 재밌게 논 나머지 요로 감염에 걸린 건 아무렇지 않을 정도로 말이다. 아이들에게는 시시때때로 가족과 부대끼며 노는 시간이 필요하다. 그런 시간이야말로 마법 같은 순간들이기 때문이다. 이 카드 소유자는 해질녘 근처 공원에서 축구공 놀이를 제안하거나, 매주 온 가족이 하는 게임의 밤을 정하거나, 아이들이 즐거워할 만한 활동을 찾아 꾸준히 재미있게 보내는 시간을 만들어야 한다. 이 카드를 책임지는 건 신나는 경험이 될 것이다. 그러니까 파트너와 이 카드를 주기적으로 재거래해서 즐거움도 나눠라.

사랑의 표현(아이들)

아이 도시락에 손글씨로 '하늘만큼 땅만큼 사랑해'라고 쓴 쪽지를 넣어 두는 엄마, 아이를 농구 연습장으로 데려다주면서 잠깐이지만 꼭 안아 주는 아빠를 떠올리면 어떤 생각이 드는가. 약간의 생각과 시간과 노력이면 당신도 그런 부모가 될 수 있다. 무엇보다 그렇게 하면 하루하루가 가족 모두에게 조금 더 특별한 날이 될 수 있다. 나는 이 카드만큼은 당신이 앞장서기를 바란다. 사랑을 표현할 절호의 기회를 놓치거나 잊어버리는 일이 없도록 말이다.

선물(가족)

선물을 한다는 건 단순히 달력에 표시해 놓은 날짜에 맞춰 선물을 사는 문제가 아니다. 선물의 핵심은 친밀감과 늘 생각하는 마음을 전하는 데 있다. 선물 카드가 부리는 마법은 연말연시나 졸업, 생일, 그 밖에 다른 특별한 상황에서 가족 구성원들이 그날을 특별하다고 느끼게 만들어 줄 선물을 찾고 카드나 편지를 쓰는 데 있다. 아직 아이 생일이 한참 남았지만 아이 가슴에 울림을 줄 글귀가 적힌 카드를 보면 당신도 모르게 그 카드를 집어 들게 될지 모른다. 참, 필요하다면 재거래해서 자기 생일 선물을 직접 사는 불상사는 막아야 한다.

선물(VIP)

아주 중요한 사람들은 아이 선생님이나 코치 혹은 두 집 건너 친하게 지내는 이웃이 될 수도 있다. 받은 선물을 새로 포장해서 다른 이에게 줘도 괜찮다고 생각하는 사람한테는 이 카드 CPE가 쉽고 간단하게 끝날 수 있다. 하지만 시간과 정성을 들여 선물을 고르고 진심을 담아 카드를 쓰고 싶은 사람이 있을 수도 있다. 어느 쪽이든 선물을 주는 건 당신 삶에 중요한 사람들과의 관계를 돈독하게 만들고 감사를 표할 절호의 기회다. 이 카드는 1년 내내 CPE 해야 한다.

어려운 질문

"겨드랑이에서 왜 털이 자라요?", "다른 애들이 '거시기 하는 거'라는 말을 쓰던데 무슨 뜻이에요?" 이 정도면 감을 잡았을 것이다. 당신과 파트너는 질문에 따라 즉석에서 혹은 어떤 아이가 질문하느냐에 따라 카드를 주고받을 수 있지만, 만약 당신 차례가 왔다면 최선을 다해 조사하고, 사려 깊고, 정확하고, 아이 눈높이에 맞는 대답을 하려고 노력하라. 아이가 클수록 질문이 점점 어려워지고 위험부담도 커진다는 것을 유의할 필요가 있다.

연하장

이미 휴일 준비로 정신없겠지만 이제 임무를 갈아탈 시간이다. 개인 연락처가 저장된 스프레드시트를 확인하고, 주소 라벨을 출력하고, 반송돼서 내년까지 당신을 괴롭힐 몇 장의 연하장을 처리할 준비를 하라. 모바일 카드를 보낸다 해도 시간이 오래 걸리기는 마찬가지다. 온 가족이 같은 방향을 보고 미소를 짓는, 거의 불가능에 가까운 사진 찍기도 빼놓을 수 없다! 여러모로 꽤나 품이 드는 일이긴 하지만 생각해 보라. 사촌 수지가 작년과 또 달라진 당신의 가족 사진을 볼 수 있는 1년에 단 한 번뿐인 기회다. 연하장은 이 카드의 모든 CPE 하나하나를 의미 있게 만드는 소중한 연결의 끈이다.

휴일

창고에서 휴일 장식품 상자들을 꺼내 포장을 푸는 것도 일인데 힘든 일은 아직 시작도 안 했다고 보면 된다. 요리부터 집안 장식에 온갖 계획까지, 연말연시 CPE는 무보수로 이벤트 회사를 운영하는 거나 다름없다. 도저히 성공할 수 없을 것 같은데 아이들이 할로윈 의상을 직접 만들겠다고 조르면 이 카드를 든 사람은 마법을 부려야 한다. 부활절 만찬을 어느 집에서 할지 정하고, 둘째 사촌과 부활절 아침 식사를 두 번 차리고, 가족이 기념하는 다른 휴일과 특별한 의식을 치르는 것도 마찬가지다. 장점이 하나 있다면 여행과 선물(가족), 상상 속 마법의 존재들 카드는 다행히 여기에 포함되지 않는다는 것이다. 즉, 산타 먹을 쿠키를 남겨 놓는 건 당신이 할 일이 아니다.

비공식 교육

물 속에서 숨 참는 법을 누구한테 배웠는지 기억하는가? 공 던지기는? 자전거 타기는? 혼자 터득했다고 대답할 수도 있다. 그리고 당신이 비공식 교육 임무를 완수하고 나면 아이도 똑같이 대답할지 모른다. 그런 의미에서 아이 자전거를 뒤에서 잡고 이리저리 쫓아다니느라 하루를 다 보낸 당신에게 박수를 보낸다. 그럼에도 당신이 이 카드를 맡게 되었다면 인지와 계획에도 신경을 써야 한다. 지금부터 아이 삶에 이정표가 될 특별한 순간들과 아이에게 꼭 가르쳐 주고 싶은 삶의 기술들을 차근차근 생각해 두어라. 아이가 여태 반에서 벨크로 스니커즈를 신는 유일한 아이라는 걸 알게 된 순간, 빨리 아이에게 신발 끈 묶는 법을 가르쳐줘서 그 상황을 바로잡고 싶은 마음이 불끈 솟을지도 모른다.

상상 속 마법의 존재들

이 카드를 갖게 된 당신은 CPE를 통해 아이의 꿈과 상상력이 사라지지 않게 할 책임이 있다. 이빨 요정과 선반 위의 요정, 산타클로스, 부활절 토끼, 벤치를 지키는 멘치, 성 패트릭 기념일의 레프러콘, 빗자루 마녀, 이밖에도 당신이 있다고 믿게 만든 감쪽같이 나타났다 사라지는 마법의 존재들이 사라지지 않도록 신경을 써야 한다는 말이다. 시간과 노력을 들여 마법을 현실로 둔갑시켜라. 훗날 당신의 아이가 소중한 추억을 가질 수 있게끔 해 주는 것이다.

결혼&낭만

#영웅되기실패. 한 엄마가 이동(아이들) 카드를 가지고 있어서 딸을 연극 리허설에 데려다주고 데려오는 날이었는데, 날짜가 겹치는 줄도 모르고 부부만의 깜짝 데이트를 준비한 남편을 두고 붙인 해시태그다. 남편의 의도는 좋았으나 계획이 부족했다. 이 카드 소유자는 정기적으로 '데이트의 밤'을 정해 실행에 옮길 수 있다. 물론 아이들을 떼어 놓고서 단둘이 보내는 시간을 계획하는 것 자체가 전쟁터에 물자를 운반하는 임무만큼이나 어렵고 힘들게 느껴질지 모른다. 베이비시터 일정 잡기, 다른 일정 조정하기, 세부 사항 합의하기 등을 거쳐야만 하기 때문이다. 그럼에도 해 보면 다들 그만한 가치가 있었다고 이야기한다.

한밤중에 아이 달래기

새벽 3시에 악몽에 잠이 깬 아이 달래기, 텔레비전 좀 볼까 싶어 침대에 자리 잡았는데 "잠이 안 와요!"라며 보채는 아이 다독이기, 장염에 걸려 화장실 들락거리는 아이 쫓아다니기 등등의 임무들이 다 이 카드 주인이 할 일이다. 한 여성이 이렇게 말했다. "남편이 이 카드를 가지고 있으면 난 그 카드를 '엄마는 찾지 마' 카드라고 불러요."

파트너 코칭

사랑하는 파트너의 업무를 도울 때마다 당신은 '파트너 코칭'이라는 아주 티 안 나는 일을 하고 있는 것이다. 남편이 상사한테 보내는 이메일을 대신 편집해 주거나, 고객과의 중요한 야유회 계획을 같이 세우거나, 침대에 누워 머리를 맞대고 승진 후보자에 오를 방법을 궁리하는 일도 모두 파트너 코칭 임무에 해당한다. 이 카드는 일방통행이 될 수 있다. 예를 들어 아내는 남편을 돕지만 그 반대는 아닌 경우가 종종 있다. 물론 내가 원하는 방향은 당신과 파트너 둘 다 서로의 지지와 조언으로 도움을 얻을 수 있도록 카드를 공정하게 주고받는 것이다.

있어 주기 & 참여하기

학교 행사 준비로 딸과 함께 내키지 않는 춤 연습을 하게 된 한 아빠는 거의 한 달 내내 불평을 달고 살았다. 다른 아빠들과 담소를 나누는 것부터 자신의 어색한 몸놀림까지 모든 게 두려웠다. 하지만 그는 끝까지 딸과 함께했다. 그 경험은 그에게는 물론 하루가 다르게 커 버리는 초등학교 4학년 딸에게도 진정 마법 같은 시간이었다. 마법 같은 일이 생기게 하려면 아이들의 크고 작은 행사에 참여해야 하며, 당신과 파트너가 돌아가며 이 임무를 맡는 것이 좋다.

영성

이 카드는 가족들 사이에서도 생각이 다르고 가치관이 다를 수 있기 때문에 더더욱 계획 단계에서 파트너와 서로의 생각을 공유할 필요가 있다. 당신이 이 카드를 가졌다고 해서 사이비 종교 가입을 결정할 전권을 가진 게 아니라는 말이다. 이 카드에는 교회나 시너고그(유대교 회당), 모스크(회교 사원) 등의 예배 참석하기, 영성체나 유대교 성인식 같은 행사 계획하기, 성직자들과 관계 쌓기, 식단에 대한 신념 실행하기, 가족 명상의 시간 정하기, 그 밖에 가족의 삶에 영적인 부분을 채워 줄 다양한 방법이 포함될 수 있다.

감사장

감사장 같은 부담스러운 일이 어째서 마법 카드로 분류되었을까? 감사장은 당신이 고마움을 느끼는 사람에게 그 마음을 표현할 절호의 기회이기 때문이다. 친구나 친척들과 저녁 식사를 한 뒤 그 시간이 얼마나 소중한 시간이었는지 메신저로 고마움을 전해도 좋고, 아이들 입히라고 커다란 가방 한가득 옷을 챙겨 준 동료에게 고맙다고 쪽지를 남길 수도 있다. 그렇다고 안 그래도 수면 부족에 시달리는 산모가 아기 선물을 갖다 준 사람들에게 감사장 쓰는 부담까지 떠안아서는 안 될 것이다. 다행히 이 카드는 어떤 남편이든 CPE할 수 있다.

가치 & 선행(아이들)

아이들의 가치관이 뚜렷해서 놀라운 눈으로 바라보게 되는 가족이 종종 있다. 이런 종류의 마법을 만들기 위해서는 시간과 일관성이 필요하다. 무료 급식소 봉사활동 한 번 했다고 아이가 바르게 잘 자라는 것은 아니다. 추수감사절 때마다 노숙인들에게 식사를 제공하는 가족이 되길 바란다면 일단 봉사활동을 할 곳부터 찾아보라. 꼭 물질적인 선물이 아니더라도 뭔가 특별한 생일을 보내게 해 주고 싶다면 아이가 태어난 시간에 온 가족이 포옹하는 전통을 만드는 건 어떤가. 작지만 이런 노력들이 꾸준히 쌓이면 머지않아 당신 가족도 다른 사람들 입에 좋은 방향으로 오르내리게 될 것이다.

아이 돌보기

당신에게 아이가 있다면 특히나 아이가 어릴수록 한시도 눈을 뗄 수 없다는 말이 무슨 의미인지 바로 알 것이다. 물론 아이가 좀더 크더라도 지켜봐야 하기는 마찬가지다. 열 살짜리 아이가 녹을 제거할 때 쓰는 WD-40(윤활방청제)를 방향제로 착각하고 거실 사방에 뿌려 대는 걸 막거나, 아이의 이성 친구가 집에 왔을 때 방문이 열려 있는지 수시로 확인하는 것처럼 말이다. 아이가 몇 살 때, 하루 중 어느 시간대에 이 카드를 갖느냐에 따라 기저귀 갈기&배변 훈련, 잠자리 루틴, 식사 준비, 이동(아이들), 정리 정돈 같은 여러 카드를 한꺼번에 책임질 수도 있다. 만약 당신이 아이를 보는 동안 아이가 거실에 요새를 세워 놨다면 배우자와 카드를 재거래하거나 베이비시터와 교대하기 전에, 요새를 해체해서 정리하는 게 공정하다.

불모지 카드 세트

이제 숨 좀 돌리겠다 싶었는데 날벼락 같은 일이 생겼다. SOS! 불모지 카드 세트에는 당신의 삶을 송두리째 흔들 시나리오들이 들어 있다. 아이를 갖는 것처럼 미리 계획한 기쁜 일도 이전의 평온했던 삶을 되찾기까지는 엄청난 인고의 과정을 필요로 한다. 이 세트를 갖게 된다면 파트너에게 미안해하지 않고 적극적으로 도움을 요청해도 된다.

나이 들거나 아픈 부모님

많은 약과 식사 관리부터 진료 예약, 상담까지 나이 들거나 병환이 있는 부모님을 보살피는 일은 감정적 고통은 물론이고 때때로 간병인 역할도 해야 하는, 대단히 짊어지기 힘든 임무다. 몇 가지 일을 외부에 맡기거나 간병인을 두거나 요양 시설 비용을 감당할 경제적 여유가 있다 해도, 이 카드의 CPE는 기본적으로 당신의 막중한 사랑과 상당한 시간을 필요로 한다.

죽음

사랑하는 사람을 잃고 나면 감정을 추스를 틈도 없이 장례식을 준비하고, 조의를 표하러 와 준 사람들에게 감사 인사를 하고, 그 밖에 시간이 걸리는 많은 일들을 해야 한다. 유언장이나 재산 문제 처리, 집과 소지품 정리가 당신 책임이라면 한동안 이 카드를 가지고 있어야 할 것이다.

아이가 태어난 첫 해

널뛰는 호르몬과 수면 부족, 황폐해진 몸만으로도 이 시기는 불모지 영역에 들어갈 자격이 충분하다. 혼자만의 시간이 사라져 버리는 건 말할 것도 없다. 24시간 내내 아이를 먹이고, 입히고, 달래고, 기저귀를 가는 등 해야 할 수많은 일에 치이다 보면 회사에서 생산적인 일에 몰두했던 시절이 희미한 기억 속으로 사라지고 만다. 진짜다. 아이가 태어난 첫해는 엄마뿐만 아니라 아빠도 할 일이 넘친다. 당신이 하루하루 살아남기 위해 사투를 벌이는 동안에는 남편에게 빨래와 설거지, 쓰레기, 식사 준비(평일 저녁) 같이 매일 해야 하는 집안일 카드를 넘겨라. 그래야만 둘 다 그 시간을 견뎌 낼 수 있을 것이다.

갑자기 생긴 일

접촉 사고, 컴퓨터 고장, 지하실 침수처럼 느닷없이 생긴 일을 처리해야 할 때가 있다. 번호만 봐도 가슴이 철렁 내려앉는 학교에서 전화가 올 때도 마찬가지다. "어머니, 혹시 지금 학교로 와 주실 수 있으세요?" 불모지 카드가 당신한테 떨어지면 선택권이 없지만, 도저히 하던 일을 중단할 수 없는 상황이라면 파트너에게 도움을 청할 수 있다.

집 수리

불모지 카드는 기본적으로 삶을 뒤흔들고 시간을 잡아먹는다. 변기를 새 것으로 바꾸거나 주방에 찬장을 다는 건 분명 갓난아기에게 젖을 먹이고, 부모님의 병원 치료 일정을 챙기는 것만큼 진지하게 신경 쓸일은 아니다. 하지만 물이 시원하게 내려가는 변기와 수납 공간이 넉넉한 주방이 있으면 얼마나 좋겠는가. 그러니 누군가는 그 일을 해야 한다.

실직 & 돈 문제

실직이나 파산 같은 심각한 재정 문제는 사람들을 만나거나 면접을 보거나 법정에 출두하는 것처럼 정신적으로도 힘들고 시간도 오래 걸리는 일들이 뒤따르게 마련이다. 그럼에도 이 카드를 맡게 되었다면 돈 관리자와 상의해 가족의 예산을 적절하게 수정하고, 이 문제를 주도적으로 해결해야 한다.

이사

이사가 지옥 같은 일 TOP10 안에 늘 빠지지 않고 등장하는 이유는 사랑하는 사람의 죽음이나 이혼, 실직 못지않게 그 스트레스가 심하기 때문이다. 청소부터 포장, 이전, 정리, 보관, 거기다 어수선한 공간에서 생활하는 기간까지 생각하면 불모지 세트에 들어가고도 남는다. 누가 맡게 되든 한동안 스트레스에 시달릴 수밖에 없다. 그나마 좋은 소식이 있다면 이사를 하고 나면 어쨌든 임무가 끝난다는 사실이다.

이직

직장을 옮기거나 새로운 일을 시작하면 하루하루 최선을 다하기 마련이다. 제일 먼저 출근해서 가장 늦게 퇴근하고 주말에도 일하는 등 강렬한 인상을 줄 수 있는 일은 뭐든지 마다하지 않는다. 그러므로 이직을 한 사람이 당분간 일에 전념할 수 있도록 파트너가 대신 집안일과 육아 카드 몇 장을 더 맡아 주는 배려가 필요하다.

임신 & 출산

출산 준비는 여성의 육체적·정신적·감정적 부담을 한계치까지 끌어올린다. 병원에 정기검진 받으러 다니고, 있는 줄도 몰랐던 아기용품을 사려고 각종 인터넷 쇼핑몰을 탐색하고, 아기용품 코너에서 다른 여성들에게 원하지도 않는 육아 조언을 듣는 동안에는 파트너에게 당신 카드를 좀 더 맡아 달라고 부탁하라. 출산 후 망가진 몸을 회복하는 동안에도 마찬가지다.

심각한 질병

아이가 병에 걸리면 당신 삶도 달라지게 마련이다. 고맙게도 당신에게는 도와 달라고 부탁할 파트너가 있다. 다만 아픈 사람이 당신이나 파트너라면 건강한 쪽이 불모지 카드와 함께 다른 카드들을 더 많이 맡을 수밖에 없다. 원망이나 두려움이 쌓이게 내버려두지 말고 필요한 건 적극적으로 부탁하고, 상황이 나아지면 카드를 재거래하는 것이 좋다.

유니콘 스페이스 카드

당신을 특별한 존재로 만들어 주는 것은 과연 무엇인가? 그걸 어떤 방식으로 세상과 공유하는가? 유니콘 스페이스는 당신을 최고로 이끌어 줄 열정과 목표를 추구하는 공간이다. 당신에게 생명을 불어넣는 열정과 목표를 잘 돌보고 키우지 않으면 결혼 생활과 정체성, 성취감 등이 위태로워진다.

지금 당신에게는 다시 피아노를 치려고, 혹은 아이가 생겨 잠시 미뤄 뒀던 사업 구상을 제대로 해 보려고 시간을 쓴다는 게 꿈 같은 이야기로 들릴지 모른다. 하지만 이제는 누군가의 허락을 받거나 미안한 마음을 느끼는 대신 당신만의 보석 같은 재능을 되찾아야 할 때다.

운동 교실 참여, 매니큐어 혹은 페디큐어 바르기, 친구들과 스포츠 바 가기, 소셜미디어 피드 확인 및 팔로우는 유니콘 스페이스가 아니다. 당신 본연의 모습을 되찾거나 숨겨진 재능을 발견하기 위해서는 좀 더 큰 그림을 볼 필요가 있다. 그리고 유니콘 스페이스 카드는 반드시 당신과 파트너 둘 다 소유해야 한다!

Chapter 8

페어 플레이 프로젝트를
시작하라

짝짝짝, 축하한다! 지금까지 공정한 게임의 4가지 규칙을 모두 섭렵했다. 당신은 시간이 모두에게 평등하다는 기본 전제를 알고 있다. 그리고 유니콘 스페이스를 되찾거나 발견한다는 생각에 벌써부터 가슴이 설렌다. 파트너를 게임에 동참시켜야 할 이유를 찾았고, 가족이 공유해야 할 가치가 무엇인지, 당신이 소유한 카드들의 최소 관리 기준은 어떻게 정해야 할지 고민하기 시작했다.

이제 공정한 게임 첫판을 시작할 때가 왔다. 집안일에 대해 생각하고 말하는 새로운 방식을 논의하기 위해 파트너를 테이블로 데려와야 한다는 뜻이다. 그렇게 마주 앉은 두 사람은 각자 그 자리에 있는 이유가 장기적인 관점에서 친구들과의 우정을 돈독히 하고, 자기 자신을 돌보고, 부모의 역할을 넘어 나를 나답게 해 주는 관심사를 되찾기 위해서라는 점을 명심해야 한다. 나아가 궁극적으로는 개인으로서의 행복과 부부로서의 행복을 얻는 게 목표라는 사실을 절대 잊지 마라. 공정한 게임은 최종전이다.

앞으로 한 주 동안 당신을 이 게임에 초대하고자 한다. 두 사람 모두 긍정적인 변화를 경험하기를 바란다.

파트너와 공정한 게임에 대해서 이미 첫 대화를 나눴는지도 모르겠다. 아직 하기 전이라면 새롭게 재편한 공정한 게임 시스템으로 파트너가 얻을 수 있는 이득에 대해서 당신이 설명하기 쉽도록 다음과 같이 간단히 정리해 보았다. 아래의 글을 참고하면 파트너와의 첫 번째 대화를 경쟁이 아닌 진정한 협력의 방향으로 이끄는 데 도움이 되리라 생각한다.

수신: 이 글을 읽는 정정당당하고 멋진 파트너 / 배우자 / 남편 / 아빠에게

발신: 이브 로드스키, 조직관리 전문가, 이 책의 저자, 당신을 응원하는 사람

당신 파트너를 대신해 이 자리에 와 줘서 고맙다는 인사를 전한다. 그녀가 당신을 공정한 게임에 초대했다는 건 그녀가 부부관계에 헌신적이라는 증거다. 또 당신이 그녀의 요청에 선뜻 응해 이 자리에 나온 건 두 사람 사이에 약속이 성립되었다는 걸 알리는 신호다. 그런 의미에서 나는 두 사람 모두에게 존경을 표한다.

지금부터는 당신의 가정을 점령한 대혼란에 질서를 부여하고 두 사람이 힘을 모아 좀 더 균형 있고 효율적으로 살아갈 수 있는 방법을 모색할 것이다.

욕만 잔뜩 먹고 실컷 잔소리를 듣게 만든 다음 자리를 뜨게 만드는 교묘한 수작이 아니냐고? 그렇게 생각한다면 오산이다.

당신은 이제, 하루에 소셜미디어에 접속해 피드를 확인하고 지인들의 사진을 보거나 댓글을 읽는 데에 쓰는 시간을 전부 합친 것보다 훨씬 짧은 시간 안에 새로운 집안일 시스템을 배울 것이다. 이 시스템은 당신이 집안일을 더 많이 하도록 설계된 게 아니라 효과가 입증된 조직관리 원리를 본떠서 일을 좀 더 효율적으로 하는 방법을 찾게끔 설계되었다. 효율성을 극대화한다면 실제로 일을 더 적게 할 수 있을지도 모른다.

혹시 아내가 잠들기 전에 침대에 누워 이 책을 읽는 걸 보고, 당신과 전혀 상관없는 자기 계발서라고 넘겨짚었을 수도 있지만 확실히 하겠다. 나는 두 사람 모두 승자가 될 수 있게 하려고 이 책을 썼다. 사실 둘 다 직접적인 이익을 보지 못하면 이 게임은 실패작이나 다름없다. 하지만 절대 그럴 일은 없다. 당신이 공정한 게임에 참여하게 된다면 바로 다음과 같은 것들을 얻게 될 것이기 때문이다.

- 가정생활에 관해 이야기할 때 당신이 알아들을 수 있는 새로운 언어(마침내 당신과 배우자가 같은 언어로 이야기하게 된다)
- 역할과 기대치의 명확한 정의(더 이상 누가 무슨 일을 맡아야 할지 헤매지 않아도 된다)
- 당신을 전적으로 신뢰하는 파트너와 함께 집안일을 주체적으로 할 수 있는 자율성
- 당신이 한 일에 대한 확실한 소유권
- 파트너 / 남편 / 아버지로서의 역할을 넘어 개인의 관심사를 쫓고 우정

을 나눌 여분의 시간

- 행복한 파트너십

- 더 만족스럽고 뿌듯한 육아 경험

- 뇌가소성 향상과 수명 연장

이 정도면 꽤 구미가 당기는 제안 아닌가? 이게 다가 아니다. 공정한 게임에 참여했을 때 잃게 되는 것은 다음과 같다.

- 지긋지긋한 잔소리와 시키는 대로만 했을 때 느껴지는 나쁜 기분

- 애써서 한다고 했는데 지적당하고 비판받는 기분

- 가정생활에서 생기는 크고 작은 일에 관한 입씨름

- 누가 더 많이 하고, 누가 더 잘했나를 따지는 일상

- 시간에 쫓기는 기분

- 배우자가 '이제 난 할 만큼 했어!'라고 선언하는 것에 대한 걱정

일상에서 파트너와 부딪히는 일은 훨씬 줄어들고, 개인과 부부의 행복 지수는 팍팍 올라가며, 아이들에게 부모의 건강한 롤모델을 제시할 수 있는 이 황금 같은 기회를 놓치면 너무 아깝지 않겠는가.

나는 당신이 참여한다는 가정하에 지금부터 공정한 게임 사용설명서를 소개하겠다. 긴장할 필요는 없다. 모노폴리 보드게임보다 더 쉽고 간단한 게임이기 때문이다.

게임 참가자 : 2명

목표 : 참가자 개인의 강점과 능력은 물론이고 두 사람이 공유한 가치와 상호 합의한 기대치에 따라 가사와 육아 노동을 세분한 100장의 카드를 전략적으로 배분하여 가사 노동을 공정하게 재정립한다. 각 참가자에게 기본적으로 주어지는 카드는 없으며, 각자에게 주어지는 의무는 알기 쉽고 명확하게 정의된다. 이 게임의 최종 목표는 두 참가자 모두가 게임에서 승리하는 것이다.

게임 방법 :
 1단계 - 기본 규칙 합의하기
 2단계 - 카드 선별하기
 3단계 - 시스템 가동 준비하기
 4단계 - 카드 거래하기
 5단계 - 최소 관리 기준 정하기
 6단계 - 유니콘 스페이스 존중하기
 7단계 - 서약서 낭독하기

게임 기간 : 첫 번째 판은 7일간 진행한다. 이 게임은 궁극적으로 평생 할 수 있게끔 설계되었다. 멈추지 말고 계속하라. 때가 되면 게임에 통달하게 될 것이다.

1단계 _ 기본 규칙 합의하기

카드를 테이블 위에 올려놓기 전에 먼저 다음과 같은 기본 규칙에 합의하라. 앞으로 공동체 협정이라고 부를 이 규칙은 당신과 파트너가 게임을 공정하게 진행하는 방법을 안내해 줄 것이다. 다음 협정을 파트너와 함께 소리 내서 읽어 보라.

우리는 가정을 운영하는 데 필요한 모든 것을 진지하게 논의하고 서로의 말에 귀를 기울이기로 합의한다.

우리는 어조와 단어 선택에 주의를 기울이고 간결한 표현으로 서로의 정보와 관점을 공유하기로 합의한다.

우리는 가정의 생태계를 더 효율적이고 공정하게 조성하기 위해 한 팀으로서 협력할 수 있는 방법을 모색하기로 합의한다.

우리는 서로의 시간에 똑같은 가치를 두기로 합의한다.

우리는 테이블에 마주 앉을 때 휴대폰을 꺼 놓고 서로에게 집중하기로 합의한다.

위 내용에 서로 합의하는가? 만약 당신과 파트너가 합의를 하고 한마음으로 시작한다면 공정한 게임 전 과정을 훨씬 무난하게 이끌어 나갈 수 있을 것이다.

2단계 _ 카드 선별하기

두 참가자는 129~133쪽에 나와 있는 공정한 게임 카드 100장을 보며 각각의 임무를 검토해야 한다. 빨리 카드를 분배해서 집안일을 나눠 갖고 싶은 마음이야 굴뚝같겠지만 너무 서두르면 안 된다. 가정에 중요하고 보탬이 되는 카드들을 잘 선별해야만 집안일의 효율성을 극대화할 수 있기 때문이다.

그러기 위해서는 우선 집안일, 집 밖에서 하는 일, 돌봄, 마법, 불모지 등 다섯 가지 세트로 나누어진 카드를 하나씩 꼼꼼히 검토해 보는 것이 필요하다. 그런 다음 당신 가정에 꼭 필요한 카드들을 선별하되, 다음 기준에 따라 분류해 보라.

1) 타협의 여지 없이 매일 반복해야 하는 카드 목록 : 여기에는 아이들 아침 식사와 등교처럼 매일 혹은 반복적으로 해야 하는 일상적인 카드 30장이 포함된다. 커피 컵 그림(129~132쪽 참고)으로 표시되어 있는 것들이 그렇다. 이 카드들은 고단하고 힘들며, 좋든 싫든 대부분이 시간 날 때 할 수 있는 일이 아니다.

또 시간에는 크게 영향 받지 않지만 당신과 파트너가 반드시 해야 하는 일이라고 정해서 타협의 여지가 없는 카드도 여기에 포함된다. 스스로에게 이렇게 물어보라. 이 임무는 누군가가 반드시 해야 하는 일인가? 앞으로 가정을 꾸려가는 데 반드시 필요한 것인가? 만일 그렇다면 그 임무는 시간을 들일 가치가 있다는 의미이므로, 그 일에 대한 부담은 두 사람이 나눠서 지는 게 좋다.

▶ **가치선언** : 시간은 모두에게 평등하다. 내 시간의 가치는 당신 시간의 가치와 똑같다. 공정함은 타협의 여지 없이 매일 반복해야 하는 카드들을 가지

고 게임을 해야 비로소 실현된다.

2) 두 사람 모두에게 가치 있는 카드 목록 : 여기에는 가정생활에 필수적이지는 않아도 두 사람의 삶에 가치를 더하는 카드들이 포함된다. 예를 들어 손님 맞이, 자선&봉사활동(어른), IT & 전자기기, 사교생활(부부) 등의 카드는 개인적인 만족감과 행복한 결혼 생활에 영향을 미칠 수 있다.

스스로 질문을 던져 보라. '우리 가족이 소중하게 여기는 가치가 뭘까?' 그에 대한 답을 찾는 과정이야말로 모든 걸 해야 한다는 의무감에 사로잡혀 닥치는 대로 해치우는 혼란한 일상에 질서를 세울 기회다. 그러니 확실하게 정하라. 어떤 카드를 남기고 어떤 카드를 버릴 것인가? 예를 들어 아이들이 자기 짐을 스스로 옮길 수 있을 만큼 자랄 때까지 휴가 계획이 없거나 반려동물을 키우지 않는다면 여행과 반려동물 카드는 버려도 된다. 현재 당신의 삶과 무관하거나 중요하지 않기 때문이다. 물론 상황이나 우선순위가 바뀌면 그 카드를 다시 게임에 포함시킬 수도 있다. 어쨌든 각 카드의 가치를 따져 봐야만 두 사람이 어떤 카드들을 가지고 게임을 할지 정할 수 있다. 두 사람 모두에게 가치 있는 카드는 총 몇 장인가?

▶ **가치선언 :** 우리가 모든 걸 다 할 필요는 없다. 그래서 우리에게 도움이 되지 않는 카드는 버리고 중요한 카드들만 남겼다. 이제 게임을 할 카드를 정했으니 집안일을 더 효율적으로 분담할 방법을 진지하게 살펴볼 것이다.

3) 어느 한 사람에게만 가치 있는 카드 목록 : 당신에게만 중요한 카드가 있다면 그 카드를 지켜라! 파트너는 종교에 무관심하지만 당신은 일요일마다 교회 예배에 참석하는 것이 중요한 일이라면 영성 카드는 당신이 가지면 된다. 어느 한 사람에게만 가치 있는 카드들을 따로 분류해 각각의 목록으로 만들어라. 여기에 포함되는 카드는 각각 몇 장인가?

▶ **가치선언** : 내 시간은 당신의 시간만큼 중요하고, 우리는 각자 자기 시간을 어떻게 쓸지 스스로 선택할 수 있다. 당신은 여전히 내 인생 계획에 포함돼 있지만 이 카드는 나한테만 가치 있으므로 내가 가질 것이다.

이제 카드 선별 작업이 끝났다. 당신 가정에 꼭 맞는 맞춤형 카드가 탄생한 것이다. 이제 타협의 여지 없이 매일 반복해야 하는 카드와 두 사람 모두에게 가치 있는 카드를 합해 보라. 당신과 파트너가 같이 게임을 할 카드는 모두 몇 장인가? 이때 카드는 적을수록 좋다! 그래야 각자 할 일을 관리하기가 더 쉽기 때문이다.

합친 카드의 총 개수 : _____장

잠깐! 이쯤에서 확인해 보라. 잠시 쉬었다 하는 게 좋은가 아니면 계속하는 게 좋은가? 찬찬히 생각할 시간이 필요할 수도 있다. 가정이라는 생태계를 이루고 있는 크고 작은 할 일에 이름을 붙이고 세는 것까지만 해도 이미 엄청난 일을 했기 때문이다. 특히 이런 일을 한 번도

해 본 적이 없다면 더 그렇다. 그러니 둘 중 누구라도 휴식이 필요하면 쉬어라. 잠시 카드를 한쪽으로 밀어놓고 다시 테이블로 돌아올 날짜를 정하는 것이다.

단, 휴식이 너무 길어지면 추진력을 잃을 수 있다는 점을 명심하라. 내가 관찰한 바로는 남성들이 테이블로 잘 돌아온다. 그래도 만약 남편이 정한 날짜에 나타나지 않거나 약속을 자꾸 미루면 게임의 목적이 결혼 생활을 잘 유지하기 위해서라는 점을 상기시켜라.

임상 심리치료사 마샤 번스타인은 이렇게 경고했다. "당찬 여자들이 자기가 필요로 하는 걸 한번에 쏟아 냈다가 멈추고 움츠러드는 경우가 많아요. 정확히 한 걸음 더 밀고 나가야 할 때 말이에요. 안타까운 일이죠." 내가 마샤에게 공정한 게임의 구체적인 단계를 언급하자 그녀는 두 번 시도하라고 충고했다. "그래도 파트너가 테이블로 돌아오지 않으면 공정한 게임은 삶의 균형을 되찾으려고 시도하는 시스템인데, 그걸 하지 않으면 뭐가 위태로워지는지 설명하세요. 또 게임의 중요성을 강조해야 해요. 소통은 많아지고 분노는 줄이면서 각자 필요한 걸 얻을 수 있다고 콕 집어 말해 주는 거죠."

3단계 _ 시스템 가동 준비하기

이제 당신 가정용 맞춤 카드를 공정한 게임 시스템에 통합시켜 가동시킬 차례다. 먼저 각자가 가진 카드를 어떤 식으로 확실히 기억할지 그 방법을 정해야 한다.

가령 어떤 커플은 각자 공정한 게임 카드 100장 도표에 맡은 임무를 표시하고 그것을 가지고 다닌다. 화이트보드나 칠판에 여성, 남성 목록을 작성하거나 표를 만들기도 하고, 작은 기호를 활용해 할 일을 한눈에 알아볼 수 있게 관리하는 불렛저널을 쓰기도 한다. 아예 자기 가정에 맞는 방식을 새로 개발하는 커플도 있다. 노트 앱, 온라인 달력을 활용하거나 빠르게 접속할 수 있는 공유 장치를 활용하는 커플도 본 적이 있다.

　임무 카드를 추적하는 방식은 전적으로 당신에게 달렸다. 다만 내가 강조하고 싶은 것은 어떤 방식을 사용하든 눈에 잘 띄고 쉽게 접근할 수 있어야 한다는 것이다. 임무 목록이 광고물 더미에 섞여 쓰레기통에 처박히거나 아이의 현장학습 동의서에 딸려 가기라도 하면 게임 진입 과정 자체가 지연될 수 있다. 그리고 역할과 책임이 한눈에 들어오게 만들어야 둘이 같은 일을 두 번 하거나 애매해서 또는 깜빡해서 일을 못하는 비효율을 줄이고, 상대방에게 매일 떠올려 줘야 하는 번거로움을 최소화할 수 있다.

　이에 대해 미네소타주에 사는 베벌리는 다음과 같이 말했다. "당신이 말한 대로, 공정한 게임 시스템에 관해 배운 걸 바탕으로 카드 거래할 날짜를 정했어요. 준비 과정으로 주방에 설치한 칠판에 메모를 하기 시작했지요. 그러다 보니 칠판이 자연스럽게 우리집의 요충지가 되더라고요. 가족끼리 영화를 보기로 한 날이 언제인지, 도서관에서 빌린 책의 대여 기간이 언제까지인지, 지금은 누가 무슨 일을 해야 하는지 확인하는 것도 그걸 통해서 하게 된 거죠."

　테네시주에 사는 허드슨은 다른 방법을 제시했다. "우린 최신 기술에 익숙해서 시작하기가 쉬웠어요. 공유하고 있는 노트 앱에서 전체 카드 목록과 누가, 언제, 어떤 카드를 가졌는지 바로 확인할 수 있죠. 이 방법은 우리 둘 다 접근하기도 쉽고 편집하기도 쉬워서 게임을 원활하게 진행하는 데 도움이 됐어요."

4단계 _ 카드 거래하기

당신 가정의 형편에 맞게 카드를 선별하는 과정이 끝났다면 이제 당신과 파트너가 개별적인 카드 거래를 시작할 차례다. 그 전에 질문이 하나 있다. 카드의 임무를 인지하고, 계획하고, 실행하는 것이 각각 어떤 의미인지 정확하게 알고 있는가?

내가 공정한 게임을 만들면서 생각한 인지와 계획, 실행의 의미는 다음과 같다.

인지 : 인지는 가족의 전반적인 필요를 인식하고, 그 필요를 충족시켜 줄 임무를 구상하고 정의하는 정신적인 과정이다. 이를테면 장마철이 다가오면 아이들이 작년에 신었던 우비와 장화가 맞는지부터 확인해 봐야 한다.

계획 : 계획은 사전 조사를 하고, 그 일을 수행하기 위해 무엇이 필요한지 확인한 뒤 세부적인 실행 계획을 세우는 것이다. 보통은 계획을 마무리하기 전에 이해 당사자들(파트너, 아이들, 돌봄 임무를 도와주

는 사람들, 양가 부모님 등)에게 의견을 구하고 그것을 계획에 반영하는 과정이 포함된다. 이를테면 아이들이 훌쩍 커 버려서 작년에 입었던 우비와 장화를 못 쓰게 됐다고 해 보자. 그러면 우비와 장화 구입에 대한 계획을 세워야 하는데 아이들보다 나이 많은 사촌들에게 물려받기, 중고품 구입, 새 제품 구입 등의 선택지가 있다. 새로 살 경우 아이들에게 입고 싶고, 신고 싶은 색이 있는지 물어봐라.

실행 : 실행은 상호 합의한 기준과 구체적으로 정의한 기대치를 충족시키면서 적절한 시점에 임무를 끝내는 마지막 단계다. 이를테면 우리 가족은 안전하고, 깨끗하고, 건강한 생활에 가치를 두기 때문에 태풍이 오기 전에 우비와 장화를 준비한다.

이제 본격적으로 카드를 거래해 보자. 각자 자기가 어떤 카드를 책임질지 신중하게 선택해서 둘이 합의하는 것이다. 이때 기억해야 할 것이 있다. 어떤 카드도 한 사람이 영원히 갖는 게 아니다. 한 개의 카드의 유효기간은 일주일이 될 수도 있고, 하루 시간 단위일 수도 있다. 사실 매일 반복해야 하는 카드는 자주 거래하는 게 좋다. 그런 일들은 특히나 힘이 들기 때문이다.

1) 타협의 여지 없이 매일 반복해야 하는 일 카드 목록 : 개인의 능력과 여력을 바탕으로, 각 카드의 CPE를 다루기에 누가 더 좋을지 논의해 보라. 예를 들어 아이들이 깨어나기도 전에 출근을 해야 한다면 식사 준비 카드를 책임질 수 없다. 그렇다고 모든 판에 무임승차할 자격이

생기는 건 아니다. 매일 반복해야 하는 일 카드는 모두 30장이고, 어느 한 사람이 30장 전부를 책임지는 경우는 없다. 이 영역의 카드를 협상할 때는 둘 중 누구도 특정 카드의 기본값이 되어선 안 된다는 원칙을 명심하라. 두 파트너는 매일 반복해야 하는 일 카드를 공정하게 나눠 가져야 한다. 이렇게 하면 각자 두 사람이 평소 일정으로는 할 수 없었던, 가장 노동집약적인 집안일 영역을 효율적으로 할 수 있게 된다. 현재 둘 다 하고 있는 카드가 있다면 당장은 소유권이 정해지지 않은 카드로 분류해 두어라.

2) 두 사람 모두에게 가치 있는 카드 목록 : 집안일, 집 밖에서 하는 일, 돌봄, 마법 세트 중에 아직 남은 카드들을 모은 다음 개인의 선호도, 능력, 여력을 바탕으로 누가 카드를 갖는 게 좋을지 논의해 보라. 아마 이번에도 누가 어떤 카드를 맡을지 꽤 분명할 것이다. 가령 숫자에 강해서 예산 수지 맞추는 걸 좋아한다면 돈 관리 카드를 맡는 것이 좋다. 기술 분야의 일을 하고 있다면 IT&전자기기 카드를 맡기에 더 적합할 것이다.

3) 어느 한 사람에게만 가치 있는 카드 목록 : 어느 한 사람에게만 중요한 카드는 중요하다고 생각하는 사람이 가진다. 2단계에서 만들었던 목록을 확인하면서 각자 카드를 나눠 가져라.

4) 행복 트리오 카드 목록 : 자기 관리, 어른들 우정, 유니콘 스페이스 카드가 여기에 해당한다. 내가 했던 인터뷰들을 근거로 정리해 보자

면 이 세 장의 카드는 개인과 부부의 행복에 가장 중요한 카드였다. 두 사람이 각자 이 세 장의 카드를 들고 있어야 행복한 가정이 되는 것이다. 시간과 마찬가지로 행복은 평등한 권리다. 그러므로 두 사람 모두 소중한 우정과 자기 관리, 부모의 역할 이외에 자신을 정의할 만한 관심사에 쓸 시간이 필요하고, 또 그럴 자격이 있다. 아직 하고 있지 않다면 자기 관리와 어른들 우정 카드는 따로 빼 놓아라.

5) 불모지 카드 목록 : 최근에 이직을 했거나 부모님이 아프거나 혼자서 집 수리를 하는 등의 불모지 카드를 책임지고 있다면 미안하다는 생각에 망설이지 말고 상황이 나아질 때까지 파트너에게 적극적으로 도움을 요청하라. 당분간 카드 몇 장을 추가로 책임져 달라고 부탁하라는 말이다.

이제 카드 거래를 마쳤는가. 주인 없는 카드가 남아 있지는 않은가. 만약 카드 거래를 끝냈다면 각자 맡은 카드의 개수를 세어 총합을 적어 보라.

참가자 1 : _____
참가자 2 : _____

마침내 당신과 파트너가 해냈다! 두 사람이 가치 있다고 생각하는 공정한 게임의 모든 카드를 나눠 갖는 데 성공한 것이다.

5단계 _ 최소 관리 기준 정하기

당신과 파트너는 각 카드의 CPE를 명확하게 정의하는 것 외에, 두 사람이 공유한 가치에 따라 모든 카드의 최소 관리 기준을 정해야 한다. 이 기준은 공정한 게임에 포함된 모든 카드가 제시간에 흡족한 수준으로 관리되는 것을 보장해 준다.

이때 한 사람의 높은 기준을 상대방에게 강요하거나 반대로 기준을 낮추라고 요구해서는 절대 안 된다. 누구의 기준이 옳은지 따지기보다 머리를 맞대고 당신 가정에 어떤 기준이 합리적인지를 의논하라. 그렇게 모든 카드에 대해 최소 관리 기준을 정하되 의견이 다를 경우에는 아래에 제시한 최소 관리 기준 테스트를 활용해 보라.

1. 합리적인 사람이라면(이 경우 당신의 파트너 또는 배우자, 보모, 간병인, 양가 부모님) 비슷한 상황에서 나처럼 CPE를 할까?

2. 내가 속한 공동체의 기준은 무엇이며, 그 기준을 우리 가정에 적용하기를 바라는가?

3. 이 방식으로 하거나 하지 않았을 때 생기는 피해가 있을까?

4. 우리의 '왜'는 무엇인가?

데이먼과 가베는 항상 뒤죽박죽인 현관 벽장 때문에 툭하면 말다툼을 벌였다. 그들이 사는 뉴욕의 아파트에서는 그 벽장이 창고로 쓸 수 있는 유일한 공간이었다. 그러다 보니 어느 순간 벽장은 외투와 모자, 우산, 신발, 가방, 오래된 장난감, 자선단체에 기부할 책 할 것 없이 온갖 잡동사니가 아무렇게나 쑤셔 박혀 있는 창고로 변하고 말았다.

어느 날 그 벽장에 가족 사진이 든 상자를 또 넣으려는 가베를 본 데이먼이 폭발하고 말았다. "우리 사진이 장화 밑에 깔리잖아!" 결국 두 사람은 '벽장이 넘칠 정도로 넣지 않기, 플라스틱 보관함 활용하기, 문은 반드시 닫기'라는 최소한의 기준에 합의했다. 그들은 왜 벽장을 관리 가능한 최소한의 수준으로 유지해야 할까? 가족의 추억이 담긴 소중한 사진을 잘 정리하고 신경 써서 보관하기 위해서다.

앨런은 다가오는 연휴를 맞아 크리스마스트리를 세우고, 현관과 지붕 가장자리를 따라 전구를 단 다음 앞마당에 풍선처럼 바람을 넣는 그리스도 성탄화를 설치했다. 일을 마친 앨런은 녹초가 되어 아내인 질에게 물었다. "왜 해마다 이렇게 장식을 많이 하는 거야?"

마법 세트에서 휴일과 상상 속 마법의 존재들 카드는 그녀가 제일 좋아하는 카드였다. 하지만 남편의 지적도 일리가 있다는 생각이 들었다. 욕실을 비롯한 모든 방 선반에 엘프 인형을 올려놓는 것도 모자라 온 집 안에 시원한 소나무 향이 풍겨야 한다고 고집부리는 건 너무 과했다는 생각이 든 것이다.

그래서 그녀는 지나치게 높은 자기 기준을 낮추는 데 동의했고, 두 사람 다 가치 있다고 생각하는, 즉 아이들이 자라서 추억할 수 있는 마법의 존재들은 지켜주고, 경이로움을 느낄 기회를 만드는 건 계속하기로 했다. 그 사건을 계기로 질은 휴일에 집을 꼭 놀이공원처럼 엄청나게 꾸미지 않아도 얼마든지 가치 실현이 가능하다는 사실을 비로소 알게 되었다.

6단계 _ 유니콘 스페이스 존중하기

두 사람이 모든 카드를 전략적으로 나눠 가졌다면 공정한 게임 시스템을 시작하기 위해 이제 마지막으로 해야 할 일은 유니콘 스페이스 카드를 정리하는 것이다. 공정한 게임에서 유니콘 스페이스는 두 사람이 각자 반드시 주장해야 할 가장 중요한 카드다. 왜냐하면 이 카드야말로 자존감을 높이고, 배우자와 건강한 파트너십을 형성하고, 아이들에게 충실한 삶의 모습을 옆에서 지켜볼 경험을 제공하는 데 필수적이기 때문이다.

두 사람이 유니콘 스페이스라는 목표를 달성하는 데에 뒷받침되어야 할 것들 가령 돈이나 시간, 아이들 돌보는 일 같은 것들에 대해 논의해 보라. 이때 두 사람은 부부로서 서로의 유니콘 스페이스를 존중해 주겠다고 약속해야 한다. 남편은 아내가 쓰는 시간에 대한 결정권이 없고, 아내도 남편이 쓰는 시간에 대한 결정권이 없지만 그럼에도 소중한 공간을 만드는 것에 관해 대화를 나누어야 한다. 둘 중 누구라도 책임져야 할 카드가 너무 많아서 유니콘 스페이스를 되찾기 힘들다고 느끼면, 카드를 다시 거래하는 한이 있더라도 반드시 두 사람 다 유니콘 스페이스 카드를 쓸 수 있게 만들어야 한다.

7단계 _ 서약서 낭독하기

짝짝짝, 축하한다! 당신은 이제 경쟁보다는 협력을 우선시하고, 집안일에서의 역할과 책임, 기대치를 명확히 하며, 가정의 화목함과 효율성을 높여 주는 새로운 시스템을 시작할 준비를 마쳤다. 가사 노동의 균형을 바로잡았으니 공정하게 게임을 시작할 수 있다. 시작에 앞서 다음과 같이 서로에게 맹세하라.

나는 과거의 응어리는 뒤로할 것이다.

나는 내가 가진 카드들의 CPE를 충실히 이행할 것이다.

나는 내 것이 아닌 카드는 통제하지 않을 것이다. 마지막 순간에 불쑥 참견하는 일도 없을 것이다.

나는 서로 합의한 최소 관리 기준을 지킬 것이다. 내 방식이 아니라고 해서 잔소리하거나 비판하지 않을 것이다.

나는 필요할 때마다 명확한 의사소통과 협력적인 자세로 카드를 재거래할 것이다.

나는 내 유니콘 스페이스를 주장하고, 파트너가 유니콘 스페이스를 갖는 것 역시 존중할 것이다.

나는 파트너와 주기적으로 카드를 점검하고 재거래할 것이다. 반복하다 보면 완벽해질 것이다.

이제 7단계까지 모두 마쳤다. 그런데 혹시 아직도 7단계에 이르지 못했다면 다음의 내용을 참고해 보라. 이미 공정한 게임에 참여한 사람들이 나에게 가장 많이 했던 질문 13가지를 꼽아 그에 대한 해답을 정리해 둔 것으로, 당신에게도 많은 도움이 될 것이다.

Q1. 카드를 소유하면 얼마나 오래 가지고 있는 건가요?

1년인 것도 있고, 몇 주나 하루, 짧게는 시간 단위로도 갖고 있을 수 있다. 정해진 것은 없기 때문에 상황에 따라 재협상하면 된다. 다만 공정한 게임은 유동적이기 때문에 주기적으로 카드를 점검하고, 필요할 때마다 혹은 상황의 변화에 따라 재협상을 하는 것이 좋다.

Q2. 재협상의 정의가 뭔가요? 이해가 잘 안 돼요.

재협상이란 두 사람이 사전에 합의한 카드를 CPE 전체의 책임과 함께 파트너에게 넘기는 것이다. 반려동물 카드 같은 몇 가지 카드는 주중에 재협상하거나 하루 단위로 재협상할 수도 있다.

우리 아빠를 예로 들자면, 어느 날 아빠가 월요일에 새엄마 마르샤가 일찍 출근할 수 있도록 강아지 새디를 유치원에 데려다주는 카드를 맡겠다고 했다. 내가 그건 최소한의 도움밖에 안 된다고 하자 아빠가 발끈했다. "무슨 소리야? 길에서 버리는 한 시간을 아낄 수 있을 텐데." 나는 그 말에 이렇게 답했다. "새엄마도 아빠 제안은 고마워하실 거예요. 근데 문제는 새디를 유치원에 데려다주기 전에 밥 먹일 수 있어요? 유치원 가서 먹을 사료를 싸고 비타민 챙기는 것도 안 잊어버릴 수 있어요? 유치원에서 누가 새디와 관련해 질문을 하거나 걱정되는 걸 얘기하면 알아서 대답하실 수는 있어요?"

그러자 아빠는 순순히 인정했다. "뭐, 그건 못 하겠지. 그런 것들을 다 마르샤가 알아서 하니까." 나는 뒤이어 말했다. "그렇다면 그건 그 카드를 완전히 책임지는 게 아니에요. 아빠는 반려동물 카드에서 새 디를 유치원에 데려다주고 데려오는 부분만 실행하시는 거죠. 마르샤 는 시간이 오래 걸리는 준비 임무를 도맡아 하느라 정신적 부담을 계 속 져야 하고요. 오늘 새디한테 필요할지도 모르는 것들을 예상해서 아빠한테 미리 일러 줘야 하고, 혹시나 얘기해 주지 않아서 아빠가 새 디 데려다주는 걸 깜빡하진 않았는지 걱정하실 수도 있고요."

나는 아빠에게 진심으로 새엄마를 돕고 싶다면 반려동물 카드에 필요한 모든 걸 인지하고, 계획하고, 실행해야 그녀의 할 일 목록에서 그 카드를 완전히 가져오는 거라고 설명했다. "그래야 그날 하루 반려 동물 카드를 완전히 책임지는 거예요. 다음 날은 재협상해서 마르샤 에게 돌려주시고요."

나는 이제는 공정한 게임을 해 보려고 진지하게 노력 중인 아빠에 게 강조했다. "월요일에 그 카드를 갖겠다면 주도권을 쥐고 모든 걸 책 임져야 해요. 비타민과 리드줄, 이동 가방, 유치원 데려다주고 데려오 기, 집에 오면 산책시키기도 책임지는 거죠. 배설물 치우는 건 당연하 고요." 아빠는 생각보다 할 일이 정말 많다며 한숨을 내쉬었고, 나는 웃으며 말했다. "그래도 그 카드는 하루만 가지고 있으시면 돼요. 다음 날이 되면 재협상하실 수 있어요."

Q3. 두 사람이 카드 하나의 서로 다른 부분을 맡고 있어서 누가 그 카드를 가질지 정하지 못했다면 어떻게 해야 하나요?

공정한 게임의 목표 중 하나는 팀워크의 재정이다. 집안일을 효율적으로 책임 있게 운영하려면 반드시 협상을 통해 누가 어떤 카드의 인지와 계획, 실행 전반을 책임질 것인지 정해야 한다. 두 사람이 같은 카드를 갖고 정작 주도할 사람을 정하지 못하면 중복과 분산이라는 함정에 빠질 위험이 있다.

첫 번째 함정, 중복 The Double-Up : 둘이서 카드 하나를 같이 책임지는 게 뭐가 문제냐고? 차고 넘친다. 다음의 시나리오를 생각해 보자. 마리아와 파울라는 각자 아이 학교에서 발송한 이메일을 받았다. 곧 초등학교 4학년 학생들이 '신비한 가루들'이라는 주제로 화학 실험을 한다는 내용이었다. 담임선생님은 아이에게 음식 알레르기가 있다는 걸 확인했는데, 실험에 사용할 재료 6가지를 만져도 괜찮은지 학교 양식에 맞게 확인서를 작성해 달라고 요청했다.

마리아와 파울라는 아직 학교 서류 작성 카드를 누가 가질지 정하지 못한 상태였다. 그래서 둘은 각자 따로 서류를 작성해서 제출 버튼을 눌렀다. 어떻게 되었냐고? 다음 날 둘은 각각 양호선생님에게 전화를 받았다. 한 사람은 2번 가루가 안전하지 않다고 표시했고, 다른 사람은 반대로 표시해서다.

이제 두 사람은 마주 앉아 알레르기 문제를 정리하고 서류를 다시 작성해야 한다. 그런데 다음 날 누가 학교에 서류를 갖다 줄지에 대해 말다툼을 벌인다. 수정된 양식은 직접 서명하고 제출하는 게 원칙이기 때문이다. 처음부터 한 명이 작성했더라면 시간도 훨씬 절약되고 말다툼을 벌일 필요도 없었을 것이다.

아주 흔한 중복 시나리오가 또 하나 있다. 알리와 벤은 집 근처 대형 마트에 가는 중이었다. "우린 뭐든지 같이 결정하는 걸 좋아하고, 같이 시간을 보내는 게 너무 재밌어요." 그들은 그렇게 말했지만 실상은 달랐다. 알리는 기본적으로 사야 할 물건 목록을 가지고 3번 통로를 따라 내려갔다. 벤은 냉장 코너로 가서 오마하 스테이크와 아이스크림 박스를 가지고 돌아왔다. 카트가 이미 가득 찼는데도 그들은 계속해서 그런 식으로 장을 봤다. 아뿔싸, 그들은 집으로 돌아와 사 온 물건들을 정리하다 비로소 깨닫는다. 기저귀가 없다.

중복의 위험은 책임질 사람이 없어서 상대를 탓하기가 쉽다는 것이다. 당신이 사는 줄 알았는데? 아니야! 당신이 알아서 한다고 했잖아! 잠깐, 난 저번에 했었잖아. 아니야, 나야말로 이미 했었어.

다시 한번 말하지만 집안일을 나눠서 분담하지 않고 둘이 같이 하는 방식은 대단히 비효율적일 뿐만 아니라, 파트너가 스스로 알아서 할 수 있다는 걸 못 믿겠다는 신호이기도 하다. 심지어 두 사람이 딱히 어떤 책임을 맡은 것도 아닌데 서로 돕고 거들다 중복이 생기는 것도 재앙이 될 때가 많다. 결국 '뭐든지 함께'를 강조하면 노력이 두 배로 들고, 크고 작은 일들을 놓치는 경우가 많아지며, 둘 중 어느 한쪽도 정신적 부담을 내려놓지 못하게 된다.

두 번째 함정, 분산 The Break-Up : 나는 한 가지 일을 하면서 한 사람이 인지와 계획을, 다른 한 사람이 실행을 책임지는 걸 임무 분산이라고 부른다. 일을 나눈다는 의미에서 언뜻 보면 좋게 보일 수도 있지만 실상은 다르다.

이런 시나리오를 생각해 보자. 한 엄마는 드라이클리닝 가격이 제일 싼 ABC 클리너 세탁소를 이용한다. 이게 인지다. 그녀가 드라이클리닝할 옷가지를 모아 가방에 담아서 현관에 놔둔다. 여기까지가 계획이다. 그런 다음 남편한테 그 가방을 세탁소에 맡겨 달라고 부탁한다. 즉 그녀는 인지와 계획까지만 책임지고 실행을 남편에게 넘긴 것이다. 이제 어떤 일이 벌어질까?

남편은 아내의 요청을 수락해 월요일 출근길에 세탁소에 들른다. 근데 세탁소 문이 닫혀 있다. 낙담한 그가 아내에게 메시지를 보낸다. '오늘 세탁소 쉬는 날이라고 왜 말 안 했어?'

일이 분산되면 그 일의 CPE 전체를 책임질 사람이 없어진다. 이때 실행만 맡은 사람은 일을 성공적으로 수행하는 데 필요한 맥락을 다 파악하지 못할 확률이 크다. 그러면 일의 체계가 무너지고 궁극적으로는 비효율이 심해진다. 서로 무슨 일을 하는지 모르는데 그 일이 성공적으로 마무리되면 그게 더 놀라운 일이 아닐까.

세탁소 휴일 사건에서 남편이 실행뿐만 아니라 인지와 계획도 책임졌다면 아내와 상의할 필요가 없었을 것이다. 월요일이 세탁소 휴일이라는 사실을 이미 알고 있기 때문에 화요일에 들러 시간을 훨씬 효율적으로 쓸 수 있었을 것이다. 반대로 아내가 인지와 계획뿐만 아니라 실행까지 했다면 마찬가지로 화요일에 세탁소에 들렀을 테고, 남편에게 언짢은 메시지를 받는 일도 없었을 것이다.

Q4. 왜 파트너한테 실행을 부탁하면 안 된다는 거죠? 좀 도와 달라고 하는 게 어때서요?

파트너에게 실행을 부탁하게 되면 당신 가정에 '부려먹기(RAT,

Random Assignment of a Task. 저자는 쥐를 뜻하는 단어 'rat'과 중의적인 의미로 사용했다 - 옮긴이)'가 기승을 부리게 된다. 마블 레고 사건을 예로 보자.

질이 샤워 중인 남편 데이비드에게 소리쳤다. "나 지금 엄마네 집에 이사벨라 데리러 가. 루이스는 거실에서 놀고 있어. 우리가 집에 도착하기 전에 마블 레고 좀 치워 줘." 데이비드는 재빨리 물기를 닦고 옷을 입은 뒤 거실로 나갔다. 여덟 살짜리 아들 루이스가 만화책을 읽고 있었다. 데이비드가 아들 옆에 앉으며 바닥을 살펴봤지만 눈에 띄는 마블 만화책이 없었다. "엄마가 마블 만화책 치우라고 했지?" 아들은 고개를 끄덕였다. 데이비드는 카펫까지 들춰 가며 몇 분 동안 만화책을 찾다가 결국 포기하고 주방으로 가서 아내와 딸이 먹을 점심을 만들기 시작했다.

20분 뒤에 질이 돌아왔다. 그녀는 생후 6개월 된 이사벨라를 데리고 현관에 들어서자마자 질색을 하며 소리쳤다. "레고 좀 치워 달랬잖아. 이게 왜 아직도 여기 있어? 이사벨라가 주워서 입에 넣기라도 하면 어쩌려고?" 데이비드는 억울한 듯 말했다. "당신이 '마블'이라며!" 질은 씩씩거리며 얘기했다. "내가 부탁한 건 딱 하나였어."

여기서 데이비드 변호를 좀 하자면 그 한 가지 일은 명확하게 전달되지 않았다. 아내는 레고를 치워 달라고 했지만, 데이비드는 그 앞의 '마블'이라는 소리만 듣고 만화책이라고 생각했던 것이다. 게다가 정리 카드는 그녀의 것이었기 때문에 아이가 걱정된다면 집을 나서기 전에 레고를 본인이 치웠어야 했다. 하지만 그녀는 임의로 그 일을 남편에게 시킨 뒤 원래 그의 일이었던 것처럼 남편을 질책했다.

배우자가 당신을 대체할 수 있는 협력자 혹은 주체적으로 임무를 완수할 수 있는 진정한 파트너가 되기를 바란다면 부려먹는 습관을 버려야 한다. 내가 인터뷰했던 남성들 상당수가 매일 아내에게 비판받는 기분을 느낀다고 털어놓았다. "아내가 나를 시도 때도 없이 부려먹는 데 질렸어요.", "아내가 나한테 말을 하는 건 잔소리할 때뿐이에요.", "아내는 내가 훈련이 덜 됐다고 농담을 해요. 물론 내가 완벽하지 않은 건 인정합니다. 그래도 그렇지 나는 개가 아니잖아요."

어쩌다 한 번은 부탁할 수 있지만 시도 때도 없이 부탁하는 게 반복되면 파트너는 이렇게 선언하게 되어 있다. "이런 식으로는 못 살아. 여기서 나갈 거야!" 수많은 남성들과 일대일 대화를 통해 수집한 통계가 가리키는 방향은 명확했다. 남성들이 아내를 원망하며 이혼하고 싶다는 말을 하게 되는 주된 이유 중 하나가 바로 아무 때나 부려먹는 것이었다.

다행히 돌이킬 수 있는 기회는 아직 남아 있다. CPE가 잘 작동하면 집안일이 무작위로 어느 한쪽에 맡겨지는 경우가 없고, 그러니 굳이 시킬 필요도 없어진다. 사전 협상을 통해 모든 카드의 책임자가 명확하게 정해져 있기 때문에 둘은 각자 자신에게 어떤 책임이 있는지 안다. 따라서 갑자기 당황할 일도, 파트너가 상기시켜 줘야 할 일도, 알아서 하라는 말을 들을 일도 없다. 그렇게 되면 각자의 역할이 시도 때도 없이 부려먹는 잔소리꾼이나, 누군가가 시키는 대로 하기만 하는 보조 역할 그 이상으로 진화하게 된다. 이처럼 공정한 게임에서 명시적으로 정의된 새로운 역할은 두 사람을 성공으로 이끈다.

Q5. 내 카드를 실행하는 데 파트너의 도움이 필요하면 어떻게 해야 하나요?

둘 중 한 사람이 결승선을 통과하는 데 도움이 필요한 상황이라면, 파트너한테 "당신이 좀 해 줘!"라고 시키지 말고, 아예 다른 사람에게 부탁하라. 당신이 가진 카드는 모두 당신이 실행까지 해야 하는 게 맞지만 그게 꼭 물리적으로 그 일을 당신이 완수해야 한다는 의미는 아니다. 실제로 뛰어난 관리자들은 일의 여러 측면에서 다른 이들에게 도움을 구한다. 다만 파트너는 개입시키지 마라!

가장 이상적인 것은 급하게 다른 사람의 도움이 필요한 상황을 애초에 만들지 않는 것이다. 그러려면 주간 점검일에 그 카드를 미리 재협상하는 것이 좋다.

Q6. 둘 다 CPE 하기 싫은 카드여서 서로 미루면 어떻게 하죠?

그건 선택 사항에 없다. 그 카드는 두 사람이 모두 가치가 있다고 합의해서 남긴 것이다. 그러니 책임질 사람이 정해질 때까지 협상을 멈추지 마라. 그래도 도저히 방법을 못 찾겠다면 동전을 던져라. 그리고 필요할 때마다 재협상을 하라.

Q7. 아들 농구 시합을 보러 가는 것처럼 서로 갖고 싶어 하는 카드가 있으면 어떻게 하죠?

많은 사람이 실행(이 경우 경기장 관람석에서 아들 응원하기)에서 기쁨을 느낀다. 이건 전혀 나쁠 게 없다. 당신이 어떤 카드의 주도권을 갖는 것이 파트너로 하여금 그 일이 주는 즐거움에서 배제하는 것을 의미하진 않는다. 공정한 게임 시스템은 두 사람 모두를 위한 것이다. 카드를 한 사람이 주도하는 것은 중복이나 분산의 위험을 막기 위함이다. 따라서 농구 시합 사례의 경우 한 사람은 특별활동(스포츠) 카드를 맡고, 다른 한 사람은 있어 주기&참여하기 카드를 갖는 방법을 제안한다. 그러면 한 사람은 운전과 간식을 맡고, 다른 한 사람은 그냥 같이 있어 주면서 가족 간의 유대감이 형성되는 즐거운 순간을 함께 할 수 있게 된다.

Q8. 아이가 두 명 이상일 때 아이 관련 카드는 어떻게 나누는 게 좋을까요?

자녀가 둘인데 같은 날 같은 시간에 각자 플레이 데이트나 운동 시합에 가야 할 때는 부모가 각각 같은 카드를 한 장씩 갖는 게 허용된다. 두 사람이 아이를 한 명씩 맡아 아이가 참석해야 할 행사의 인지, 계획, 실행을 전부 책임지는 것이다. 두 사람이 같은 카드를 동시에 갖고 있으면서 아이를 한 명씩 맡는 것을 '아이 분담 Kid Split'이라고 한다. 아이가 둘 이상인 가정에서는 카드를 분담할 때가 많은데 아이마다 부모가 해야 할 역할이 다양하기 때문이다. 생일 파티(아이의 친구들), 특별활동(비스포츠), 특별활동(스포츠), 교우 관계&소셜미디어, 짐 싸기 및 풀기(지역), 이동(아이들), 과외&코칭, 아이 보기, 그리고 만약 아이들이 다른 학교에 다닌다면 학교 서류 작성, 선생님과 연락, 학교 봉사활동 카드를 분담할 수 있다. 이때 아이들 관련 카드를 분담하는 건 의무가 아니라 선택 사항이다.

Q9. 뭐가 공정한 건가요? 한 사람이 카드를 몇 장이나 맡아야 한다는 거죠?

공정하다고 다 공평한 게 아니고, 공평한 게 늘 공정한 것도 아니다. 그러니 50 대 50을 기대하지 마라. 공정한 게임의 목표는 평등이 아니라 공정이다. 한 사람이 집 밖에서 정규직으로 일을 하지 않는다 해도 그가 카드를 전부 가질 순 없다. 두 참가자는 각각 어른들 우정, 자기 관리, 유니콘 스페이스 카드를 갖고, 매일 반복해야 하는 일 카드는 두 사람이 공정하게 나눠 갖되 될 수 있으면 각 세트에서 최소한 한 장씩은 갖는 게 좋다. 그래야 가정생활에서 가장 시간이 많이 드는 일을 공정하게 나누고, 일정상 CPE할 수 없는 노동 집약적인 집안일에 책임을 다할 수 있다.

Q10. 왜 카드를 50 대 50으로 나누는 게 목표가 아닌가요?

공정한 게임에서 숫자는 중요하지 않다. 중요한 건 당신 가정에 맞는 카드 한 벌을 완성하는 것이다. 그리고 내가 여성들에게 결혼 생활의 만족도에 가장 크게 영향을 미치는 게 무엇인지 물었을 때, 돌아온 대답은 집안일을 50 대 50으로 나누는 것과는 거리가 멀었다. 오히려 남편이 자신이 맡은 카드의 인지와 계획, 실행을 얼마나 능숙하고 신중하게 해내느냐가 훨씬 많은 영향을 미쳤다. "내 남편은 자동차 카드 CPE를 책임지는데, 한 장의 카드지만 시간적 부담을 상당히 덜어 줘서 나한테는 카드 10장의 값어치를 해요. 그 일을 하라고 계속 상기시켜 줄 필요가 없고, 계획도 안 세워도 되고, DMV 등록이나 보험 갱신, 엔진 오일 교체 같은 일도 전혀 신경 쓸 필요가 없어요. 정말 해방된 기분이에요."

여기에 귀가 번쩍 뜨이는 소식이 하나 있다. 젠더 혁명은 CPE로 가능할 수 있다. 정말이다. 카드 한 장이 변화를 일으킨다. 남편 세스가 아이들의 특별활동(스포츠) 카드를 가져갔을 때 나는 한 주에 8시간을 돌려받았다. 카드 하나를 재협상했을 뿐인데 말이다! 심지어 세스는 그 카드 갖는 걸 좋아한다. 스포츠를 사랑하고 아이들이 운동장에서 뛰는 모습을 보는 걸 좋아하기 때문이다. 그리고 CPE를 온전히 책임지면 부모 역할을 훨씬 잘할 수 있고 성취감도 더 크다는 것을 깨달았다. 그 뒤부터 세스는 다른 카드도 기꺼이 더 맡겠다고 나섰다. 고작 카드 한 장이 세스를 바꾸고, 우리 가정에 변화를 가져온 것이다.

Q11. 그럼에도 집안일을 공정하게 나누려면 남자가 카드를 몇 장이나 가져야 하나요?

공정한 게임을 시도하는 커플이 광범위하게 늘어나면서 매직넘버가 모습을 드러내기 시작했다. 커플들은 남성이 21개의 카드를 CPE 할 때 그 분담이 공정하다고 느꼈다. 블랙잭(총 21점이 되도록 카드를 모으는 카드 게임 - 옮긴이)이다!

수학적으로 카드 21장은 전체의 4분의 1밖에 안 되지만 그 사실과 무관하게, 남성이 블랙잭이나 그 이상의 카드를 가지면 여성은 집안일을 공정하게 분담했다고 느꼈다. 가사 노동에서는 여성이 기본값이라 그 정도면 만족한다는 식이 아니었다. 남편이 적어도 21장 이상의 카드를 가져간 여성들은 대부분 남편의 지지를 받는다고 느꼈고, 일상적으로 느끼던 원망이나 피로도 사라졌다. "남편이 기꺼이 실행을 맡아서 하는 게 늘 고맙긴 했지만 인지랑 계획까지 맡으니까 정말 해방된 기분이야." 내 친구 첼시의 말이다.

파트너에 대한 깊은 원망은 주로 인지와 계획에서 생기는데, 우리의 정신적·감정적 부담이 대부분 거기서 오기 때문이다. 그래서 파트너가 인지와 계획을 완전히 책임질 경우 가사 노동의 가장 묵직한 돌들이 하루아침에 사라진 기분이 드는 것이다. 그리고 부부 생활에서 가장 자신감 있고, 주체적이며, 행복한 남성들은 아내의 전폭적인 지지와 신뢰를 받으며 CPE 전체를 책임지는 사람들이었다.

여성들에게는 이런 조언을 해 주고 싶다. 파트너와 카드를 나눌 때 50 대 50을 기대하거나 요구하지 마라. 그가 어제보다 한 장이라도 카드를 더 맡으면 그게 이득이다. 처음부터 블랙잭 이상을 추구하는 데 급급할 필요가 없다.

남성들에게는 이런 조언을 해 주고 싶다. 첫판에 카드를 너무 많이 가지려고 욕심 부리지 마라. 덥석 카드를 한 장 더 집어 들기 전에 지금 무슨 카드를 갖고 있는지부터 신중하게 생각해 보라. 게임이 계속되고 매주 카드를 재협상하다 보면 카드는 저절로 늘어나게 되어 있다. 그리고 언젠가는 외과의사 진처럼 카드를 46장이나 갖고서도 행복하다고 느낄지 모른다!

Q12. CPE와 MSC는 뭐가 다른가요?

CPE(인지, 계획, 실행)는 어떤 임무를 완수하는 데 필요한 눈에 보이지 않는 모든 단계를 구체적으로 드러낸 것이다. MSC(최소 관리 기준)는 당신이 어떤 임무를 가족의 눈높이에 맞는 관심의 정도와 재량으로 효과적인 일정에 따라 단계별로 완수할 거라는 기대치다.

Q13. 파트너가 게임을 공정하게 한다는 걸 믿을 수 없을 땐 어떻게 해야 하나요?

공정한 게임은 양쪽 당사자가 기대치를 맞추고 상호 합의한 최소 관리 기준을 따를 때에만 효과가 있다. 가능하다면 불필요한 카드를 버리되, 둘이 합의해서 어떤 카드를 게임에 포함시키기로 했다면, 반드시 최소 관리 기준을 따라야 한다.

Chapter 9

카드를
재거래할 차례다

이제까지 두 사람은 개인의 강점과 선호도, 능력을 고려하고, 공유하고 있는 가치와 상호 합의한 기준에 따라 공정한 게임 카드를 전략적으로 거래했다. 지금부터는 본격적으로 가사 노동의 양에 균형을 맞추고 누구에게나 평등하게 주어진 시간과 집안일의 효율 증대, 형평성과 공정함 등의 가치를 추구하기 위해 카드를 재거래할 차례다.

먼저 공정한 게임을 시작한 첫 주에 중간 평가를 할 날짜부터 정하라. 모든 시스템은 유지보수가 필요하다. 게임을 하면서 공정함을 유지하려면 두 참가자의 솔직한 대화가 필요하다는 말이다. 그러니 중간 평가를 하며 카드를 재거래할 날짜와 시간, 장소를 구체적으로 정해 두는 게 좋다. 리얼리티 쇼 〈더 베첼러〉의 다음 에피소드를 기다리는 자세로 시스템 점검을 최우선 순위에 올리는 것이다. 전반적으로 봤을 때 공정한 시스템에 관한 피드백을 주기적으로 교환한 부부들이 최고의 효율성과 행복도를 달성했다. 그만큼 피드백은 공정한 게임의 장기적인 성공을 좌우하는 가장 중요한 변수라고 볼 수 있다.

점검 초대장

날짜 : _____

장소 : _____

시간 : _____

성공한 기업들의 인사나 조직 관리 담당자들이 공통적으로 동의하는 게 있다. 피드백이 발전에 밑거름이 된다는 사실이다. 월요일 아침마다 회의를 열어 정기적인 성과 검토를 하는 이유가 바로 거기에 있다. 지속적인 피드백을 하지 않으면 어떤 전략이 효과적이고 어떤 전략이 수정이 필요한지 알 수 없다. 가정에서도 마찬가지다. 주간 점검은 파트너와 피드백을 주고받을 좋은 기회다. 역할과 임무와 기대치를 명확하게 정의하는 데 필요한 시간과 공간을 만들어, 궁극적으로는 두 사람 모두 계속 승리할 수 있도록 시스템을 개선해 나가는 것이다. 공정한 게임은 속성 다이어트 같은 게 아니다. 당신이 타인과 관계 맺는 방식을 평생에 걸쳐 바꿔 나가는 것이다. 그러므로 주간 점검을 통해 서로에게 피드백을 하는 것이 매우 중요하다.

제발 성질을 죽이고, 말을 삼가고, 기다려라

하지만 우리는 집이라는 환경에서 파트너나 배우자에게 잠깐 기다렸다가 피드백을 하는 방식에 익숙하지 않다. 보통은 사건이 벌어진 즉시 구시렁거리거나, 잔소리를 하거나, 불평을 늘어놓거나, 소리를 지른다. 그러다 감정이 격해지면 문을 박차고 나가 버리기도 하고, 하루 종일 인상을 잔뜩 찌푸린 채로 있기도 한다. 또 내 목소리를 귀담아듣지 않거나 기대가 충족되지 않으면 그 문제가 해결될 때까지 섹스를 보류한다. 양상은 달라도 이런 것들이 다 즉각적인 피드백에 해당된다고 볼 수 있다.

그런데 즉각적인 피드백은 문제 해결에 아무 도움이 안 된다. 어떤 감정을 느끼는 즉시 그 감정을 표출하는 것을 나쁘다고만 할 수는 없지만 공정한 게임에서는 남편이 갓난아기 얼굴에 선크림 대신 엉덩이 크림을 바르려고 하는 일촉즉발의 상황이 아니라면 권하지 않는다. 제발 성질을 죽이고, 말을 삼가고, 기다려라.

행동경제학자 댄 에리얼리에 따르면 '감정 캐스케이드(Emotional Cascades, 감정적인 상태일 때 내린 의사결정은 그 감정이 사라지고 오랜 시간이 지나도 계속 판단에 영향을 미친다. ─ 옮긴이)' 상태일 때 파트너와 의사소통을 하면 서로를 아끼고 존중하는 행복한 커플을 목표로 하는 장기전에서 실패하게 된다. 그는 이 주제와 관련해 나와 전화 통화를 하는 중에도 자신의 책 《상식 밖의 경제학》에서 언급했던 내용을 얘기하며 다시 한번 강조했다. "나는 감정 캐스케이드의 위험을 가장 잘 보여 주는 게 연인 관계라고 생각합니다. 논의(혹은 언쟁)의 주제가 돈이든 자녀든 저녁 메뉴든, 커플이 문제를 해결하려고 할 때 두 사람은 눈앞의 문제를 다루는 것일 뿐 아니라 행동 레퍼토리를 개발하고 있는 것이기도 하니까요. 이때 레퍼토리는 오랜 시간에 걸쳐 두 사람의 상호작용 방식을 결정합니다."

나는 행동 레퍼토리가 공정한 게임을 시도한 커플들 사이에 극과 극의 결과를 만들어 내는 걸 수없이 봐 왔다. 감정에 휩쓸려 즉시 피드백을 내지르는 사람들은 파트너와 서로 경쟁적인 역학 관계에서 벗어나지 못하고 결국 신뢰를 잃게 되는 반면, 기다렸다가 신중하게 피드백하는 새로운 습관을 들인 커플들은 시간이 지나면서 더 협력적으로 상호작용하는 전형을 만들었다.

세계적으로 유명한 심리학자 줄리 고트만도 피드백을 하기 위해서는 기다리는 시간이 필요하다고 말한다. 갈등 관계에 있는 커플이 짧은 냉각기를 가지는 동안 더 나은 인지적 관점을 갖는다는 사실을 발견했기 때문이다. 더비 삭스비 교수는 이런 현상을 신경학적으로 설명했다.

"스트레스를 받거나 화가 났을 때는 논리적으로 생각하기가 어려워요. 논리적인 추론을 담당하는 전두엽 피질은 위협 반응을 감지하는 편도체 활동이 활발해지면 효율적으로 일을 하지 못하거든요. 내 연구 결과를 보면 불행한 결혼 생활을 하는 부부들이 서로에게 더 생리적으로 반응한다는 걸 알 수 있어요. 한마디로 스트레스 호르몬인 코르티솔과 더 강력하게 연결돼 있는 거죠. 이것은 스트레스가 전염될 수 있다는 사실을 암시해요. 어느 한쪽이 화가 나면 상대방도 그 감정에 쉽게 휘말리게 되는 거죠. 그러니까 일이 생겼을 때 차분하게 반응할 수 없으면 한 발 물러서서 두 사람 다 기분이 좋아질 때까지 기다려야 해요."

J.P. 모건 회장과 CEO에게 자문을 하던 나의 옛 동료이자 지금은 내셔널 하키 리그 고위 간부로서 수백 명의 직원을 관리하는 킴 데이비스도 삭스비와 같은 맥락의 이야기를 했다. "난 '감정이 고조되면 인지력이 낮아진다'는 말을 믿어요. 내 조언은 상대방이 하는 말을 들을 준비가 되어 있고 차분한 대화를 나눌 수 있을 때 테이블로 돌아오라는 겁니다." 물론 즉시 피드백을 자제하라는 제안이 어렵게 느껴질 수 있다. 공정한 게임 테스트에 참여한 수많은 여성들도 처음 몇 주 동안은 부정적인 감정에 휩싸였다고 털어놓았다.

"남편이 자기 카드로 게임을 제대로 하지 않을까 봐 걱정돼요. 안 하면 어떡하죠?"

"남편이 게임을 망쳐 버리면 어떻게 하죠?"

"공정한 게임이 효과가 없어서 다시 원점으로 돌아가 허구한 날 싸우는 생활이 반복될까 봐 두려워요."

"내가 가지고 있던 카드를 남편에게 좀 넘기긴 했지만 신경을 딱 끊기가 너무 힘들어요."

"그 과정을 믿어 보려고 마음먹어도 어느 순간 남편이 잘 하고 있나 몰래 지켜보게 돼요."

"만약 우리가 달라질 수 없으면 어떡하죠?"

이에 대한 내 대답은 점검일을 기다리는 동안 온갖 감정의 소용돌이가 생길 수 있음을 인정하고 받아들이라는 것이다. 아마 당신도 저항, 불편함, 두려움과 걱정, 조바심, 불신과 의심 등의 미묘하고 부정적인 감정을 느끼게 될 수 있다.

하지만 절대 걱정하지 마라. 임상심리치료사 마샤 번스타인은 이렇게 말한다. "그런 감정들에 시달린다면 당신이 지금 변화를 겪고 있다는 증거예요. 그럴 때는 잘못을 바로잡는 것이 과정의 일부라는 사실을 스스로에게 상기시키세요."

자, 이제 당신이 본격적으로 주간 점검을 계획할 차례다. 다음 단계에 따라 차근차근 주간 점검을 해 보라.

주간 점검 1단계 _ 점검일 정하기

가장 이상적인 건 당신과 파트너가 단둘이 있을 수 있는, 그리고 매주 반복할 수 있는 요일과 시간을 점검일로 잡는 것이다. 내 휴대폰에는 매주 금요일 오후 늦게 달력과 함께 다음과 같은 알람이 뜬다. '세스와 주간 점검 p.m. 5~5 : 30'. 우리는 둘이 제일 좋아하는 멕시코 식당에서 만나 2달러짜리 타코를 한 접시씩 주문한 뒤 주간 점검을 시작한다. 그리고 30분이 지나면 누가 어떤 카드를 책임질지 완전히 파악한 상태로 식당을 나선다. 우리에게 공정한 게임 점검일은 주말을 시작하는 멋진 시동 장치다. 우리를 협력 정신이라는 출발선에 나란히 세우기 때문이다.

주간 점검은 직접 마주 앉아서 하는 게 가장 좋지만 꼭 그래야 하는 건 아니다. 화상 통화를 하거나 그냥 전화로 할 수도 있다. 때와 시간, 장소는 그 순간 서로에게 집중하기만 한다면 크게 중요하지 않다. 그러므로 같이 커피를 마시거나, 강아지를 산책시키면서 주간 점검을 할 수도 있고, 아이들이 잠들고 난 뒤 침대에 누워서 할 수도 있다. 그리고 첫 번째 점검은 시간이 좀 걸리겠지만 시스템에 익숙해져서 주간 점검이 새로운 생활 리듬이나 일상으로 자리 잡고 나면 그에 필요한 시간이 점점 짧아지게 된다.

한편 많은 커플의 증언에 따르면 점검일은 일요일보다는 금요일이 낫다. 주말 막바지에는 둘 다 녹초가 돼 있을 가능성이 크다. 너무 피곤해서 꼼짝도 하기 싫은데 집안일 분담 문제로 서로 마주 앉으면 말다툼으로 이어지기 십상이다. 그러므로 협력적인 대화에 참여할 가능성이 높은 금요일이 점검일로 더 적당하다.

주간 점검 2단계 _ 점검하기

카드는 적을수록 좋기 때문에 어떤 식으로든 개수를 줄이는 게 좋은데, 점검일이 그 절호의 기회다. 본격적으로 점검에 들어가면 우선 각자 자신이 가진 카드의 총 개수 먼저 파악해야 한다.

그런 다음 집안일, 집 밖에서 하는 일, 돌봄, 마법, 불모지 등 유형별로 각자 가지고 있는 임무 카드를 검토한다. 지금 게임을 하고 있는 카드의 임무가 여전히 적절한지 따져 보는 것이다. 그런 다음 카드 재거래에 나선다.

참고로 나는 카드를 재거래할 때마다 좋아진 점을 먼저 언급하곤

했다. 최근 점검일에 나는 세스에게 이렇게 말했다. "여보, 당신이 IT
& 전자기기 카드를 맡아 줘서 너무 좋아! 나왔다 안 나왔다 하던 케이
블 TV를 골든글러브 시작 전에 고쳐 줘서 정말 고마워." 그러자 세스
도 날 이렇게 치켜세웠다. "매일 애들 과제 봐 줘서 고마워. 그게 힘든
일이라는 거 알거든. 당신이 잭하고 벤 옆에 앉아서 보내는 시간, 정
말 고맙게 생각해." 기업에서는 앞뒤로 칭찬하고 중간에 비판을 끼우
는 '칭찬 샌드위치' 방법을 많이 쓴다. 하지만 가정에서 피드백할 때는
'오픈 샌드위치'를 추천한다. 무엇이든 긍정적인 얘기로 대화를 시작
한 뒤에 미세하게 조정이 필요한 영역으로 옮겨 가는 것이다.

주간 점검 3단계 _ 재협상 또는 유지하기

한 주 동안 두 사람이 각자의 카드를 잘 이행했는지 점검이 끝났다
면 다음 세 가지를 중심으로 재협상할지 그대로 유지할지를 결정하라.

- 매일 반복해야 하는 일 카드는 어떻게 할 것인가?
- 혹시 두 가지 함정에 빠지는 카드가 있는가?
- 그 외에 시스템 오류에 빠진 카드는 없는가?

1) 매일 반복해야 하는 일 카드

공정한 게임은 유동적이다. 그러므로 카드는 원하거나 필요할 때마
다 언제든 바꿀 수 있다. 특히 매일 또는 대단히 반복적으로 해야 하는

집안일 카드는 자주 재협상해야 할 대상에 속한다. 심지어 그중 몇 장의 카드는 매일 재협상을 해야 할 수도 있다. 예를 들어 식사 준비 카드를 가지고 있다고 해 보자. 이 카드를 한 달이나 가지고 있는 건 너무 힘든 일이다. 그러므로 공정한 게임이 되려면 적어도 며칠에 한 번은 재협상해야 한다. 한밤중에 깬 아이 달래기 카드도 마찬가지다. 한 사람만 몇 년씩 수면 부족에 시달릴 순 없지 않은가. 그러므로 집안일처럼 반복되는 일 카드는 자주 재거래해서 두 사람 모두 각각의 임무에 수반되는 모든 것을 경험해 봐야 한다.

앨런은 이동(아이들) 카드를 맡은 지 3일 만에 아내한테 고백했다. "매일 그 길고 긴 자동차 행렬에 갇혀 있게 해서 정말 미안해. 아이들을 이동시키는 것 하나가 이렇게나 시간이 오래 걸리는 일인 줄 미처 몰랐어."

당신과 파트너가 매일 반복해야 하는 일 카드를 재협상하기 전에 해야 할 일이 있다. 협상할 카드의 CPE 내용을 구체적으로 합의하는 것이다. 또 다음 재협상 전까지 각자 가진 카드를 얼마나 가지고 있을지 결정하라. 주간 점검일에 재거래하는 모든 카드에 대해 각자 책임질 시간대를 정하고, 두 사람이 공유하고 있는 일정표에 일별 또는 시간 단위로 카드를 넘겨 줄 일정을 기록해 두어라. 물론 계획은 바뀔 수도 있고, 상황에 따라 조정이 필요할 수도 있다. 그래도 대충이라도 미리 알고 있는 게 전혀 모르는 것보다 낫다.

한편, 주간 점검일은 카드의 총 개수를 줄일 기회이긴 하지만 일방적으로 파트너에게 카드를 떠넘길 생각은 하지 마라. 카드를 점검하는 가장 큰 목표는 재협상하거나 그대로 가지고 있는 것이다. 매일 반복해야 하는 일 카드 30장은 둘 중 누구도 혼자 책임지면 안 된다. 그러므로 이 카드들을 협상할 때는 기본값이 여자 혹은 남자로 되어 있는 카드가 없다는 원칙에 의거해 공정하게 나눠 가지되 각 세트에서 최소 한 장 이상 갖는 게 바람직하다. 그래야 두 사람이 가정생활에서 가장 노동집약적인 일을 공정하게 분담할 수 있다.

2) 두 가지 함정에 빠지는 카드

매일 반복해야 하는 일 카드 재협상이 끝났으면 이제 분산과 중복이라는 함정에 빠진 카드를 골라낼 차례다. 한 사람이 어떤 카드의 인지, 계획까지만 한 다음 실행을 파트너에게 맡겨서 결국 CPE가 분산된 카드는 없는지, 둘 다 같은 카드를 갖고 있으려다가 CPE가 중복된 경우는 없는지 따져 보는 것이다.

우리는 함정에 빠지면 보통 서로를 탓하기 바쁘다. "그 카드는 당신이 알아서 하는 건 줄 알았어!", "내가 분명 당신한테 부탁했잖아." 하지만 공정한 게임을 하고 싶다면 탓하기를 멈추고 파트너를 비난하거나 수치심을 주는 것 또한 중단해야 한다. 대신 각자 실수하거나 놓친 것을 확인한 다음 해당 카드의 인지, 계획, 실행의 의미를 다시 신중하게 논의해서 재정의해야 한다. 각자 자신이 카드의 중복이나 분산에 기여한 부분을 인정하고 책임지는 태도를 갖는 것이다. 모든 카드의 CPE는 한 번에 한 사람이 주도하는 것이 좋다. 그러므로 재협상을 할 때는 앞으로 그 카드의 소유권을 누가 가질지 분명하게 정해야 한다. 스스로에게 물어보라. 그 카드를 계속 갖고 있길 원하는가 아니면 재협상하길 바라는가?

당신의 능력이나 여력을 고려할 때 당신이 가지고 있는 게 최선이 아닌 카드가 있을 수 있다. 당신이 의도한 건 아니지만 무언가 잘못되고 있다면 그 카드는 잠재적으로 당신 가정에 해가 될 모른다. 파트너와의 관계도 마찬가지다. 그러므로 당신이 들고 있지만 최선이 아닌 카드는 가정의 화목을 위해 CPE를 더 잘할 수 있는 사람에게 넘기는 게 옳다. 중복과 분산에 빠진 카드는 다음과 같이 정리하라.

분산 : _____ 카드(들)는 _____ 가 주도한다.

중복 : _____ 카드(들)는 _____ 가 주도한다.

3) 시스템 오류에 빠진 문제의 카드

재협상할 때 마지막으로 체크해야 할 것은 시스템 오류에 빠진 카드는 없는가이다. 시스템 점검으로 잘못된 부분을 바로잡아 나가고 있는데 처음부터 완벽함을 기대하진 마라. 짝짝이 양말 정도는 웃어넘기라는 말이다. 하지만 다음과 같은 문제가 생겼다면 당장 일시 정지 버튼을 눌러야 한다.

CPE 오류 : 이것은 파트너가 맡은 임무의 결정적인 단계를 완료하지 않거나 아예 자기 카드를 하나도 이행하지 않는 경우를 말한다. 이를테면 장보기 카드를 가진 남편이 이번 주에 식료품점을 한 번도 안 가서 냉장고가 텅텅 비었다. 냉장고를 열었다가 망연자실한 당신이 불평을 터트린다. "우리 먹을 게 하나도 없잖아!" 이처럼 CPE 오류는 "깜빡했네. 좀 말해 주지 그랬어! 시간이 없었어. 하려고 했는데…."라는 변명으로 해결될 문제가 아니다.

MSC 오류 : 이것은 파트너가 맡은 카드를 합당한 시간에 하지 않거나 제대로 하지 않는 경우를 말한다. 최소 관리 기준을 어긴 것이다. 예를 들어, 장보기 카드를 가진 남편이 식료품점에 가긴 가는데 둘이 합의한 목록대로 물건을 사지 않는다. 아침 식사에 필요한 주요 식재료가 식료품 저장실에 없다. 그런데도 쇼핑 카트에는 파티할 때나 먹는 버팔로윙이 잔뜩이다. 덕분에 식료품비 지출은 예산을 훌쩍 넘었다. 이번 주에는 버팔로윙을 먹으면서 응원할 경기도 없는데 말이다.

이처럼 CPE나 MSC 오류가 발생했을 때는 이해할 만한 일회성 실수인지, 아니면 불합리하고 반복적인 패턴인지를 따져 봐야 한다.

만약 이해할 만한 일회성 실수라면 그냥 넘겨라. 고의가 아닌 실수 하나 때문에 집안에 풍파를 일으키지 말자. 물론 모닝커피에 넣을 크림이 없어서 누군가 식료품점으로 달려가야만 한다는 건 짜증이 솟는 일이다. 하지만 그 자리에서 바로 부정적인 피드백을 하기보다는 점검일에 합리적인 기준에 대해 차분하게 토론하고 누가 그 카드의 CPE를 이끄는 게 최선인지 합의하는 게 좋다. 물론 점검일에 그 카드는 반드시 재협상해야만 한다.

그리고 실수에 대해서는 필리스 코헨 박사의 조언을 따를 것을 권한다. "자기 행동에 책임을 져야만 잘못을 바로잡을 수 있습니다." 그러니 만약 당신이 실수를 저질렀다면 책임지고 바로잡아라. 얼른 목록을 챙겨 들고 식료품점에 가라! 파트너가 지적하기 전에 잘못을 바로잡으라는 말이다. 실수를 바로잡다 보면 상황만 해결하는 게 아니라 파트너의 신뢰도 회복할 수 있다. 잊지 말 것, 우리의 장기 목표는 원망이 아니라 신뢰다.

그리고 공정한 게임 초반에는 어느 정도 할 일을 잊거나 완수하지 못하는 게 당연하다. 하지만 "깜빡했어"나 "시간이 없었어" 같은 반복적인 패턴이 일상화되거나 최소 관리 기준을 지키지 않는 게 표준이 되면 경보를 울려야 한다. 지금 바로잡지 않으면 당신의 분노 측정 바로미터가 붉은 선을 넘어갈 뿐 아니라 부부간의 신뢰에도 치명적인 금이 가기 때문에 시스템 붕괴 위기에 직면할 수 있다. 그럴 때는 파트너를 테이블로 불러들여 말할 수 있어야 한다.

"내가 잔소리나, 당신 탓이나, 점수 매기듯 하는 평가나, 당신을 통제하는 성향을 버리려면 당신이 갖고 있는 모든 임무가 완수될 거라는 걸 확신할 수 있어야 해. 그건 당신이 들고 있는 카드의 CPE를 완전히 책임져야 한다는 의미야. 구체적으로 정해 놓은 기대치를 만족시키고 서로 합의한 관리 기준을 지켜야 한다는 뜻이기도 해."

만약 당신이나 파트너가 어떤 카드의 CPE를 완수하기에 능력이 부족하다고 느끼면 효율을 극대화하기 위해서라도 그 카드를 재협상하라. MSC에 대해 이견이 있거나 기준을 정하지 못한 카드가 있다면 둘이 함께 고민해서 당신 가정에 가장 합리적인 기준을 찾아라. 도저히 접점을 찾을 수 없다면 그 임무가 당신에게 가치 있는 이유를 생각해 보라. 문제를 일으키는 모든 카드는 점검일에 상대를 배려하며 왜 문제가 되는지를 친절하게 설명하라. 공정함을 목표로 게임을 하는 게 새로운 일상이 될 때까지 말이다.

당신의 결정은?

이런 시나리오를 상상해 보자. 당신은 특별활동(스포츠) 카드를 들었다. 따라서 이 임무의 CPE를 완수해야 하고, 스포츠 활동을 조사해서 아이를 등록시키고 비용을 지불할 책임이 있다. 이 카드는 짐 싸기 & 풀기(지역 내), 이동(아이들) 카드와 짝을 이루기 때문에 아이에게 필요한 신발과 유니폼, 장비를 마련해 주고, 정기적인 연습과 시합에 데려다주고, 간식이나 적절한 수분 보충, 여벌의 옷, 그 밖에 시스템이 없으면 잊어버리기 딱 좋은 온갖 일들을 책임져야 한다. 할 일이 많을 수 있지만 카드를 들고 있는 이상 이 모든 일의 인지와 계획, 실행은 당신의 몫이다.

자, 만약 당신이 연습 시간에 늦지 않으려고 허둥지둥 문을 나서며 현관 옆에 놓아 둔 딸의 장비 가방을 집어 들었는데 그 안에 타자용 헬멧이 들어 있는지 확인하는 걸 까먹는 바람에 어쩔 수 없이 헬멧을 장비 창고에서 빌려야만 했다. 그런데 불행하게도 일주일 뒤에 딸의 머리에 이가 득실거리는 걸 발견하게 되었다. 이제 당신은 어떻게 해야 할까? 헬멧 챙기는 걸 잊어버린 실수가 당신이 특별활동 카드를 들고 했던 다른 모든 일에도 불구하고 CPE나 MSC에 실패했다는 걸 의미할까? 그렇게 섣불리 단정 짓기에는 이해할 만한 실수이고, 당신 파트너나 베이비시터, 부모님도 충분히 저지를 수 있는 실수이다. 그러면 이 상황에서 당신은 어떻게 하겠는가?

- **이 상황을 어떻게 만회해야 할까?**
  실수를 인정하고, 주도적으로 딸의 머리를 감기고, 이를 없애려고 세탁기에 돌린 빨래를 빨리 꺼내서 잘 개어라.

- **당신의 배우자는 어떤 반응을 보일까?**
  일회성 실수라면 처음에는 짜증을 내겠지만 당신이 적극적으로 문제 해결에 나서면 넘어갈 것이다.

- **점검일에 특별활동(스포츠) 카드를 재거래해야 할까?**
아니다. 당신은 오히려 "내가 할게"라고 주장하는 게 옳다. 실수를 통해 큰 교훈을 얻었고, 그로 인해 특별활동 카드의 CPE를 수정했기 때문에 다음에는 더 잘할 자신이 있기 때문이다.

- **당신이 다음번엔 장비를 빠짐없이 챙길 거라는 사실을 파트너가 믿어 줄까?**
물론이다.

- **이런 상황이 두 사람 관계에 어떤 결과를 초래할까?**
공정한 게임은 실망감은 최소화하고 책임감과 신뢰는 극대화시키는 게임이다. 그러므로 당신은 이번 판의 승자다. 게임을 계속하라!

주간 점검 4단계 _ 미리 계획하기

모든 카드를 검토하고 공정함과 효율성을 달성하기 위해 재거래까지 마쳤다면 이제 다음 주 계획을 짤 차례다. 이때 일정 관리 카드를 가진 사람이 특정 카드에 영향을 미칠 만한 행사 일정을 참고해 이 논의를 주도해야 한다. 파트너의 조언을 수렴하는 것이다.

예를 들면 이런 거다. 생일 파티에 반 전체를 초대해야 할까 아니면 몇 명만 초대할까? 우리 둘 다 학교 답사 갈 수 있는 가장 좋은 날이 언제지? 당신 부모님하고 토요일 저녁 식사 때 어느 식당에 가면 좋을까? 이때 관련 카드를 가진 사람이 그 카드의 CPE 전체나 일부분을 처리함에 있어 추가적인 지원이 필요하다면 도움을 요청하거나 카드를 재협상해야 한다. 파트너에게 실행을 도와줄 다른 사람을 알아봐 달라고 슬쩍 부탁할 수도 있다. 실행을 다른 사람한테 위임하는 것도 그 카드 소유자의 몫이기 때문이다.

한편 다음 점검일 때까지의 계획을 세울 때는 불모지 세트에 있는 카드들과 관련한 점검도 빼놓을 수 없다. 타이어에 구멍이 나거나, 화재경보기 배터리가 다 돼서 삑삑거리거나, 아이의 플레이 데이트가 예상보다 일찍 끝나는 것 등이 바로 그에 해당한다. 이런 뜻밖의 일들도 누군가는 처리해야 하므로 그런 일이 생겼을 때 어떻게 할지를 파트너와 미리 얘기해 두는 것이 좋다.

결국 승리하고 싶은 당신에게 해 주고 싶은 말

공정한 게임의 막바지라고 해서 당신과 파트너의 게임이 끝난 것은 아니다. 파트너십이란 때로 서로의 기여가 완전하지 않더라도 존중하는 것이다. 아이들과 바쁘게 살아가다 보면 삶의 내리막길을 걸을 수도 있다. 그럴 때도 서로의 파트너십을 믿고 계속 앞으로 나아가라. 필요할 때는 경로를 바로잡으면서 말이다.

고양이 화장실 치우기처럼 힘들고 단조로운 일 때문에 게임을 그만두고 싶은 충동에 휩싸일 때는 카드 한 장 한 장에 담았던 가치와 기준을 떠올려 보라. 그래도 안 되면 공정함은 단번에 얻어지는 가치가 아니라는 것을 스스로에게 상기시켜라.

희한하게도 캔디콘 사탕을 생각하면 나는 공정한 게임이 떠오른다. 최근에 우연히 초등학교 3학년 때 썼던 작문 노트를 발견했는데

17쪽에 이런 메모가 있었다. '내가 제일 좋아하는 음식 : 캔디콘'. 꽤 오 랜 세월이 지났는데도 내 취향이 그대로라는 게 너무 재밌었다. 아마 남편한테 물으면 11월에 CVS 약국 재고 정리 칸에서 캔디콘 봉지를 잔뜩 담았는데, 내가 집에 도착하기도 전에 그 반을 먹어 치웠다는 일 화를 들려줄 것이다.

하지만 아이들이 생긴 뒤 우리 집의 식습관 기준을 정하면서 내 습 관도 바꾸었다. 옥수수 낱알 모양의 줄무늬 설탕 덩어리가 좋긴 하 지만 너무 많이 먹으면 2형 당뇨가 생길 수 있고, 아니면 적어도 고약한 슈거 크래시(sugar crashes, 당분이 많은 음식을 먹고 나면 무력감과 피로감 이 몰려오는 것-옮긴이)현상으로 이어질 수 있다는 것을 알기 때문이 다. 할로윈 시즌이 되면 모든 가게 계산대에 내가 제일 좋아하는 사탕 이 즐비하지만 딱 한 봉지만 사면서 나 자신에게 이 기나긴 게임 ─ 치 아 건강도 지키고 아이들에게 건강한 롤모델도 될 수 있게 해 주는 ─ 을 상 기시킨다.

나는 대학 시절 경제학자들이 장기 인센티브를 중요하게 다룬다 는 걸 배운 적이 있다. 그 생각이 떠올라 댄 에리얼리 교수에게 물었 다. "사람들이 장기적인 안목으로 사고하도록 유도하는 게 뭐가 있을 까요?" 그의 대답은 4가지였다. 규칙 정하기, 미래의 자기 모습 상상하 기(10년 안에 행복한 결혼 생활을 하고 있다 등), 긍정적인 평판 유지하기 (친구와 가족, 공동체, 그리고 배우자에게 좋은 파트너라는 평가 받기), 대체 보상(Reward Substitution, 나중에 받을 보상을 지금 당장 받을 수 있는 보상 으로 바꾸는 것-옮긴이). 그중에서 대체 보상과 관련해, 공정한 게임 참가자들은 시스템에 단기 보상을 배치하는 방법이 게임을 계속하는 데 동기부여가 됐다고 전했다. 그중 몇 가지를 소개하자면 다음과 같다.

"우린 금요일 점검일에 카드를 재협상하고 나면 같이 맛있는 저녁 식사를 해요." - 칼

"남편하고 나는 집안일을 잘 분담하고 있는 보상으로 한 달에 한 번 커플 발 마사지를 받아요." - 수전

"주간 점검을 끝내고 나면 우린 제일 좋아하는 <온리 에프터> 시리즈를 몰아 봐요." - 미리엄

"규칙적인 밤 데이트 덕분에 한 주 동안 게임도 잘해 나가고 장기적인 관점도 유지할 수 있었어요." - 로버트

"섹스는 우리가 게임을 제대로 하고 있다는 의미예요." - 케이틀린

Chapter 10

프로젝트 참가자들이 가장 많이 하는 실수 13가지

어떤 시스템이든 본격적인 가동에 앞서 테스트가 필요한데 공정한 게임도 마찬가지였다. 나는 게임을 만든 뒤 시범 운영을 도와줄 사람들을 모으기 시작했다. 다행히 많은 사람들이 자발적으로 게임에 참가하겠다는 연락을 해 왔다. 그래서 전화와 스카이프를 통해 게임 전반을 지휘하면서 미국뿐만 아니라 세계 곳곳의 커플들의 이야기도 들을 수 있었다. 무엇보다 참가자들의 생생한 피드백 덕분에 어떻게 해야 시스템이 가장 잘 작동하는지, 시스템을 위협하는 가장 흔한 장애물과 실수는 무엇인지를 알게 되었다.

다음은 커플들이 저지르는 가장 흔한 실수 13가지와 그것에 대한 해결책을 정리한 것이다.

실수 1 _ CPE 분산

토요일 아침 아내가 남편한테 말한다. "마이클의 엄마와 함께하는 수영 시간이 루시 친구 생일 파티 시간과 겹쳤어. 당신이 루시를 파티에 데려다주고, 난 마이클을 데려다주는 게 어떨까?" 그런데 나중에 보니 루시가 친구 생일 파티에 가지 못했다. 남편이 생일 파티 주인공의 주소와 전화번호를 몰라서 아내에게 물어보려고 문자를 보냈지만 그녀가 이미 수영장 풀에 들어가 있어서 문자메시지를 확인하지 못한 것이다.

이것은 남편의 잘못일까? 아니다! 이런 경우는 시스템이 비효율적으로 운영된 전형적인 예라고 볼 수 있다. 생일 파티(아이의 친구들) 카드를 가진 엄마는 인지와 계획(파티 초대장에 답하고, 파티를 주체하는 사람과 소통하고 루시 친구 생일 선물 사기)을 주도했지만 마지막 순간에 루시를 제시간에 파티 장소에 데려다주지 못함으로써 실행에 실패하고 임무를 완수하지 못했다. 카드의 적절한 맥락을 알지 못했던 아빠는 실패할 수밖에 없었고, 더 아쉬운 건 루시가 친구 생일 파티에서 누렸을 그 모든 재미를 놓쳤다는 사실이다.

공정한 게임이 제시하는 해결책 : 인지와 계획, 실행은 통째로 한 사람이 맡아야 한다. 내가 이 말을 너무 강조하는 것 같다고 느낄 수도 있지만 그만큼 중요하기 때문이다. 부모가 되면 주말마다 아이들의 생일 파티나 특별활동을 쫓아다니느라 엄청 바쁘다. 그럴 때는 분할과 정복(문제가 생겼을 때 그 문제를 작게 나누어 해결하는 접근법-옮긴이) 전략이 합리적인 선택이다. 그리고 효율을 극대화하고 실망감은 최소화하려면 일의 분담이 명확해야 한다.

앞의 상황에서 엄마는 생일 파티(다른 아이들) 카드 외에 비공식 교육 카드도 갖고 있었다. 즉 매주 토요일 오전 11시에 마이클의 수영 수업이 있다는 사실을 알고 있었을 테고, 따라서 루시 친구의 생일 파티 시간과 겹치기 때문에 루시를 데려다주지 못할 거라는 사실도 미리 인지하고 있어야 했다. 그리고 주간 점검일에 생일 파티(다른 아이들) 카드를 남편과 재협상하고 그에게 CPE 세부 사항을 제공해야 했다. 남편에게 불쑥 루시를 생일 파티에 데려다 달라며 카드의 실행을 떠넘겨서는 안 됐다는 말이다.

카드 한 장의 인지와 계획, 실행은 한 사람이 전부 책임져야 한다. 그래야 맥락은 많아지고 통제는 적어진다. 임무를 명확히 하고 역할을 분명하게 나눠야 두 파트너가 꾸준히 성공할 수 있다.

아이가 둘일 때는 각자 한 명씩 맡는 게 좋다. 예를 들어 루시와 마이클이 같은 시간에 각자 다른 생일 파티에 가야 한다면 아내와 남편이 각각 생일 파티(다른 아이들) 카드를 하나씩 갖는 것이다. 그런 다음 아내는 마이클이 가야 할 파티 CPE를 책임지고, 남편은 루시가 가야 할 파티 CPE를 처음부터 끝까지 책임지면 된다.

실수 2 _ 부려먹기

오후 3시에 아내가 회사에 있는 남편에게 전화를 한다. "여보, 끝나고 집에 올 때 접착제 좀 사다 줄래?" 이 말을 듣는 남편은 밑도 끝도 없는 부탁에 아내한테 명령을 받는 것 같아 기분이 상한다. 몇 시간 뒤 그는 아까 아내와 통화했던 일은 까맣게 잊고 빈손으로 집에 간다. 아내가 씩씩거리며 열을 올린다. "접착제 하나 못 사다 줘? 찰리 학교 프로젝트에 필요한 다른 건 내가 다 했어. 딱 하나 부탁한 건데 그거 하나 못해 주냐고."

그는 오늘도 또 아내한테 잔소리를 듣는다고 생각하고, 그녀는 남편이 해도해도 너무한다고 생각한다. 결국 부부싸움으로 이어진다.

공정한 게임이 제안하는 해결책 : 당신의 배우자가 진정한 협력자기 되길 바란다면 부려먹는 습관, 즉 시도 때도 없이 임무를 떠넘기는 습관부터 버려야 한다. '내가 부탁한 건 접착제 딱 하나' 같은 단발성 무작위 지시는 요청에 맥락이 없어서 잊어버리기 쉽다. 게다가 접착제를 사 오라고 요구하는 것 자체가 전형적인 CPE 분산에 해당한다. 왜냐하면 과제와 학교 준비물 카드의 실행 단계를 끝까지 완수해야 할 책임은 당신에게 있기 때문이다.

만약 실행 단계나 임무의 세부 사항에 도움이 필요하면 남편 말고 도와줄 다른 사람을 찾아서 그에게 지시 사항을 명확하게 전달하라. 가장 이상적인 해결책은 주간 점검일에 남편과 재협상을 통해 과제와 학교 준비물 카드 CPE 전체를 넘기는 것이다.

C(인지), P(계획), E(실행)가 하나로 묶여 있으면 임무가 무작위로 배정될 일이 없기 때문에 부려먹는 역사 속으로 사라지게 된다. 또 모든 카드를 미리 협상해서 소유자가 분명하면 각자 어떤 카드를 책

임져야 하는지 알고 있기에 "이것 좀 해 줄래?"라는 식의 기습 공격을 당하는 사람이 없어진다.

실수 3 _ CPE 중복

"베이비시터 아직 안 왔어? 이러다 우리 저녁 식사 시간 늦겠어!" 육아 도와주는 사람들 카드를 책임질 사람이 명확하게 정해지지 않은 탓에 CPE 중복이 발생했고, 그 결과 베이비시터가 오지 않았다. 또 서로 '데이트의 밤' 계획을 알아서 하고 있다고 생각했는데 둘 다 하지 않았다. 이처럼 주도하는 사람이 없으면 네 탓 공방을 벌이기 십상이다. "당신이 하는 줄 알았는데?", "아니, 당신이 한다고 했잖아!"

공정한 게임이 제안하는 해결책 : 역할을 명확하게 나눌 필요가 있다. 파트너가 일을 거들어 주려고 하거나, 같이 하는 게 좋다는 이유로 둘이 함께 하다가 일이 중복될 때가 종종 있는데, 이럴 경우 노력은 두 배로 들지만 빠트리는 일들이 생기게 마련이다. 물론 둘 중 어느 쪽도 책임에서 자유롭지 못하다. 즉 누군가가 그 카드의 권리를 주장하지 않으면 비효율이 뒤따른다. 최근에 남편과 데이트를 하는데 우리 테이블의 주문을 점원 두 명이 받았다. 어떻게 됐을까? 내가 주문한 음식이 나오지 않았다. 두 점원이 서로 상대방이 주문을 컴퓨터에 입력했을 거라고 생각했기 때문이다. 가정에서는 이런 식의 중복으로 인한 비효율이 10배는 된다!

실수 4 _ 다 된 밥에 재 뿌리기

"잠깐, 첫 수업 전에 비비안 유치원 등록에 필요한 준비를 말끔히 끝내려고 나는 2주 동안 내 피 같은 시간을 쪼개서 조사하고, 견학하고, 선생님들 만나고, 다른 부모들과 얘기 나누고, 산더미 같은 신청서 모두 작성하고, 예방접종 기록 보충까지 다 해 놨어. 그런데 이제 와서 당신은 저쪽 학교가 좋겠다는 거야? 내 뜻에 따르겠다고 해 놓고 이렇게 막판에 딴소리를 하면 어떡해?"

공정한 게임이 제안하는 해결책 : 빠지든지 끼든지 둘 중 하나만 택하라. 끼고 싶다면 계획 단계에서 파트너에게 얘기하는 것이 좋다. 그러기 위해서는 주간 점검 때 상대방에게 지금이 조언이나 피드백을 해 줄 수 있는 최상의 타이밍임을 분명하게 전달할 필요가 있다.

만약 상대방이 가진 카드 실행에 대해 다른 의견이 있다면 계획 단계에서 그 뜻을 밝혀야 한다. 자기 것이 아닌 카드에 대해 막판에 딴소리를 하면 카드 소유자가 날짜에 맞춰 진행한 모든 일을 망치게 되고, 두 사람의 관계와 시스템의 효율성에 해를 입힐 수 있다.

계획 단계에서의 핵심은 다른 이해 당사자들(특히 파트너와 아이들, 아이 돌봐주는 사람들, 시부모님 등)의 의견이나 승인 여부를 확인하는 것이다. 상대방의 카드가 어떻게 실행되든 상관없다면 그 사람은 계획 단계에서 빠져도 된다.

중요한 것은 기차가 역을 떠나기 전에 모든 카드의 실행 방법에 대해 의견을 하나로 모아야 한다는 사실이다.

실수 5 _ 내 카드는 내 맘대로

남편이 말한다. "방금 엄마랑 통화했는데 당신 샘의 바르미츠바(bar mitzvah, 소년의 13번째 생일에 종교적 성년을 기념하는 유대인의 종교의례이자 가정 축하 의식-옮긴이)를 이스라엘에서 할 계획이라며? 당신 미쳤어? 난 회사에서 그 정도 시간을 뺄 수가 없어. 그리고 부모님도 그렇게 장거리 여행을 하시기에는 연세가 너무 많아. 그 큰 비용은 또 어떻게 감당할 건데? 그런 결정은 같이 내려야지."

이에 아내가 받아친다. "당신은 영성 카드에 가치를 두지 않는다고 했고, 그래서 내가 그 카드를 가졌잖아. 내가 안식일 챙기고, 애들 시너고그(유대교 회당)에 데려가고, 대제일(The High Holiday, 유대교 신년과 속죄일) 계획도 세우겠다고 했잖아. 그래서 샘의 바르미츠바를 이스라엘에서 하는 것도 혼자 결정한 거야. 그게 우리 아들의 영적 성장에 중요하다고 생각하니까."

그럼에도 남편은 반박을 멈추지 않는다. "그래도 그렇지, 당신 너무 막 나가는 거 아냐? 그런 결정을 혼자 하는 게 어디 있어? 우린 부부잖아, 안 그래?"

공정한 게임이 제안하는 해결책 : 어떤 카드가 둘 중 한 사람에게만 중요하다고 해 보자. 만약 당신이 카드 주인이고 파트너는 그 카드에 가치를 두지 않는다고 해도 계획 단계에서는 반드시 파트너와 상의를 해야 한다. 공정한 게임은 혼자 하는 게임이 아니다. 반드시 팀으로 움직여야 한다. 계획 단계에서 이해 당사자들과 상의해야 하고, 특히나 그 카드가 다른 카드에 영향을 미칠 때는 더욱 그렇다. 가령 앞의 예에서 아내는 영성 카드와 나란히 실행돼야 하는 돈 관리, 여행, 양가 부모님 카드를 고려하지 않았고, 그 카드들을 갖고 있는 남편과 상의하지 않았다. 그러므로 둘 중 한 사람에게만 중요한 카드가 있는데 계획 단계에 있다면 주간 점검일을 이용해서 꼭 파트너와 상의하도록 하라.

실수 5-1 _ 영웅 되기 실패

남편이 아내에게 깜짝 발표를 한다. "여보, 내가 애들 봐줄 베이비 시터를 찾았어. 여기서 대학을 다닌대. 이제 우리 목요일 밤에 외출할 수 있어. 12주치 비용도 이미 치렀어!" 아내가 말한다. "여보, 정말 고마워. 근데 앨리가 당분간 목요일 밤마다 학교에서 하는 연극 리허설에 가야 해. 끝나고 집에 오면 9시가 넘을 텐데 그땐 너무 늦잖아."

결혼&낭만 카드를 충실하게 이행하려고 좋은 뜻에서 시작한 남편의 노력이 수포로 돌아갔다. 인지와 계획 단계에서 아내한테 미리 확인을 하지 않은 탓이다. 그런데 과연 남편만 잘못한 걸까? 아니다! 특별활동(비스포츠) 카드를 가진 아내도 연극 리허설이 시작된다고 남편에게 미리 알리지 않았다.

공정한 게임이 제시하는 해결책 : 영웅 되기 실패는 의도가 좋을 뿐 '내 카드는 내 맘대로'와 같은 유형이어서 해결책도 같다. 계획 단계에서는 반드시 파트너와 상의하라.

실수 6 _ 기준 미달

남편이 아이 돌보기와 식사 준비(주말) 카드를 가지고 있는데 오늘은 일요일 오후다. 아내가 장을 보고 돌아와 보니 두 아이 모두 지친 모습이다. 집안 곳곳에 남편이 아이들과 신나게 놀아 줬다는 증거가 즐비하다. 식탁 위에 늘어놓은 만들기 프로젝트와 거실 사방에 흩어져 있는 '드레스업 데이'용 옷들, 딸의 머리카락에 붙어 있는 반짝이….

그런데 뭔가 석연치 않은 구석이 있었다. 그때 다섯 살 된 딸아이가 M&M 초콜릿 한 봉지를 들고 허겁지겁 먹으며 식료품 저장실에서 나왔다. 2시 반인데 딸들이 아직 점심을 제대로 못 먹은 것이다. 남편은 아내가 카드를 책임졌을 때와 시간표가 다른 것뿐이라고 주장하면서 부랴부랴 샌드위치를 만든다.

이 경우 남편은 최소 관리 기준을 지키지 못했다고 볼 수 있다. 두 사람은 주말 점심 식사가 늦어지면 저녁 식사 시간에 영향을 주고, 심지어 밤잠도 방해할 수 있어서 아무리 늦어도 1시까지는 점심을 먹기로 합의했었기 때문이다.

공정한 게임이 제안하는 해결책 : 주간 점검일에 각자 들고 있는 모든 카드의 점검이 끝나면 최소 관리 기준에 대해 의견이 다르거나, 최소 관리 기준 자체를 다시 정해야 할 카드는 없는지 체크해 보라. 가령 이런 식으로 하는 것이다.

"애들이 2시까지 점심을 못 먹으면 굶주린 괴물처럼 변해서 집에 들어오는 누구라도 잡아먹을 기세야. 고양이도 마찬가지고. 그러니까

우리 집 안전을 위해서 늦어도 1시까지는 우유로라도 점심을 먹인다
는 데에 동의해?"

실수 7 _ 감정 폭발

"하루가 다 끝나가는데 피드백 하는 걸 참으려니까 숨 막히는 기분
이 드는 거예요. 그래서 자러 가는 남편을 붙잡고 그가 기준을 어기거
나 잊어버린 일들을 속사포처럼 퍼붓기 시작했어요. '아무 말 안 하려
고 했는데 당신이 그걸 안 했을 때 정말 열 받았어'로 시작해서 정신없
이 쏴붙였지요. 할 말을 다 하고 나니까 그가 '잘 들었어'라고 하더니
그냥 불을 끄고 가 버리더라고요.'"

공정한 게임이 제시하는 해결책 : 감정이 격해지면 일을 그르칠 확률
이 높아진다. 속사포를 쏘아 대기 전에 언제 대화를 하면 좋을지부터
결정하라. 가장 좋은 건 점검일 때까지 기다리는 것이다. "피드백을 하
고 싶어 못 견디겠으면 점검일을 앞당기세요. 테이블에 앉아서 협력적
인 대화를 하려면요." 필리스 코헨 박사의 제안이다. 문제의 카드를 놓
고 토론할 때는 말은 간결하게, 어조와 단어 선택은 신중하게 해야 한
다. 우선 긍정적인 것부터 시작하라. 배우자가 잘하고 있는 것들에 대
해 이야기하는 것이다.

그러고 나서 카드를 재협상할 순서가 되면 집안일에 대한 효율성과
공정성을 높이기 위한 새로운 방법을 함께 모색해 나가고 있다는 점을

되새기면서 파트너십 정신으로 협상에 임하라.

실수 8 _ 시간에 관한 잘못된 메시지 남발

"지금이야 남편도 우리 각자의 시간이 평등하다는 걸 알지만 저번에 아들이 아팠을 때 자기는 병원에 데려갈 시간이 없다는 거예요. 그래서 할 수 없이 제가 데려갔죠. 어느 날에는 아들이 독감에 걸렸을 때 저는 꼬박 이틀간 출근도 못하고 집에 있어야 했어요. 아들 옆에 있어 줄 수 있어 좋았지만 왜 '갑자기 생긴 일'은 모두 제 일이 될까요?"

공정한 게임이 제안하는 해결책 : 생각지도 못한 일이 발생했을 때는 당신과 파트너 모두 시간에 대한 잘못된 메세지를 내뱉기 쉽다. 파트너는 당신에게 말할 것이다. "나는 시간이 없어. 나는 출근해야 하니까 당신이 좀 해 줄래?" 그러면 당신은 스스로에게 이렇게 말한다. '내 파트너는 돈을 더 많이 버니까, (시간이 없으니까, 일찍 출근해야 하니까) 이건 내 일이야.' 혹은 이렇게 말할지도 모른다. '정말 시간이 없지만 어떻게든 만들어야지. 그를 방해하고 싶지 않아. 그냥 내가 할래.', '이건 어쨌든 내 일에 가까워.'

하지만 어느 한 사람이 기본값인 카드는 없다. 어떤 일이든 그건 당연히 여자의 몫이라고 단정지어서는 안 된다는 것이다. 당신과 파트너의 시간은 평등하기 때문이다. 그러니 점검일마다 갑자기 생긴 일 카드를 다음 주에는 누가 갖는 게 나을지 미리 협상하라.

실수 9 _ 시스템은 따분하다는 오해

"집을 회사처럼 관리하면 재미와 낭만이 없어지는 거 아니에요? 그렇게 엄격한 접근법이 우리 일상의 자연스러움을 해칠까 봐 겁나요! 차라리 그냥 흐름에 맡길래요."

공정한 게임이 제시하는 해결책 : 현실을 직시하라. 집안의 대혼란은 결코 재미있지 않다. 그리고 오히려 집안일을 시스템화하면 재미와 성취감을 얻을 수 있다. 또 시스템을 도입해 시간을 되찾아야지만 행복 트리오는 물론 당신과 파트너가 함께 즐길 수 있는 공간을 만들 수 있다. 실제로 집안일을 세부적으로 분석하고 기대치와 기준을 명확하게 정할수록 더 많은 보상을 얻을 수 있다. "당신은 즐길 줄을 몰라", "가볍게 넘길 때도 있어야지" 같은 말들도 과거 속으로 사라지게 될 것이다. 집안일을 체계화해서 시간의 평등을 달성하고 나면 효율성과 공정성, 재미가 당신의 삶으로 되돌아오기 때문이다. 몬테나주에 사는 질은 이렇게 말했다. "공정한 게임 시스템에 적응하고 나니까 이제야 비로소 우리가 함께 즐길 수 있는 시간이 생겼어요!"

실수 10 _ 지나친 카드 개수 따지기

혹시 밤에 침대에 누워 혼자서 파트너의 점수를 매기고 있다면 당장 멈추어라. 파트너가 가져간 카드 개수를 세어 본 뒤 그에게 "공정해야 하니까 나랑 똑같이 가져가"라고 요구하는 것도 마찬가지다. 공정한 게임은 점수 매기는 게임이 아니기 때문이다.

공정한 게임이 제시하는 해결책 : 숫자에 연연하지 말고 공정함에 집중하라. 파트너보다 일을 얼마나 더 많이 하는지 따져 보기 위해 카드 개수를 세고 계산기를 두드리는 것은 경쟁만 부추길 뿐이다. 게다가 숫자에 연연해 봐야 일의 양이 줄어드는 것도 아니고, 원망하는 마음을 누그러뜨리는 데도 도움이 안 된다.

내가 연구한 바에 따르면 남성과 여성 모두, 남성이 카드를 21장 이상 가졌을 때 만족감이 높아졌다. 하지만 현실적으로는 남편이 카드한 장만 더 가져가도 큰 변화가 생긴다. 나의 경우만 해도 남편이 특별 활동 카드를 가져가자 일주일에 8시간의 여유가 생겼고, 남편은 즐겁게 양육에 참여할 기회를 얻을 수 있었다. 그럼에도 일의 양이 한 사람에게 지나치게 몰려 있다고 느낀다면 다음 점검일에 재협상을 하는 것도 방법이다.

실수 11 _ 결과에 대한 처벌과 복수

"남편이 또 식기세척기 정리를 안 했길래 제 정신적 피해에 대한 손해배상 차원에서 남편 신용카드로 제 신발을 샀어요. 그 사람은 카드 사용 내역을 확인하지 않거든요." 공정한 게임 테스트 초기에 나는 시스템에 보상과 처벌을 넣어야 할지에 대해 고민했었다. 게임이 공정하게 진행되지 않는다는 생각이 드는 순간 상대에게 내릴 벌칙부터 정해 놓는 여성이 너무 많아서였다. "남편이 나한테 빚을 진 거예요.", "그가 아파할 만한 데를 찔러야죠. 그게 지갑이거든요.", "우리 가족을 위해서 정한 기준을 못 맞췄으니 반드시 대가를 치러야 해요." 하지만 결과에 대해 처벌을 하는 것은 더 많은 점수 매기기를 초래하고 관계를 악화시킬 뿐이다. 댄 애리얼리 교수는 이렇게 평가했다. "처벌과 복수의 시스템은 친밀감을 조성하는 시스템이 아닙니다."

공정한 게임이 제시하는 해결책 : 결과에 대해 처벌을 하는 것은 좋은 방식이 아니다. 공정한 게임 시스템에서 CPE나 MSC에 실패할 경우 가장 바람직한 행동 방침은 자기 실수에 대한 책임을 지고 나서 협력적인 태도로 합리적인 기준과 문제가 된 카드의 인지와 계획, 실행의 의미에 대해 진지한 대화를 나누는 것이다. 앞으로의 실수를 막기 위해 그 카드의 완전한 소유권을 갖는 데 동의하거나 다시 테이블로 돌아가 개인의 강점과 선호도, 능력을 기준으로 카드를 재거래하라.

실수 12 _ 파트너의 행복 트리오에 대한 원망

"나도 나 자신을 돌봐야 한다는 건 알아요. 하지만 집안일 해야지, 아이들 돌봐야지, 그 밖에 머릿속에서 돌아가는 허드렛일 챙겨야지, 안 그래도 돌봐야 할 게 산더미라고요. '내 시간'이라고 정해 놔도 그 시간을 쓰는 경우는 거의 없어요. 그냥 할 일이 하나 더 느는 것뿐이에요. 물론 남편은 이번 주말에도 길고 긴 자기 시간을 가졌지만요."

역설적으로 가족 이외에 우리를 가장 행복하게 해 줄 수 있는 카드 세 장(어른들 우정, 자기 관리, 유니콘 스페이스)이 파트너를 원망하게 만드는 원흉이 될 수도 있다. 파트너가 세 장의 카드, 즉 행복 트리오에 쓰는 시간이 원망스럽다면 당신은 자신을 위해 그만큼의 시간을 내지 못하고 있을 가능성이 매우 높다. 그것은 질투심을 유발하고 안 그래도 불만스러운 결혼 생활에 더 많은 논쟁거리를 낳게 된다.

공정한 게임이 제안하는 해결책 : 행복은 동등한 권리다. 두 사람 모두에게 우정, 자기 관리, 유니콘 스페이스에 쓸 시간이 필요하고 그런 시간을 누릴 자격이 있다. 내가 사람들에게 무엇을 할 때 가장 행복한지 물었을 때 많은 이들이 조용히 책 읽는 시간, 애완견과 함께 해변 산책하는 시간, 이빨 닦고 나서 개운한 기분 같은 평범한 기쁨을 언급했다. 당신이 생각하는 자기 관리는 어떤 모습인가?

작가 브리아나 웨이스트는 말했다. "진정한 자기 관리는 소금 목욕이나 초콜릿 케이크가 아니다. 규칙적으로 탈출할 필요가 없는 삶을 만들기 위한 선택을 하는 것이다."

아멘! 자신을 돌보고 성취감을 얻을 수 있는 분야에 투자할 시간을 만드는 건 파트너와 공정하게 집안일을 분담하기 전까지는 불가능한 일일 수 있다. 하지만 불필요한 카드를 솎아 내고 남은 카드들을 균형 있게 분담하면 세 장의 카드에 쓸 시간과 공간을 만들어 낼 수 있다. 행복 트리오는 개인의 만족감과 행복한 결혼의 필수 요건이라는 사실을 절대 잊지 마라.

실수 13 _ 가치 정하기 단계 건너뛰기

"난 그냥 내 짐을 좀 덜기만 하면 돼서 곧바로 남편하고 카드를 나눴어요. 그 앞의 단계들을 거치는 건 오히려 할 일이 더 느는 것 같았거든요."

진정하라! 배우자와 카드를 거래해서 당장이라도 가사 노동을 분담하고 싶은 마음은 충분히 이해한다. 하지만 가치를 정하는 단계를 건너뛰면 공정한 게임이 실패할 확률이 높아진다. 어떤 카드를 게임에 포함시킬지 결정하는 기준이 되는 것이 바로 가치이기 때문이다. 그러므로 가치를 정하는 단계를 밟는 것이 오히려 당신이 짐을 가장 빨리 덜어 내는 방법일 수 있다.

공정한 게임이 제시하는 해결책 : 모든 카드를 한 장씩 넘기며 스스로에게 질문해 보라. 이 카드는 우리 삶에 가치를 더하는가? 그처럼 카드에 가치를 부여하면 게임에 포함시킬 카드가 줄어들고 따라서 당신과 파트너가 할 일도 줄어든다. 그러므로 가치를 부여하는 것은 중요한 것과 중요하지 않은 것을 가려낼 좋은 기회다. 예를 들어 제니와 켄은 해마다 주변 사람들에게 연하장을 보냈지만 꼭 하고 싶은 일이 아니었다는 걸 깨닫고 그 카드를 뺐다. 제니는 말했다. "카드 하나를 뺐는데 삶이 달라졌어요. 왜냐하면 우린 그 일에 몇 시간씩 썼거든요. 일정 잡고, 사진 찍고, 카드 디자인 하고, 봉투에 주소 적고, 우표 사고, 마지막으로 시간 맞춰 보내는 것까지요. 이제 우린 그 시간을 연말연시에 가족들과 더 즐겁게 보내는 데 쓰고 있어요!" 그처럼 가치를 정하고 나면 삶이 훨씬 단순해진다. 당신의 짐이 줄어드는 것은 물론이다.

지금까지 13가지 실수에 대해 짚어 봤는데 나를 가장 힘빠지게 만드는 말은 따로 있었다. "게임을 두어 달 동안 몇 번 하고 나니까 게을러져서 예전의 나쁜 습관으로 돌아갔어요."

공정한 게임은 계속되어야 한다. 게임을 멈추면 뒷걸음질쳐서 비효율적으로 의사소통하던 과거의 패턴으로 돌아갈 위험이 크다. 잔소리와 네 탓 공방, 통제, 상기시켜 주기, 부려먹기, 즉석 피드백 등 비효율이 난무했던 그곳으로 되돌아가는 것이다. 결혼 상담가이자 목사인 스티븐 트리트는 이렇게 말했다. "내 경험상 부부가 의사소통이 잘 안 되면 여자는 병들고 남자는 술독에 빠지더군요."

당신과 파트너에게 이런 일이 일어나게 하지 마라. 필요에 따라 미리 생각해 둔 카드를 협상하고 재거래를 계속해 나가면서 당신의 고유함과 파트너십을 굳건히 지켜줄 시스템을 개선해 나가라. 나는 남편과 매주 타코와 마가리타를 먹으며 각각의 카드와 임무 배정이 여전히 우리 가정에 합당한지 토론한다. 그 시간은 우리 자신에게, 서로에게, 우리의 파트너십에, 더 나아가 우리 가족에게 주는 최고의 선물이다.

Chapter 11

프로젝트의 핵심,
유니콘 스페이스에 대하여

당신은 테이블 위에 카드를 전부 꺼내 놓고, 재분배하고, 가정에 가장 효율적인 집안일 분담의 황금률을 찾기 위해 애썼다. 그로 인해 당신은 더 행복해졌고, 파트너는 집안일에 주체적인 권한을 갖게 되었다. 공정한 게임을 두 사람이 멋지게 해낸 것이다.

이제 뭘 해야 할까? 공정한 게임의 목표가 뭐였는지 기억하는가? 파트너와 덜 싸우게 되고, 섹스가 더 좋아지는 것도 맞지만 지금 그런 걸 얘기하는 게 아니다. 이 게임의 궁극적인 목표는 당신의 재능과 관심사를 추구할 시간을 되찾아 진정한 자아를 마음껏 발현하면서 가치 있는 삶을 이뤄나가는 것이다. 즉 유니콘 스페이스를 갖는 것이다!

그런데 내가 사람들에게 유니콘 스페이스를 말했을 때 처음부터 그 의미를 제대로 파악하고 있는 이는 드물었다. 당신은 유니콘 스페이스 하면 무엇이 떠오르는가. 필라테스 수업에 가거나, 자전거 강습을 받거나, 좋은 책을 가까이하는 것? 물론 자기 관리는 당신의 뇌와 신체 건강에 필수적이고 정신 함양에도 도움이 되지만 운동 강사 훈련을 받고, 자격증을 따고, 지역 도서관에서 이야기 시간을 이끄는 일처럼 세상과 공유할 수 있는 더 큰 목표와 연결되어 있는 게 아닌 한 유니콘 스페이스로 간주하지 않는다.

그렇다면 와인 바에서 친구와 긴장을 풀고 느긋하게 즐기는 시간은? 그것은 어른들 우정 카드에 해당한다. 대단히 가치 있고 행복에 필수적이지만 우정의 범주에 머문다.

넷플릭스에서 최신 시리즈를 몰아보고 스포츠 경기를 시청하는 것, 또는 소셜미디어 피드에 사진을 업로드 하는 것도 즐겁기는 하지만 취미 생활일 뿐 그것을 유니콘 스페이스라고 말할 수 없다.

허리케인 정도의 열정을 불러일으키는 일을 하는 게 아닌 한 당신의 일이나 경력도 마찬가지다. 그럼에도 알쏭달쏭하다면 스스로에게 질문을 던져 보라. 일요일 밤인데 다음 날 출근할 생각을 하면 기쁘고 의욕이 샘솟는가? 내일 복권에 당첨돼도 그 일을 할 텐가?

대답이 '아니요'라면 당신에게 꼬박꼬박 급여를 지급하는 일은 유니콘 스페이스가 아니다. 대단히 만족스럽기는 해도 두 질문 중 하나라도 아니라고 답했다면 그 일은 유니콘 스페이스 요건을 만족시키지 못한다.

만약 '그렇다'라고 답했다면 아마 당신은 여가 시간에도 그 일을 할 테고, 그렇다면 당신은 유니콘 스페이스에서 일을 하고 있는 게 맞다.

당신은 행운아다! 뉴욕주 허드슨에 사는 골동품 수집가 제이슨에게 이 질문을 했을 때 그는 잠깐의 망설임도 없이 대답했다. "당연하죠! 복권에 당첨되면 골동품 수집에 더 열을 올리겠죠."

개중엔 유니콘 스페이스를 네일숍 혹은 미용실 방문이라고 말한 사람들도 있었다. 미용 카드는 당신의 바쁜 일정표에 정기적으로 한 자리를 차지할 만한 '나를 되찾는 시간'의 멋진 예다. 하지만 미용 예약과 심오한 목적의식을 추구하는 활동을 혼동하면 안 된다. 머리카락에 새로 입힌 컬러가 당신의 자신감을 북돋아 주긴 하겠지만 그래도 당신이 머리카락보다는 더 큰 그림을 그리는 사람이기를 바란다.

당신은 당신 자신을 어떻게 정의하고 싶은가? 유니콘 스페이스를 어떻게 사용해야 표면 아래 숨겨진 당신만의 고유함을 되찾거나 발견할 수 있을까?

1단계 _ 내 안의 열정 발견하기

오늘 당신은 무엇을 위해 더 많은 시간과 정신적·물리적 공간을 만들고 싶은가? 주저하지 말고 마음껏 꿈꿔 보라. 다시 피아노를 치거나 5년 동안 미뤄 온 사업 아이디어를 구체화할 시간을 낸다는 것이 동화 같은 이야기처럼 들릴지 모르지만 유니콘 스페이스는 그만한 시간을 들여 되찾을 가치가 충분하다. 그런 게 가능한지, 실제로 그 시간을 어떻게 찾을 건지 같은 의심이나 걱정은 잠시 미뤄 둬라. 대신 당신 안에 감춰져 있던 욕망이 존재를 드러낼 수 있게 해 주어라. 스스로 꿈꾸기를 허락하고 나면 유니콘 스페이스에서 하고 싶은 일들이 마치 댐이 무너진 듯 당신 의식 속에 흘러넘칠 것이다. 한때 당신이 어떤 열정을 품었는지 아니면 지금 쫓고 싶은 열정이 무엇인지 잘 모르겠다면 다음 질문에 대한 대답을 생각하며 한번 찾아보라.

나는 ＿＿＿＿＿ 할 시간이 더 있으면 좋겠다.

나는 ＿＿＿＿＿ 로 돌아가고 싶다.

나는 늘 ＿＿＿＿＿ 하고 싶었다.

나는 ＿＿＿＿＿ 를 할 때 또는 ＿＿＿＿＿ 하는 생각을 할 때 4가지 기분(신난다 / 만족스럽다 / 성취감을 느낀다 / 몰입한다) 중에서 적어도 2가지 이상을 느낀다.

아직도 빈칸을 못 채우고 있다면 아래 예시들을 눈으로 따라가면서 떠오르는 게 있는지 보라. 손으로 하는 일, 사람들의 마음과 마음을 잇는 활동, 가슴이 뛰는 활동, 머리 쓰는 일, 더 높은 목적에 따라 사는 삶 등등…. 당신은 그중 어떤 활동에 마음이 끌리는가?

손 : 건축, 만들기, 공예, 요리, 제빵, 그림 그리기, 정원 가꾸기, 디자인, 장식, 스크랩북 만들기, 도예, 뜨개질, 꽃꽂이

마음(연결) : 자원봉사, 자선 활동, 시민 참여, 정치, 춤, 단체 스포츠나 훈련 단체를 통한 친선 경기, 동물, 여행, 음악, 예술 활동

마음(흥분) : 모험을 즐기는 스포츠, 자동차 경주, 서핑, 암벽 등반, 스카이다이빙, 스키, 사이클링

머리 : 배움, 공개 강좌 또는 훈련, 가르치기, 말하기, 글쓰기, 인플루언서나 특정 영역 전문가의 강의 듣기

영성(더 높은 목적) : 교회, 시나고그, 모스크 집단, 명상 모임, 영성 가르치고 배우기

2단계 _ 세상과 어떻게 공유할지 계획 세우기

사람들에게 어떤 열정을 되찾고 싶은지, 혹은 어떤 열정을 발견하거나 추구하고 싶은지 인터뷰할 때, 나는 한 비즈니스 잡지에서 읽었던 내용을 빌려 와 이렇게 물었다. "당신에 대해 부고에 꼭 언급되었으면 하는 흥미로운 점이 뭔가요?"

질문이 너무 무거웠다. 멀쩡한 사람을 땅에 묻어 버리는 질문이었으니 말이다. 게다가 점심 식사 자리에서 자기 죽음을 마주하라고 요구하다 보니 제대로 된 대답을 듣기가 어려웠다. 그때 문득 아들이 다니는 학교에서 열린 과학 주간에 강연자로 초대된, 어린이 캠프를 운

영하는 남자가 했던 말이 떠올랐다. 그는 어린 꿈나무들에게 이렇게 물었다. "어떻게 하면 여러분이 열정적으로 하고 싶은 일을 세상과 공유할 수 있을까요?"

나는 그 질문이 아홉 살 어린이들에게 영감을 불러일으키는 생생한 장면을 현장에서 목격했다. 거의 모든 아이가 손을 번쩍 들어 자신의 생각을 말하고 싶어했고 지켜보고 있던 사람들의 눈이 휘둥그레졌다. 그래서 나는 인터뷰에 응해 준 사람들에게 똑같은 질문을 던져 보았다. 그러자 무뚝뚝하고 시무룩했던 얼굴들에 생기가 넘치고 화색이 돌면서 즐거운 표정으로 바뀌었다. 한 여성은 이렇게 외쳤다. "정말 재밌는 질문이에요! 나를 더 큰 우리와 연결하는 거잖아요."

그 순간 나는 열정이 세상과 공유하겠다는 마음가짐과 짝을 이룰 때, 나를 위한 일이 세상으로 뻗어 나가 더 많은 사람과 연결될 때, 더 의미 있고 목적의식이 뚜렷해지며 따라서 더 큰 성취감을 느끼게 된다는 걸 깨달았다.

더비 삭스비 교수는 이 발견에 담담하게 반응했다. "그들은 고귀한 행복(eudaimonic well-being, '좋은'이라는 뜻의 'eu'와 '정신'을 뜻하는 'daimonic'의 합성어로 개개인의 고유한 재능을 최고의 상태로 끌어올리는 것. 아리스토텔레스는 이것을 인생의 가장 신성한 의무라고 강조한 바 있다. ─ 옮긴이)을 얘기하는 거예요. 삶에 만족감을 느끼고 의미를 찾는 것에 대해서요. 그것은 마가리타를 마시며 해변에 앉아 있는 것 같은 수동적인 기쁨에서 오는 게 아니에요. 양질의 관계를 맺고 중요한 목표를 추구하며 꾸준히 노력하는 데서 찾아지는 거죠. 고귀한 행복은 건강과 연결돼 있고, 사람들이 기쁨이라고 부르는 걸 고무시키죠."

에이미를 예를 들면, 그녀는 한때 달리기를 열심히 했지만 아이가 태어난 뒤로 그녀의 러닝화는 한쪽 구석에 처박힌 신세가 되고 말았다. 그러나 남편과 집안일의 균형을 다시 잡은 뒤 그녀는 마라톤 대회 참여를 목표로 훈련을 시작했다. 일단 훈련에 들어가자 같은 목표를 추구하며 서로를 응원하고 격려해 주는 지역 사람들과의 교류가 시작됐다.

아담의 경우, 그에게는 주방에서 각종 음식 재료를 실험해 보는 시간이 하루 중 가장 즐거운 시간이었다. 아이들 입맛에 친숙한 맥앤치즈 버거가 그가 하는 가장 인기 있는 음식이 되기 전까지는 말이다. 그러나 유니콘 스페이스를 되찾은 그는 도시관에서 모로코 요리책을 잔뜩 빌렸다. 그리고는 몇 가지를 시도했는데 그중 강황과 꿀을 섞은 그래놀라와 카르다몸을 잔뜩 뿌린 대추 요리가 아이들에게 요리법을 알려 주고 싶다는 생각이 들게 할 만큼 재미가 있었다. 아담의 딸은 최근 학교에서 열린 빵 바자회에 모로코 전통 오렌지 케이크를 자랑스럽게 선보였다.

한편 애나는 늘 사람들 돕는 일에 열정적이었다. 남편과 집안일을 효율적으로 분배하는 협상을 끝낸 그녀는 소방관 자원봉사자 교육을 신청했다. 지금 그녀는 부서 하나를 맡아 이끌고 있으며, 다른 교육생들을 위한 커리큘럼을 만들기도 한다. 또 엄마 소방관 자격으로 정기적으로 학교를 방문해 아이들에게 화재 안전 교육도 해 주고 있다.

그레이엄도 마찬가지다. 노련한 기타 연주자였던 그녀는 첫째 아이가 생긴 뒤 언젠가부터 기타에서 멀어졌다. 지금은 공정한 게임을 하면서 카드의 상당 부분을 맡아 준 남편 덕분에 하루에 20분씩 기타 연습을 한다. 조만간 가족과 친구들을 초청해 조촐한 하우스 콘서트를 열 계획이다.

이들을 포함해 내가 인터뷰했던 많은 사람들에 따르면, 타인이 자신의 열정을 목격하거나 관찰하거나 동참하거나 비슷한 경험을 하거나 그 열정으로 긍정적인 혜택을 받을 때 무언가 마법 같은 일이 일어난다고 말했다. 또, 결혼 생활이나 육아를 넘어 삶의 의미를 재발견하게 된다고 얘기했다.

그런데 유니콘 스페이스에서 하는 일을 꼭 세상과 공유해야 할까? 나만의 공간이 되면 안 되는 걸까? 앞에서도 언급했듯이 나를 되찾는 시간도 규칙적인 일과에 포함시킬 만큼 가치 있는 일이다. 하지만 나는 자기 관리처럼 자신에게만 한정된 내적인 취미로 얻을 수 있는 만족감은 세상과 공유하는 외적인 활동으로 얻을 수 있는 기쁨이나 행복과는 비교가 안 된다는 걸 알게 됐다. 즉, 나의 자아를 넘어 무대를 세상으로 넓힐수록 성취감도 훨씬 커진다는 말이다. 이에 대해 고대 학자들이나 현대의 사상가들은 인간 개개인에게는 각자 나름의 고유함이 있어서 그걸 다른 사람들과 나눌 책임이 있다고 말했다. 실버만 사회복지 대학원의 조교수인 알렉시스 제말 박사 또한 그 주장을 거든다. "당신이 유니콘 스페이스에서 하는 일의 가치는 공유에서 비롯됩니다."

내가 이야기를 나눠 본 사람들 중 자신의 열정을 가족과 친구, 공동체, 나아가 세상과 공유한 이들은 하나같이 더없이 행복하다고 증언했다. 정말 놀라운 발견이었다. 그래서 나는 좀 더 깊이 파고들어 그 말을 뒷받침할 다른 연구 자료들을 찾기 시작했다. 그러다 우연히 선구적인 심리학자들이 비슷한 발견을 보고한 자료를 찾았다. 결론은 한마디로 이거였다. 의미를 추구한다는 것은 나 자신이나 개인적 목표를 넘어선 것을 위해 헌신한다는 뜻이다. 그리고 가치 있는 목표에 이끌려 행동한다는 것이다. 의미를 추구하는 것이야말로 진정한 행복과 기쁨으로 이르는 길이다.

만약 더 큰 의미와 목적을 추구하며 살기 위해 열정에 쏟을 시간과 공간을 되찾는다는 목표가 집안일을 재분배해 균형을 되찾고자 하는 의욕을 불러일으키기에 부족하다고 느낀다면, 의미와 목적을 추구하는 삶이 수면의 질을 향상시키고, 뇌졸중과 심장마비의 위험을 줄여 주며, 장애와 치매의 위험을 감소시켜 주는 등 건강에 대단히 긍정적인 영향을 미친다는 연구 결과를 고려해 보라. 시카고에 있는 러시대학교 메디컬센터의 학자들이 노화와 인지 기능에 관해 실시한 연구에 따르면, 뚜렷한 목적의식을 가지고 사는 사람들의 뇌 기능이 그렇지 않은 사람들에 비해 더 뛰어난 것으로 나타났다.

다시 한번 정리하자면 이렇게 말할 수 있다. 유니콘 스페이스는 당신 삶에 의미와 목표를 주고 행복도를 높일 뿐 아니라 건강을 유지하게 해 주고 또렷한 인지력을 오래도록 지속시켜 준다.

3단계 _ 목표 정하기

일단 세상과 나누고 싶은 열정이 뭔지 확인했다면 그 열정을 다른 사람들에게 선보일 구체적인 날짜와 시간을 정해 보라. 가령 12월까지 우쿨렐레로 '천국의 계단'을 연주하는 걸 배워서 친구들을 초대한 저녁 만찬 자리에서 선보이겠다고 마음먹었다고 치자. 그러면 그 목표를 다른 사람들에게 미리 알리고, 날짜를 정해서 사람들을 초대하는 것이다.

나의 경우 조직 관리 원칙을 적용해 할 일 목록을 가치 중심의 시스템으로 확장시켜 가사 노동 분담의 해결책을 고민하는 커플들과 공유해야겠다는 생각을 했을 무렵, 헤이 하우스 출판사에서 주최한 작가 워크숍에서 우연히 이런 문구를 발견했다. "날짜와 함께 꿈을 적으면 목표가 된다. 목표를 단계별로 구분하면 계획이 된다. 계획을 실천하면 현실이 된다."

나는 그 말에 용기를 얻어 곧바로 페어 플레이 프로젝트가 책으로 출판되었으면 하는 날짜를 정했다. 그때만 해도 지금 당신이 읽고 있는 이 책은 단순한 꿈에 불과했다. 하지만 내가 최종 목표에 도달하는 데 필요하다고 확신했던 일련의 단계 — 제안서 작성, 문학 에이전트 찾기, 편집자 만나기 — 를 개략적으로 정하고 행동으로 옮겼더니 꿈이 현실로 바뀌기 시작했다. 짐을 챙겨 뉴욕으로 날아가 책의 아이디어를 설명하는 날, 세스가 내 옆에 있었다. 나는 세스에게 물었다. "외투는 뭘로 입을까? 레오파드 아니면 감청색?" 그는 조금도 망설이지 않고 대답했다. "당연히 감청색이지." 왜 그렇게 확신하느냐고 묻자 세스는 웃으면서 말했다. "'난 놀러 온 게 아니에요'라고 딱 써 있거든."

이처럼 구체적인 목표를 세워 할 일을 정하고 계획을 세우고 실행 가능한 시간표를 짜는 것은 유니콘 스페이스를 쟁취하기 위해 반드시 거쳐야 하는 단계인데, 다른 사람들에게 그 목표를 알리는 것은 당신이 그만큼 진지하다는 신호를 보내는 것이나 다름없다. 또한 그렇게 함으로써 미루기와 싸울 수 있는 절박함을 만들어 내고, 꾸준히 노력해서 꿈을 달성할 책임을 스스로에게 지우게 된다.

꾸다 마는 꿈을 경계할 것 : 앞에서도 이야기했듯이 재미있게 살 권리를 누리기로 결심한 부부들을 연구해 본 결과, 진지한 태도로 열정을 추구하고 그걸 이루기 위해 유니콘 스페이스를 요구하면 파트너가 당신을 지지할 가능성도 상당히 커진다.

반대로 아이디어 단계에서 시간을 질질 끌면 파트너가 당신을 응원하거나 당신에게 필요한 시간과 공간을 제공할 가능성이 크게 낮아진다. 흐지부지된 꿈에 대해 안 좋은 반응을 보이며 지긋지긋해 하는 것이다.

처음에는 액세서리를 만들겠다는 아내의 열정을 지지했지만 제대로 실행에 옮기지 않는 모습을 보고 실망한 카일이 말했다. "아내는 몇 달 전에 공예품을 다섯 박스나 주문해 놓고 여태 열어보지도 않았어요. 지금도 구슬이랑 술을 산다고 돈은 계속 쓰는데 복도에 상자만 계속 쌓인다니까요. 이젠 그 꿈이라는 게 그냥 환상에 지나지 않는다고 생각해요."

루이지애나주 라피엣에 사는 스테파니도 목공을 해보겠다는 남편에 대해 비슷한 불만을 터트렸다. 차고에 꾸민 남편의 작업실에는 연장과 원자재와 구상 스케치가 넘쳐나지만 그는 허구한날 시작만 하고 뭐 하나 제대로 끝내는 법이 없었다. "이젠 뭘 만들겠다는 계획을 듣는 것도 지긋지긋해요. 자기가 하고 싶다는 것도 제대로 못하는데 그의 도움이 필요한 다른 집안일에 내가 뭘 기대하겠어요?"

유니콘 스페이스와 관련해 인터뷰했던 거의 모든 남녀가 흐지부지된 꿈에 대해 격앙된 반응을 보였다. 그래서 나는 파트너의 지지를 얻으려면 아이디어를 넘어 실행 가능한 단계를 밟음으로써 파트너에게 진지하다는 신호를 보내야 한다는 결론에 다다랐다.

타오스에 사는 클레어는 직접 찍은 사진들을 올린 웹사이트를 남편에게 보여 줬고, 그는 그걸 보고 난 뒤 아내의 예술적인 재능을 새삼 실감했다. 녹스빌에 사는 네이슨은 산악자전거 3일 집중 코스에 등록했는데, 그의 아내는 그제야 자전거로 그레이트스모키 산맥을 넘겠다는 남편의 선언이 진심이라는 걸 알았다. 사라는 그동안 계획했던 개인 트레이닝과 피트니스 사업을 시작하려고 비즈니스 코치를 고용했는데, 그 모습을 본 남편은 비로소 그녀를 돕기 위해 적극적으로 나섰다. 아내의 첫 부트 캠프 체험 수업 때 고객 등록을 도와주는 식으로 말이다.

당신의 삶을 한 단계 업그레이드시킬 것 : 비디오 게임을 해 본 사람이라면 게임의 목적이 레벨을 올리면서 점점 능란해지는 기술로 더 마음껏 즐기며 게임을 계속해 나가는 것임을 잘 알고 있을 것이다. 옛날 게임이든 최신 유행 게임이든 기본적인 규칙은 똑같다. 레벨1에서 죽지 마라! 유니콘 스페이스도 마찬가지다. 일단 세상과 공유하기로 마음먹은 목표가 생겼다면 다음 단계로 나아가라. 실행 가능한 단계들을 추진해 나가면서 당신이 얼마나 진지한지 신호를 보내라. 믿을 수 있는 친구와의 브레인스토밍, 새로운 사업 파트너와의 만남, 소셜미디어에 경과 공유 등 일련의 가시적인 방법들을 통해 유니콘 스페이스를 향해 한 발 한 발 나아가는 것이다. 최종 목표가 무엇이든 계속 앞으로 밀고 나가라. 유니콘 스페이스에서 성공하겠다는 야망을 가지고, 야심만만한 사람으로 거듭나라. 여성이 남성보다 떨어진다는 이유를 설명할 때의 저속한 야망이 아니라, 스스로 가치 있다고 확신하며 세상과 공유하고자 하는 소중한 목표를 달성한다는 맥락의 야망을 키우라는 말이다.

4단계 _ 절대 두려움에 지지 말 것

목표를 정하고 어느 시점이 되면 두려운 마음이 엄습한다. 그에 대해 내 동료이자《여자는 왜 완벽하려고 애쓸까》의 작가 레시마 소자니는 이렇게 조언한다. "두려움이 당신의 앞을 막아서지 못하게 하라. 시도도 해 보기 전에 포기하지 말라는 얘기다."

결혼해서 아이를 낳기 전, 캐리는 보이스 오버 성우이자 할리우드에서 활동하는 광고모델이었고 한창 전성기 때는 브로드웨이에서 노래도 불렀다. 한마디로 그녀는 돈 잘 버는 인기 스타였다. 특히 운이 좋았던 것은 그녀가 자신의 일을 통해 영감을 얻고 성취감을 느꼈다는 것이다. 즉 관중 앞에 설 수 있는 무대 위가 바로 그녀의 유니콘 스페이스였다. 그러나 첫째가 태어난 뒤 그녀는 무대를 떠나기로 결심했다. 스스로에게는 엄마라는 새로운 역할에 적응하는 동안 자신의 일을 잠시 보류하는 것뿐이라고 합리화시켰다.

하지만 10년이 흐른 지금 캐리의 주 무대는 전형적인 세 아이의 엄마 역할에만 한정돼 있다. 학부모회 대표와 전업주부로 굳어져 버린 그녀는 현재 자신의 모습이 예전의 자신과 다르다는 걸 인정했다. 그녀는 체념과 아쉬움이 뒤섞인 목소리로 말했다. "무대에 섰을 때의 느낌이 정말 그립긴 해요. 하지만 이제 난 더 이상 그 사람이 아니에요."

그런데 어느 날 딸이 다니는 중학교 장기자랑 공연에 초청을 받고 모든 게 달라졌다. "편지를 읽던 순간을 기억해요. 너무 당황스러웠어요. 무대 위에 올라가서 공연을 해 달라니, 한편으로는 하고 싶은 마음도 있었지만 너무 오랜만이잖아요. 다시 노래를 부를 수 있을지 확신이 안 서더라고요." 자신감을 잃어버린 그녀는 두려운 마음에 공연을 거절하기로 마음먹었다. 하지만 옆에 있던 딸이 안타깝다는 듯 말했다. "그래도 노래 부르는 건 좋잖아. 안 그래, 엄마?"

캐리는 다시 생각해 보기 시작했다. 몇몇 학부모회 친구들의 격려와 목욕&몸단장(아이들), 잠자리 루틴 카드를 맡아 준 남편의 아낌없는 지원 덕분에 노래 연습할 시간 90분도 확보할 수 있었다. 2주 뒤 그녀는 작은 강당 무대 위에 올랐다. "아드레날린이 솟구쳐 온몸의 신경이 곤두서고 심장이 터질 것처럼 두근거렸어요." 그녀는 마음을 가다듬고 뮤지컬 〈위키드〉의 '중력을 거슬러'를 부르기 시작했다. "자전거 타는 기분이었어요. 얼마나 오랜만인지는 중요하지 않았죠. 내가 노래를 부르고 있는 거예요! 어느 순간이 되니까 관객들이 내 공연을 어떻게 생각하는지는 전혀 신경 쓰이지 않았어요. 중요한 건 다른 사람들의 인정이 아니라 내가 느끼는 만족감이라는 걸 깨달았죠. 어쨌든 나는 그 순간에 완전히 몰입했어요."

캐리는 무대 위에서 자신을 되찾았다고 말했다. "내 영혼을 찾았다고 하는 게 더 정확할 거예요. 마치 기쁨으로 온몸이 감전된 것만 같았어요!"

그 동안 느꼈던 두려움을 극복하고 소중한 자아의 일부를 되찾아 열정의 불씨를 되살린 캐리는 새로운 목표에 도전할 태세를 갖췄다. 며칠 후 친구가 음악가 몇 명이 모여 하우스 콘서트를 여는데 같이 하지 않겠냐고 물었을 때 그녀는 한치의 망설임도 없이 바로 수락했다. "그가 화음을 넣어줄 다른 엄마 한 명과 트럼펫 연주하는 친구를 데려왔어요. 나도 모르는 새에 음악 하는 학부모 그룹의 일원이 돼 있더라고요. 그 사람들이 나한테 유니콘에게 먹이를 계속 주라고 격려해 줬어요. 그 뒤로 한 번도 멈추지 않았죠."

아이를 낳은 뒤 어쩔 수 없이 경력 단절이 생기는 여성들은 해가 지날수록 남성들과의 임금 격차를 경험하게 된다. 그런데 가족에게 더 많은 시간과 에너지를 집중하기 위해 자신의 재능과 관심을 외면해야 했던 여성들은 임금 격차뿐만 아니라 '열정 격차' 또한 커진다고 느꼈다. 특히 캐리처럼 10년 이상 자신의 유니콘 스페이스를 포기했던 여성들은 햇수에 비례해 그것을 재발견하고 되찾는 것에 두려움을 더 많이 느꼈다.

경력 단절의 시간이 짧든 길든 여성들에게 공포는 강력한 마비제로 작용한다. 그럴 때 가장 강력한 해독제가 되어 주는 것이 바로 영적인 친구들이다. 그들은 당신이 잠들려고 할 때 당신을 깨우고, 당신의 진정한 모습을 깨닫게 해 주며, 당신의 정신을 북돋아 본연의 모습을 되찾도록 이끌어줌으로써 어려운 시기를 잘 헤쳐 나갈 수 있게끔 돕는다. 이때 영적인 친구들의 유형은 두 가지로 나뉘는데 다음과 같다.

삶의 여정을 함께하는 친구들 : 이들은 당신과 같은 유니콘 스페이스를 가지고 비슷한 목표를 추구하며 당신의 여정을 함께한다. 예를 들어 당신의 마라톤 훈련 파트너 같은 사람이 이에 속한다. 플로리다에 사는 자즈민은 제일 친한 친구에게 췌장암 연구비 모금을 위해 5킬로미터 달리기 훈련을 하는 데 동참해 달라고 부탁했다. "아빠가 췌장암으로 돌아가셨거든요. 그게 제가 훈련을 시작한 계기가 되었죠. 그런데 친구 잇사랑 같이 뛰기 시작하니까 정말 거기에 빠져드는 거예요. 5킬로미터를 뛰고 나서, 우린 목표를 10킬로미터로 높였어요. 모금액 10,000달러를 채우고 뉴욕시 마라톤 대회 참가 자격을 얻을 때까지 달리고 또 달렸죠."

삶의 여정을 지지해 주는 친구들 : 친구의 두 번째 유형은 당신과 다른 분야에서 일을 하고 있지만 당신에게 따뜻한 격려와 애정 어린 조언을 해 주고, 당신이 목표를 달성하는 데 도움이 될 만한 자원이나 인맥을 제공해 주며, 당신이 목표를 향해 나아가는 모든 단계에 자신의 소중한 시간을 내어 당신 옆에 있어 주는 사람이다. 옆에서 같이 달리는 건 아니지만 결승점에서 이온 음료와 함께 '넌 나의 영웅!'이라는 팻말을 들고 당신을 기다려 주는 친구가 이에 속한다.

어떠한 유형에 속하든 상관없다. 중요한 것은 유니콘 스페이스를 되찾으려고 하는 당신에게 영적인 친구들이 있다면 성공 확률이 매우 높아진다는 점이다. 배우자의 지지는 당신이 유니콘 스페이스를 되찾는 데 필요한 시간과 공간을 더 많이 확보하는 유일한 방법이기 때문에 필수적인 반면, 친구들의 지지는 당신에게 영감을 불어넣어 주는 양념 역할을 한다. 당신이 자기 의심과 두려움에 사로잡혀 한 발짝도 앞으로 나아가지 못하거나 오히려 목표로부터 뒷걸음질치게 될 때, 당신에게 필요한 자신감을 북돋아 주는 것이다. 또 당신이 두려움을 떨쳐 낼 수 있도록 용기로 무장시켜 줄 뿐 아니라 누구보다 당신의 능력과 재능을 아끼기 때문에 당신이 품은 야망을 세상과 나누라고 격려해 준다.

누구나 세상과 공유하고 싶은 열정을 확인하고 나면 그것을 공유해야 하는 순간이 다가올수록 극심한 두려움에 시달리기 마련이다, 나도 내 부족한 점과 그로 인한 실패 가능성 때문에 두려움에 휩싸였던 순간이 있었다. 그만큼 자신을 세상에, 삶이라는 커다란 무대에 올려놓는 건 정말 두려운 일이다.

그런데 다행히 내 옆에는 나의 글쓰기 여정을 지지해 주고, 내가 길을 잃지 않도록 꼭 붙들어 준 친구들이 있었다. 특히 내 오랜 친구 로리는 나를 격려하면서 엘리너 루스벨트의 유명한 말을 인용했다. "잊지 마, 이브. 엘리너 루스벨트가 한 말처럼 매일 한 가지 너를 두렵게하는 일을 해 봐." 우리는 다른 친구의 생일 선물을 사러 나갔다가 우연히 그 말을 재치 있게 비튼 문구가 적혀 있는 머그잔을 발견했다. '매일 한 가지 당신 가족을 두렵게 하는 일을 하라.' 우린 그 머그잔을 3개 샀다. 로리와 나, 그리고 생일을 맞이한 친구를 위한 거였다. 내가 그 컵을 쓸 때 가끔 남편이 옆에서 슬쩍 나를 쳐다볼 때가 있는데 솔직히 기분이 썩 괜찮다.

당신도 마음이 한없이 움츠러들고 여려지는 순간에 대비해, 목표를 향해 나아가는 동안 옆에서 당신의 손을 잡아 줄 친구들을 만들어라. 그래서 절대 두려움에 지지 마라.

5단계 _ 함정에 빠져 관계를 망치지 말 것

당신뿐만 아니라 당신의 파트너에게도 유니콘 스페이스가 필요하다. 그러므로 각자 자신의 유니콘 스페이스를 갖는 데 필요한 게 무엇인지부터 말해 보라. 이때 공정한 게임의 목표가 두 사람이 행복한 커플로 살아가는 데에 있음을 유념할 필요가 있다.

캘리포니아주 프리몬트에 사는 패티가 말했다. "사람들은 존이 페이스북에 올린 바다 수영 훈련 사진을 보고 감명받지만 그들이 놓치고 있는 게 있죠. 프레임 안에는 며칠씩이나 집을 비운 남편을 대신해 내가 혼자 아이들을 돌보느라 얼마나 고생하는지가 안 담겨 있으니까요."

나는 존과 비슷한 부류의 수많은 남자와 이야기를 나눴다. 그들은 아빠가 된 직후부터 에베레스트 등반, 철인 3종 경기, 버닝맨 페스티벌(미국 네바다주 블랙 록 사막 한가운데 일시적으로 형성됐다 사라지는 가상의 도시 블랙 록 시티에서 벌이는 예술 축제 – 옮긴이) 등 시간이 많이 걸리고, 극도로 힘들며, 대개는 위험천만한 다양한 활동을 했다. 그들은 자기가 즐기는 극단적인 스포츠를 망설임 없이 자신의 유니콘 스페이스로 선택했다. 물론 에너지를 발산하는 게 중요하다는 건 인정하지만 극단적인 형태의 유니콘 스페이스는 나에게 생각할 거리를 안겼다.

그와 관련해 계속 자료를 모으다 보니 존과 같은 사례의 가정에서 나타나는 파트너십이 건강하지 않다는 걸 뒷받침하는 패턴이 나타났다. 내가 '야생으로 이탈해 버린 유니콘 스페이스'라고 부르는 영역에 빠진 남성들이 위험천만한 활동을 선택한 동기는 전형적으로 다음의 두 가지 중 하나였다.

도피주의 : 매트는 아들이 아직 갓난아기인데도 마치 자신이 싱글인 것처럼 네이비실과 민간인이 합동으로 훈련을 받는 수업에 등록했다. 훈련은 2주 동안 진행됐는데 막바지에 그는 실수로 자기 사타구니 위쪽에 총을 발사하는 바람에 병원에 6주 동안이나 입원을 하게 됐다. 그의 아내인 다나의 입장은 어땠을까? "아프든 말든 고생 좀 해 보라고 병원에 혼자 두고 싶은 게 솔직한 심정이었어요. 그 훈련이 자기를 위해서 꼭 필요하다면서 날 설득했거든요. 뭐, 자기 물건(?)을 자기가 쏜 건 집에 있는 우리 아기에 대한 책임을 회피하는 편리한 방법이긴 하네요."

극단주의 : 야생으로 이탈해 버린 유니콘 스페이스의 두 번째 유형은 극단적인 박탈감에 대한 반응으로 나타난다. 오랫동안 자신의 타고난 재능이나 관심사와 단절된 채 살아온 사람들이 잃어버린 시간을 만회하기 위해 너무 극단적인 방식을 취하는 것이 그에 속한다.

예를 들어 시카고에 사는 수의사 올리버는 아내 일레인에게 동물병원이 아닌 다른 곳에서 시간을 좀 보내라는 격려를 받았다. 처음에 그는 아내의 제안을 그냥 흘려들었지만 고민 끝에 오리건주에 10에이커(약 12,000평)의 땅을 산 다음 아내에게 말했다. "생각해 봤는데 동물들을 치료하고 보살피는 걸 넘어서 동물들을 키우는 게 내 열정이라는 걸 깨달았어. 그래서 오리건주에 농장을 하나 샀어! 휴가 때나 휴일에 거기서 일하면서 보내려고!"

일레인이 남편에게 유니콘 스페이스를 찾으라고 격려하긴 했지만 그 열정이 농부라고? 일레인은 그와 함께 오랜 세월을 지내왔지만 그의 열정이 염소 키우기였다는 걸 전혀 알아채지 못했다. 유니콘 스페이스에 대한 남편의 극단적인 해석은 그녀에게 스트레스성 위장 장애를 일으켰고, 몇 달 뒤 참다못한 그녀는 그에게 말했다. "집에도 당신이 필요한데 한 번 가면 몇 달씩 거기 있잖아. 게다가 우리가 모아 둔 돈을 농장 유지비로 다 쓰게 생겼어." 결국 그녀는 농장을 팔자고 설득했지만 남편은 요지부동이었다. "이게 내 꿈이야."

이처럼 남성들이 '야생으로 이탈해 버린 유니콘 스페이스'에 빠지는 동안 안타깝게도 내가 만난 수많은 여성들이 열정을 되찾는 방법으로 불륜을 저질렀다고 고백했다. 심리치료사 겸 작가인 에스더 퍼렐도 '행복한 사람들이 왜 바람을 피울까'라는 제목의 기사에서 비슷한 언급을 했다. "여성 내담자의 말을 들으면서, 그녀가 저지른 불륜이 남편이나 부부 관계 때문이 아니라는 의심이 들기 시작했다. 그녀의 이야기는 내 작업에서 반복적으로 떠오른 주제를 반영하고 있었다. 새로운 또는 잃어버렸던 정체성의 탐색, 자아 발견의 한 형태로서의 불륜이었다. 이런 걸 추구하는 사람들에게 외도는 문제의 징후일 가능성보다는 성장과 탐험, 변화를 포함하는 포괄적인 경험일 가능성이 더 크다."

당신의 유니콘 스페이스가 가정에 대한 책임으로부터 벗어나기 위한 탈출구가 되거나 파트너와의 관계를 위협할 낌새가 보이면 스스로에게 물어보라. 나는 이 극단적인 경험 또는 회피 수단의 어떤 점에 끌리는가? 어떻게 해야 가정 안에서 또는 공동체 안에서 비슷한 기분이나 경험을 만들어 낼 수 있을까?

이처럼 유니콘 스페이스를 되찾기 위해서는 전략적으로 계획하고 파트너와 상의하는 것 말고도 위험 요소를 신중하게 따져 보는 과정이 필요하다. 한 사람은 야생으로 도망가 버리거나 불륜을 저지르고, 다른 한 사람만 그 자리에 남는다면 그건 공정한 게임이 아니다. 그러므로 당신은 파트너와 함께 유니콘 스페이스에서 이루고자 하는 목표의 동기를 잘 파악하고 도피주의와 극단주의를 현명하게 피할 수 있어야 한다.

그런데 인터뷰를 하다 보니, 각자 자기만의 유니콘 스페이스를 갖는 게 아니라 둘이 같은 것을 선택하는 커플들이 있다는 사실을 발견하게 되었다. 같은 유니콘 스페이스를 갖는 커플들은 애초에 열정을 공유하고 있어서 서로에게 끌린 걸까? 비슷한 기쁨을 느껴서?

그중 재클린은 이렇게 말했다. "내 남편 마이크는 늘 골프를 좋아했어요. 하지만 여러 해 동안 잠깐씩밖에 못 쳤죠. 근데 내가 유니콘 스페이스라는 개념을 설명했더니 대뜸 '난 필드에서 시간을 더 많이 보내고 싶어!'라고 하더군요. 그 말을 듣고 나는 남편에게 골프를 배울 테니 같이 하자고 했어요. 그래서 지금은 둘이 같이 골프를 치고 있죠. 윈윈인 셈이에요."

그러자 내 더듬이가 촉각을 곤두세웠다. 나는 재클린이 아이들 없이 남편과 있는 시간을 즐기는 거라고 생각했다. 하지만 골프가 그녀의 열정인 것처럼 들리진 않았다. 매주 토요일 필드에서 보내는 시간이 진정으로 만족스러운 시간이었을까? 정말 마이크와 함께 실력을 길러 그가 세상과 나누고 싶은 목표라고 정한 지역 대회에 참가하고 싶은 걸까?

나는 재클린과 깊은 대화를 나눈 끝에 그 의문을 풀 수 있었다. 그녀는 남편의 유니콘 스페이스를 지지하는 것과 자신의 유니콘 스페이스를 박탈당하는 것을 혼동하고 있었다. 물론 그녀는 새로운 스포츠 배우는 걸 즐겼고 자신도 잘한다고 자랑했지만 그녀가 정말 하고 싶은 건 뜨개질이었다. 그래서 나는 재클린에게 말했다. "고등학교 때 칼릴 지브란의 《예언자》 읽어 보셨어요? 그럼 혹시 기억해요? 서로의 잔을 채우되 한쪽의 잔만 마시지 마라. 내가 하고 싶은 말은 당신만의 시간과 공간을 가지라는 거예요. 골프는 그만두고 뜨개질을 하는 데 시간을 쓰라고요."

이제 서로 유니콘 스페이스를 확인했다면 각자 자신의 영역을 실현시키기 위해 매주 시간이 얼마나 필요한지 살펴보라. 유니콘 스페이스 카드는 공정한 게임에서 유일하게 50 대 50의 시간 분배를 장려하는 카드다. 그러므로 당신이 글 쓸 시간을 3시간으로 잡았다면, 파트너도 당연히 스페인어 공부에 매주 3시간을 쓸 수 있다. 파트너가 산악자전거를 타기 위해 매주 토요일에 쉬기로 했다면 당신은 일요일이나 온종일 쉴 수 있는 다른 날을 하루 고르면 된다.

이때 곤란한 상황이 하나 있다. 만약 파트너가 유니콘 스페이스를 자신의 일이라고 주장할 경우 시간을 똑같이 분배하기가 어렵다. 그럴 경우 신중하게 잘 생각해서 해결책이 나올 때까지 대화를 나누어 보라. 각자의 유니콘 스페이스에 똑같은 시간을 할애하지 않으면 서로를 원망하게 될 확률이 높기 때문이다.

6단계 _ 엄마도 '부재중'일 권리가 있음을 기억할 것

유니콘 스페이스에 쓸 시간을 정했으니 그 시간을 일정표에 넣고 지키는 건 당신에게 달렸다. 이때 죄책감이나 미안함, 그 밖에 갑자기 생기는 크고 작은 일 때문에 정해 놓은 시간을 놓치지 마라.

이런 시나리오를 생각해 보자. 당신은 2시부터 4시까지 대학교 1학년 때 하다가 만 악기 연습을 다시 시작해 볼 생각이었다. 얼핏 휴대폰 시계가 눈에 들어온다. 2시 45분이다. 그런데 갑자기 자신도 모르게 방과 후 돌봄 일정은 잡아 놨지만 지금 출발해서 3시에 애들을 데리고 오는 게 낫겠다는 생각을 한다. 펑! 당신의 유니콘 스페이스와 연주의 꿈이 방금 사라져 버렸다.

당신의 삶에 창조적인 공간을 만들려고 할 때, 아니면 그것을 꿈꾸거나 상상하기 시작할 때 그때가 바로 집안의 질서를 유지하기 위해

해야 할 일들을 끊임없이 떠올리게 하는, 죄책감과 미안함이라는 강풍에 떠밀려 머릿속을 시커멓게 뒤덮는 온갖 허드렛일의 짙은 먹구름에 가장 취약할 때다. 있는 힘껏 저항하라. 삶의 열정과 목적을 되찾는 것에 대해 나쁜 감정을 느끼게 만드는, 시간에 대한 잘못된 메시지들은 무시해 버려라. 그런 메시지는 당신이 유니콘 스페이스에서 결실을 얻는 것을 방해하고 결국 그 공간까지 삼켜 버릴 테니까 말이다. 당신이 느끼는 두려움 저편에 당신이 원하는 모든 게 있다. 그것을 절대 잊지 마라.

마지막으로 당신도 '부재중'일 권리가 있음을 기억하라. 무슨 말이냐고? 학부모회 회장이자 전업주부이면서 이제는 록스타로 거듭난 캐리 이야기로 돌아가 보자. 하우스 콘서트 연주에 초대받고 난 뒤 얼마 지나지 않아 캐리는 우연히 옛 친구를 만났다. 마침 그는 1970년대 커버 밴드를 함께할 백그라운드 가수를 찾고 있었다. "열흘 안에 롤링 스톤스의 '영혼의 안식처'를 익힐 수 있어?" 예전과 확연히 달라진 그녀는 이렇게 답했다. "물론이지! 근데 뒤에서 노래하고 싶었던 건 아니야. 리드 보컬을 하고 싶었지."

그녀는 자신이 원하는 걸 분명히 알았지만 남편과 마주 앉아 새로운 목표에 어떤 대가가 따르는지, 또 무엇이 필요한지 — 심지어 밤에 연습할 시간이 더 필요했고 공연이 있는 날은 가족과 더 멀리 떨어져 있어야 했다 — 상의하기 전까지는 밴드로 달려가지 않았다. 그녀가 개인 시간을 많이 확보하려면 그만큼 남편이 양육과 집안일 카드를 더 많이 맡는 데 동의해 줘야만 했다. 남편은 지난 몇 년 동안 자신이 지역 농구팀에서 활동하는 걸 아내가 받아 줬기에 기꺼이 아내의 부탁을 들어줬다. 더 중요한 것은 그가 아내의 열정과 진지함을 알아챈 후 더 적극적으로 그녀를 돕기 위해 나섰다는 것이다.

캐리는 활동 초기 소규모 공연장에서 리드 보컬로 노래하던 순간을 기분 좋게 떠올리며 말했다. "첫째 딸 제인이 공연장 뒤쪽에서 음향기사 옆에 나란히 앉아 내 공연을 봤어요. 순간적으로 나와 눈이 마주쳤는데 딸애가 손으로 하트 모양을 만드는 거예요. 나중에 그러더군요. 엄마가 정말 자랑스러웠다고." 물론 그 때문에 가족을 위해 쓰는 시간이 줄어들 수밖에 없었지만 캐리는 이렇게 말했다. "죄책감이 들진 않아요. 내가 좋은 엄마라는 걸 알고 내 유니콘 스페이스가 아이들에게, 특히 제인에게 긍정적인 영향을 미친다는 걸 직접 확인했으니까요. 제인은 커서 엄마이면서 싱어송라이터가 될 거래요. 나처럼요."

아이들에게 각자의 열정을 쫓도록 영감을 준 것 외에도, 캐리는 남편과 약간의 거리가 생기는 것의 장점도 깨달았다. "빨간 가죽 바지를 입고 무대에서 내려온 날은 섹스가 훨씬 즐거워요."

캐리의 예에서 볼 수 있듯, 파트너 대부분은 당신이 신나게 사는 것을 좋아한다. 당신이 결혼 생활의 울타리 밖에서 더 열정적이고 생기 넘치는 자아에 몰두해 있을 때 파트너는 오히려 당신에게 더 긍정적인 반응을 보인다. 아이들도 마찬가지다. 그러니 가족을 위해 쓰는 시간이 줄어든다고 과도한 죄책감을 가지거나, 아이들에게 미안하다는 생각을 하지 마라. 당신도 '부재중'일 권리가 있다.

우리 모두가
윈-윈-윈이다

　금요일 밤, 세스와 나는 아이들과 함께 소파에 늘어져 온 가족이 좋아하는 애니메이션 영화 〈씽〉을 봤다. 영화를 못 본 독자들을 위해 요약하자면 돼지 엄마 로지타는 아름다운 가수였다. 하지만 시간이 흐르고 25마리의 새끼 돼지들이 태어나면서 음악과 완전히 멀어졌다. 그녀의 삶은 화장실 변기를 뚫고 매일 엄청난 새끼 돼지들을 먹이고 입히는 엄마와 아내로서의 정체성에만 사로잡혀 있었다. 극 중 로지타의 남편은 가족에 헌신적이기는 했지만 아내의 진정한 모습을 보지는 못했다.

　그러던 어느 날 그녀는 용기를 내 노래 경연 대회에 참가할 기회를 잡았고, 무대 위에 선 그녀는 보다 큰 성취감과 목적 의식, 그리고 자신의 목소리를 재발견하게 된다. 영화가 끝날 무렵 그녀가 보여준 멋진 노래와 환상적인 춤은 관객과 새끼 돼지들로부터 열렬한 환호와 기립박수를 받았다. 그녀의 남편이 무대로 뛰어올라 그녀에게 열정적으로 키스하자 객석의 반응은 더욱 뜨거워졌다.

이 가슴 설레는 순간, 당시 여섯 살이던 아들 벤이 나를 돌아보며 말했다. "로지타가 유니콘 스페이스를 찾았어요!" 안 그래도 설레는 마음이 더 두근거려서 나는 가슴에 손을 얹었다. 내 아들 벤이 마침내 공정한 게임을 이해한 것이다!

이미 여러 번 봤던 영화였지만 이번엔 달랐다. 옆에서 내가 하는 전화 인터뷰를 듣고, 현실에 구현된 로지타나 다름없는 캐리 같은 친구들과 유니콘 스페이스에 대해 나누는 대화를 계속 들었기 때문일까. 벤은 누군가가 자신을 온전히 표현하는 걸 옆에서 지켜보는 게 어떤 것인지, 어떻게 보이는지, 어떻게 들리는지, 어떤 느낌인지, 그리고 자아를 되찾는 것이 얼마나 소중한 일인지 이해했다.

다음 날 아침 식사 자리에서 벤이 세스와 나에게 노래 수업을 들어도 되느냐고 물었다. "밴드를 해 보고 싶어요." 나는 세스를 쳐다보며 말했다. "그건 특별활동(비스포츠) 카든데 당신이 맡을래?" 세스는 망설임 없이 그 카드를 맡겠다고 말한 뒤 벤 쪽으로 몸을 돌려 허리를 숙였다. "아들, 이제 넌 아빠가 정기적으로 재거래하는 카드 10장 말고도 23장을 더 들고 있다는 걸 말해 줄 증인이야. 엄마한테 책에 꼭 넣으라고 말해 줘." 그 말을 들은 벤은 엉뚱하게 나에게 이렇게 물었다. "엄마 책에서는 누가 주인공이에요?"

내가 책을 쓰기 시작한 뒤로, 벤은 늘 어떤 책인지 궁금해했다. 개인의 성장이나 젠더 연구라는 식의 설명으로 아이를 지루하게 만드는 대신 나는 간단하게 말했다. "엄마하고 아빠 사이의 역학 관계에 대한 이야기인데… " 그러자 벤이 불쑥 끼어들면서 물었다. "슈퍼히어로들이 싸우는 거 같은 거요?" "맞아, 그런 거야." 지난 6개월 동안 벤은 내 설명에 만족스러워 했었다.

그런데 지금 벤은 엄마와 아빠 중에서 누가 영웅인지 궁금해하고 있었다. 나는 식탁 건너편에 있는 세스를 보며 미소 지었다. "우리 둘 다야."

숱한 시행착오를 거치고, 정기적으로 대화를 하고, 의도를 가지고 카드를 협상하며 수없이 카드를 재거래한 끝에 이제 남편과 나는 공정하게 게임을 하고 있다. 옆에서 우리를 지켜본 아이들은 공정하고 협력적인 파트너십을 맺는다는 게 어떤 의미인지, 엄마와 아빠의 시간이 똑같이 가치 있고 존중받아야 하며, 집안일은 분담해야 하고, 가족 구성원 모두가 자신의 유니콘을 살찌우도록 격려받아 마땅하다는 것을 배우는 중이다. 우리 모두가 윈-윈-윈이다.

저자와의 짧은 인터뷰

Q1. 사업을 하면서 남편과 함께 세 아이를 키우고 계시죠. 책에서 매일매일 해야 할 집안일이 너무 많다고 말씀하셨어요. 그런데 그 많은 할 일 목록에 책 쓰기까지 더한 특별한 이유가 있을까요?

전 이 책을 쓸 운명이었던 것 같아요. 한부모 가정에서 자랐는데 엄마가 퇴거 통지서와 공과금 연체료 관리하는 걸 어릴 때부터 도왔죠. 그때부터였어요. 커서 꼭 동등한 삶의 파트너를 만날 거라고 다짐 했는데 다행히 그 다짐을 이뤘어요. 그런 짝을 만나 결혼했고 둘이서 일과 삶 모두를 동등하게 일궈 나갔죠. 그런데 아이 둘을 낳고, 어느 날 남편이 보낸 문자메시지 때문에 도로 한쪽에 차를 세운 채 훌쩍훌 쩍 울고 있는 제 자신을 발견한 거예요. '블루베리를 안 사 오다니 민을 수가 없네'라는 남편의 문자메시지를 보면서 생각했어요. '회사에서는 나름 유능하다는 평가를 받는 내가 언제부터 장 볼 거리 하나 못 챙겨서 타박을 받는 사람이 된 거지? 그리고 어쩌다 나는 남편이 찾는 스무디 재료 사다 놓는 걸 포함해서 온갖 집안일과 육아를 도맡아 하는 사람이 된 거야?' 그 순간 뭔가 변화가 필요하다는 걸 깨달았어요. 그래서 내 결혼 생활뿐 아니라 모든 커플을 위해, 가정의 균형을 되찾을 수 있는 해결책을 찾기 시작했지요.

Q2. 어떻게 공정한 게임이 개인적인 것에서 훨씬 더 큰 목표로 발전하게 되었는지 알려 주세요.

처음에는 제가 구할 수 있는 온갖 책과 논문, 기사를 찾아 읽으며 성별에 따른 분업에 대해 고민하기 시작했어요. 가정을 운영하고 가족들을 돌보기 위해 해야 할 일의 3분의 2가 여성의 몫이라는 건 알겠는데 그 이유를 잘 모르겠더군요. 그러다 우연히 사회학자 알린 캐플런 대니얼스가 1987년에 쓴 '보이지 않는 일'이라는 기사를 보게 되었는데 그게 제 모험의 시작이었죠. 제가 하는 일 중에서 눈에 보이지 않는 일들을 남편 눈에 보이게 만드는 모험이요. 저는 먼저 스프레드시트에 집안일 목록을 만들었습니다. 세계 각지 여성들에게 도움을 받아, 내가 가족을 위해 하는 활동들을 하나하나 적고 그 옆에 필요한 시간까지 표시해서 목록으로 만들었죠.

그런데 집안일 목록은 여성이 가정에서 하는 보이지 않는 일들이 얼마나 많은지는 보여주지만 안타깝게도 변화보다는 화를, 그리고 잘잘못 따지기를 더 부추기더군요. 저에게는 억울한 마음과 분노를 뒤

로하고 지속 가능한 변화를 가능하게 해 줄 시스템이 필요했어요. 그래서 탄생한 게 바로 '공정한 게임'입니다.

Q3. 오늘날 미국인 대다수는 성평등이라는 개념을 믿습니다. 그런데 왜 여성들이 아직도 가사 노동과 육아의 책임 대부분을 떠맡고 있는 걸까요?

여성들이 그 책임을 떠맡게 된 이유는 사회적·문화적·정치적으로 뿌리가 깊습니다. 수많은 사람들이 그 이유에 대해 연구해 온 역사만 100년이 넘으니까요. 또 이와 관련해 옥스팜 포럼에서는 여성들이 무보수로 하고 있는 노동력의 가치가 전 세계적으로 10조 9천억 달러에 달한다는 보고서를 발표했습니다. 여성들의 생산성과 리더십, 재능을 발휘하지 못해 생기는 사회적 비용은 말할 것도 없고요. 그래서 전 지금이야말로 남자들을 대화의 장으로 초대해 각자의 가정 형편에 맞는 21세기형 해결책을 찾아볼 때라고 생각합니다. 이를테면 제가 책에서 제시한 공정한 게임이 그 시작일 수도 있다고 봅니다.

Q4. '보이지 않는 일'이 과연 무엇이고, 그걸 이해하는 것이 가사 노동의 불공정을 해결하는 데에 왜 중요한지 말씀해 주세요.

보이지 않는 일은 알아주는 사람이 없고, 그 가치를 제대로 인정받지 못하지만 가정을 원활하게 돌아가도록 하려면 누군가는 무대 뒤에서 반드시 해야 하는 일을 말합니다. 특별활동을 예로 들어 보죠. 공정한 게임을 하기 전에는 제 남편이 사람들한테 자기가 두 아들의 스포츠 활동 담당이라고 말하곤 했습니다. 그런데 남편한테 그 임무는 단지 일요일에 아이들을 어린이 야구단에 데려간다는 의미였죠. 반면에 저는 무대 뒤에서 그 임무와 관련된 그렇지만 절대 눈에 보이지 않는 여러 가지 일을 처리하느라 바빴습니다. 어린이 야구단 신청서 작성, 방과 후 연습 뒤 카풀 조율, 정해진 시간에 야구단 사무실에 가서 유니폼 받아오기, 계약서에 서명하고 사본 만들기, 스파이크 운동화 구입 같은 일들을 혼자 다 처리해야 했던 겁니다. 그런데 지금은 제가 했던 일을 남편이 모두 알아서 합니다. 공정한 게임에서는 자기 손에 있는 카드의 인지와 계획, 실행을 통째로 책임지니까요.

Q5. 공정한 게임은 눈에 보이지 않는 일에 관한 대화를 어떤 식으로 바꾸나요?

여러분은 이미 집안일에 대해서 파트너와 대화를 하고 있습니다. 말로 하는 게 아닐 뿐이죠. 예를 들어 스텔라는 건조기 돌리는 걸 잊고 침대에 잠든 남편 얼굴 위로 젖은 빨래 더미를 확 쏟았습니다. 화가 났다는 사실을 비언어적인 의사소통 방식으로 표출한 것이죠. 공정한 게임은 그런 비언어적인 의사소통 방식 대신 직접 부딪혀 대화로 해결하는 것을 원칙으로 합니다.

Q6. 공정한 게임은 가정에서의 책임을 평등이 아니라 공정이라는 개념으로 접근합니다. 이 개념이 의미하는 바가 뭔가요?

공정한 게임의 궁극적인 목표는 아이들에게 건전한 롤모델이 될 수 있는, 행복하고 만족스러운 삶을 사는 두 사람이 되는 겁니다. 그런데 가사 노동과 육아에서 평등한 것이 꼭 공정한 것은 아닙니다. 집안일을 50 대 50으로 나누는 것만이 능사가 아니라는 말입니다. 저는 오히려 50 대 50을 강조할수록 문제를 풀기가 어렵다고 생각합니다. 그런데 공평 대신 공정에 초점을 두면 모든 게 달라집니다.

실제로 여성들에게 어떨 때 만족감을 가장 크게 느끼는지 물었을 때 남편과 집안일을 50 대 50으로 분담하는 것보다 남편이 맡은 일의 인지와 계획, 실행을 주의 깊고 능숙하게 해내는 것을 꼽은 사람이 훨씬 많았습니다. 재미있는 것은 부부관계가 행복하다고 생각하며 자신감이 넘치는 남성들은 공통적으로 아내로부터 맡은 임무의 CPE 전체를 주도적으로 잘 해낼 거라는 전폭적인 믿음과 지지를 받았다는 사실입니다.

제 남편도 자신이 맡은 일의 CPE 전체를 책임지면서 얻는 만족감이 생각보다 훨씬 크다는 사실을 깨닫고 난 뒤 비로소 다른 일들도 주도적으로 하기 시작했고, 나중에는 기꺼이 카드를 더 많이 맡더군요.

Q7. 당신은 홀어머니 밑에서 자랐는데, 그녀는 이 연구에 대해 어떻게 생각하던가요?

엄마가 책을 다 읽고 나서 맨 처음 한 말은 이거였어요. "이제는 네가 집안일 카드를 다 책임지는 게 얼마나 힘든 일인지 이해한 것 같구나."

Q8. 책에서 본인의 결혼 생활에서 일촉즉발이었던 순간을 언급하셨습니다. 남편분은 책 시작부터 자신을 비호감으로 묘사한 것에 대해 어떻게 생각하나요?

중요한 건, 앞으로 남편이 우리 집 잔디밭에 술 취한 남자의 외투를 그대로 놔두는 일은 없을 거라는 겁니다. 하지만 진심으로 남편은 이 책에 담긴 메시지의 가장 열렬한 지지자예요. 지금 우리의 결혼 생활은 그 어느 때보다 단단하고, 남편도 자신이 우리 가정의 당당한 파트너가 된 것에 대해 큰 자부심을 느끼고 있습니다.

Q9. 커플 500쌍을 인터뷰하면서 베타 테스트를 진행하셨고, 그 결과를 바탕으로 공정한 게임의 원칙을 발전시키셨어요. 그중에 아직도 기억에 남는 커플이나 일화가 있나요?

결혼 생활에서 관계를 멀어지게 만드는 건 정말 아주아주 사소한 일이라는 겁니다. 어떤 CEO가 나한테 울면서 전화를 한 적이 있는데요. 남편이 고양이 화장실 치우는 걸 잊었다고 하더군요. 또 한 남성은 접착제 사오는 걸 잊어서 집에 갇혀 있었다고 했고요. 저도 블루베리 사는 걸 잊은 일 때문에 갓길에 차를 세우고 펑펑 울었죠. 그런데 한 걸음 떨어져서 보면 이 모든 게 이미 가정에서 느끼고 있던 불공정함, 그것을 인지하고 느꼈던 분노가 차곡차곡 쌓여서 생긴 결과라는 걸 알 수 있어요. 하지만 공정한 게임을 시작하면 모든 게 달라집니다.

Q10. 이 책은 주로 아내와 남편 관계에 초점을 맞추고 있습니다. 하지만 동성 커플들하고도 인터뷰를 하셨죠. 그들에게도 이 게임에 적용될까요?

시험해 본 결과, 공정한 게임은 성별과 관계없이 모든 유형의 커플에 효과가 있습니다. 제가 수많은 사람들을 인터뷰하며 발견한 것은 가사 노동에 대해서만큼은 거의 모든 커플이 갈등을 겪고 있다는 겁니다. 그것을 해결하기 위해서는 공정한 게임의 도입이 시급합니다.

Q11. 남성들은 아무리 공정한 게임이라고 얘기해도 집안일을 더 맡게 될까 봐 게임에 참여하는 걸 꺼립니다. 그들을 설득할 방법이 있을까요?

나름대로는 가정에 헌신적이라고 생각하는 각계각층의 남성들을 만났을 때 그들이 가장 많이 한 말이 뭔지 아세요? "전 집에서 제대로 하는 게 없어요. 그래서 아내한테 매일 잔소리를 듣는데 이제는 정말 죽을 지경이에요." 누가 이런 식으로 살고 싶을까요? 그럼에도 우리가 이렇게 사는 이유는 무질서한 혼돈이 허락되고 기대치가 명확하게 정해져 있지 않은 마지막 미개척지가 바로 집이기 때문입니다. 예를 들어 상사에게 이렇게 묻는 바보는 없을 거예요. "오늘은 제가 뭘 해야 하나요? 알려 주실 때까지 여기서 기다릴게요." 직장에서 이런 게 통할 리 없지요. 가정에서도 그래야 해요. 공정한 게임을 하기 전이었다면 저는 남편에게 '잭 가방에 폴더 넣어 줘. 저녁 식사 픽업 부탁해'라는 문자메시지를 보냈을 거예요. 그럼 남편은 분명 이렇게 생각했겠죠. '무슨 폴더? 저녁 식사를 어디서 받아 오라는 거야?' 그런데 공정한 게임을 도입한 후 저는 남편에게 그런 문자메시지를 보낼 필요가 없어졌습니다. 그가 알아서 다 하기 때문이죠. 남편은 저에게 잔소리를 들을 필요가 없어졌고요. 그래서 어떤 남성이 공정한 게임을 그렇게 말하더군요. 가정용 만능 꿀팁이라고. 이 정도면 설득이 되지 않을까요?

Q12. 공정한 게임은 100장의 카드 중에서 유독 유니콘 스페이스 카드를 강조하는데요. 두 참가자 모두 반드시 유니콘 스페이스를 가져야 하는 이유는 뭔가요?

목표를 그려 보는 게 중요합니다. 왜 우리는 가사 노동을 재조정하려고 하는가? 두 사람이 원하는 삶은 어떤 모습인가? 저는 유니콘 스페이스가 각자 열정을 추구하고 발전시키는 데 반드시 필요한 창조적이고 마법 같은 공간이라고 생각합니다. 하지만 유니콘이 신화 속 존재인 것처럼 유니콘 스페이스도 실재로 존재하는 것은 아닙니다. 당신이 그걸 발견하거나 되찾기 전까진 말이죠.

유니콘 스페이스의 핵심은 진정한 자기 자신이 되고, 그걸 세상과 나누는 기쁨을 느끼는 것입니다. 부모가 되고 나서 미뤄 왔던 피아노 연습이나 사업 아이디어 구상을 할 시간을 찾는다는 게 허황된 말처럼 들릴지 모르지만 누구나 부모나 배우자, 일벌레 외에 다른 분야에 관심을 갖고, 그걸 추구하고, 흥미롭게 살 자격이 있습니다.

수많은 여성들이 저에게 물었습니다. "치과 갈 시간도 없는데 나를 살아 있게 해 주는 뭔가를 찾아 그걸 할 시간을 만들라고요?" 네, 맞습니다. 반드시 유니콘 스페이스를 찾아야 합니다. 어느 순간 잃어버린 삶의 생기를 다시 되찾고 싶지 않나요? 제가 공정한 게임 참가자들을 수없이 만나며 계속 확인하게 되는 게 하나 있어요. 유니콘 스페이스 카드를 당당하게 요구하고 누리며 사는 사람들은 어떤 식으로든 반짝반짝 빛난다는 것을요. 당신도 그럴 수 있어요. 유니콘 스페이스를 찾고 그것을 계속해서 키워 나간다면 말이에요.

Q13. 남편이나 파트너를 게임에 참여시킬 방법이 없거나 그럴 가망이 없다고 느끼는 여성들에게 해 줄 말이 있나요?

노라 에프론의 말을 인용할게요. 자기 삶의 피해자가 되지 말고, 주인공이 되세요. 여러분은 자신의 결혼 생활과 삶을 주도적으로 바꾸는 사람이 될 수 있습니다. 책에서 얘기했던 건조기 돌리는 걸 까먹고 태평하게 자고 있는 남편 얼굴 위로 젖은 빨래를 쏟아 부었던 여성을 기억하나요? 그렇다면 알 거예요. 당신은 이미, 대화를, 하고 있습니다. 쪼잔한 방식으로 복수를 하거나 벌컥 화를 내거나 아예 입을 닫아 버리거나 하는 것들도 모두 의사소통의 수단이니까요. 이제 그런 방식들을 공정한 게임으로 바꿔 보면 어떨까요? 공정한 게임은 간단하지만 협력적인 대화를 가능하게 해 줍니다. 또 당신 자신을 위한 시간도 되찾아 주지요. 인생은 한 번뿐입니다. 그 시간을 젖은 빨래 때문에 싸우는 데 쓰긴 아깝지 않나요?

Q14. 책을 쓰기 위해서 심리학자부터 과학자, 행동경제학자들까지 다양한 분야의 전문가들과 얘기를 나눴다고 하셨는데요. 어떤 내용이 가장 흥미를 끌던가요? 충격적이었던 게 있나요?

여성들에게 남편보다 집안일을 더 많이 하는 이유를 물었는데, 가장 공통적인 대답이 여성이 남성보다 멀티태스킹에 능하고 실행 두뇌가 더 뛰어나다는 거였어요. 그 사실을 입증해 줄 연구는 이 세상 어디에도 없는 데 말입니다. 그런데도 인터뷰한 여성들 대부분이 그 메시지를 마치 검증을 마친 정답처럼 받아들이고 있다는 사실이 충격적이었습니다.

그래서 저는 챕터 하나를 통째로 여성들이 사실이라고 믿고 있지만 틀린 메시지들을 설명하고, 그 틀을 바꾸는 방법을 제안하는 데 할애해야만 했어요.

Q15. 마법을 부려서 가사 노동이나 육아와 관련된 문화적 규범이나 기대치를 딱 하나 바꿀 수 있다면 어떤 걸 바꾸시겠어요?

제 컴퓨터에는 공정한 게임에 대한 포부를 써 놓은 포스트잇이 붙어 있어요. 시간의 재정의. 이게 무슨 뜻일까요? 그동안 했던 수많은 인터뷰에서 공통적으로 나왔던 얘기 중 하나가 남자의 시간은 유한하고 여성의 시간은 무한하다는 거였어요. 그만큼 남성의 시간이 여성의 시간보다 가치 있고 소중하며 쓸모가 있다는 말이죠.

그래서 공정한 게임의 첫 번째 규칙은 '시간은 모두에게 평등하다'예요. 이 규칙이야말로 시스템 전체를 돌아가게 하는 핵심적인 작동 원리죠. 만약 제가 손가락을 튕겨서 쩐 하고 마법을 부릴 수 있다면 우리 모두가 남성의 시간과 여성의 시간이 똑같이 중요하다는 관점을 갖도록 바꾸겠어요. 또, 제가 마법을 부릴 수 있다면 공정한 게임을 3인용으로 바꿔서 주 정부를 참여시키고 싶어요. 무상 유치원, 유급 육아 휴직, 모든 아이들을 위한 무상 의료보험 같은 제도로 부모들을 지원할 수 있도록 말이에요.

하지만 마법이 없어도 우리는 변화를 일으킬 수 있습니다. 저는 마이클 코프먼의 말을 좋아하는데요. "개인의 변화는 결국 사회적·정치적·경제적 변화를 요구하는 크나큰 파도로 이어진다." 그래서 공정한 게임을 통해 내 삶에 변화를 일으키면 그것이 점차 퍼져 나가 세상을 바꿀 수 있을 거라고 믿습니다. 그것에 조금이라도 도움이 되길 바라는 마음에 이 책을 쓴 것이고요.

리즈 위더스푼, 사라 하든, 로렌 레비 노이스태터, 그리고 공정한 게임의 메시지를 전하기 위해 나를 믿고 배려심을 가지고 열심히 애써 준 헬로 선샤인 팀 모두에게 감사한다. 첫 책을 내는 작가가 기댈 곳으로 여러분보다 나은 곳은 없을 것이다. 여성들이 자기 이야기를 할 수 있는 창구가 되어 줘서 정말 고맙다.

내 글쓰기 파트너인 사만다 로즈에게 고마움을 전한다. 서로의 마음을 읽을 수 있을 정도의 관계를 맺기란 결코 쉽지 않은데, 그녀와는 그게 가능했다. 그녀의 글쓰기 스타일, 유머, 인내심은 타의 추종을 불허한다. 네가 최고야, 로즈. 세상을 바꾸기 위해 앞으로도 계속 같이 힘내자!

이팟 리스 겐델에게 고마운 마음을 전한다. 이 프로젝트는 그녀가 나와 공정한 게임을 믿어 준 확신의 증거다. 글쓰기와 협상, 편집, 조언, 시스템 베타 테스트와 관련한 그녀의 무한한 재능이 그녀를 유니콘으로 만들어 준다. 기꺼이 공정한 게임에 참여해 주었을 뿐 아니라 끝까지 지지해 준 브래들리 겐델에게도 고마움을 전한다. 사라 드노브레가, 사라 루이스, 마이크 나둘로, 클레어 해리스, 데어드르 스메릴로, 제시카 펠레만, 멜리사 무어헤드, 해일리 버넷, 클라라 슐로츠를 비롯한 파운드리의 팀원들에게 감사한다.

내 파트너가 되어 준 퍼트넘의 팀원들에게 감사한다. 책 제안서와 감정 노동에 관한 기사철을 한아름 안고 회의실에 들어선 그 순간부터 여러분에게 반했었다. 모든 단계에서 이들이 보여 준 열정과 수고는 언제나 내 상상을 훌쩍 뛰어넘었다. 담당 편집자 미셸 하우리에 대한 고마움은 영원히 잊지 못할 것이다. 그녀의 구성력과 깊이 있는 조언 덕분에 집필 과정 내내 진정한 기쁨을 경험할 수 있었다. 어느 것 하나 소홀히 할 수 없는 그녀의 피드백이야말로 원고의 완성도를 높이는 일등 공신이었다. 편집국장 샐리 김, 대표 이반 헬드, 발행인 크리스틴 볼을 비롯해 홍보국장 알렉시스 웰비, 마케팅국장 애슐리 맥클래이, 홍보담당자 애슐리 휼리트에게 무한한 감사의 말을 전한다. 편집부장 메레디스 드로스, 매니징 에디터 마이자 발도프와 미아 알베로, 영업부장 로렌 모나코, 그리고 마케팅팀의 에밀리 플뤼넥과 조던 아론슨, 교열담당자 제니퍼 에크, 제작편집자 클레어 설리반, 디자인 관리자 티파니 에스트레쳐, 미술 디렉터 앤서니 라몬도와 모니카 코도바, 2차 저작물 관리자 보니 수덱, 편집 보조 가브리엘라 몽겔리,

홍보 보조 시드니 코헨, 폴린 뉴워스, 그리고 멋지게 표지를 디자인해 준 새니 치우에게 특별한 감사의 말을 전한다.

이 책의 메시지를 널리 알리기 위해 열심히 애써 준 레데 사의 사라 로스먼, 메레디스 오 설리반 와슨, 애나 배일러, 그리고 매튜 아벤토에게 고마움을 전한다. 레베카 라펠에게도 고맙다고 인사하고 싶다. 일찍이 그녀가 보여 준 비판적인 지지가 없었다면 이 프로젝트는 백일몽으로 끝나고 말았을 것이다. 출판 업계에 관한 그녀의 통찰, 나를 대신해 출판사에 소개해 준 일, 원고와 특히 카드에 대해 그녀가 글로 해 준 조언은 값을 매길 수 없을 만큼 소중하다.

공정한 게임의 자문 역할을 해 준 알렉시스 제말 교수와 더비 삭스비 교수에게 고마움을 전한다. 탄탄한 지식을 바탕으로 한 두 사람의 통찰과 원고에 대한 조언은 정말 소중했다.

집필과 교육, 일 등으로 바쁜 시간을 쪼개 이 책에 도움을 준 여러 전문가에게도 고마움을 전한다. 미미 아브라모비츠 교수, 댄 애리얼리 교수, 오르나 도나스 교수, 캐롤린 포렐 교수, 토바 클라인 박사, 팻 레빗 박사, 파멜라 스톤 교수, 스티븐 트리트 박사, 의료사회복지사 제니퍼 발트브루거, 랍비 질 짐머만. 이 책은 이들의 전문 지식에 큰 영향을 받았다.

눈부신 통찰력을 보여 준 두 명의 정신 건강 전문가, 심리학 박사 필리스 코헨(나의 멋진 아주머니이자 열정이 넘치는 친척)과 임상 심리치료사 마샤 번스타인(내 삶에 사랑과 사탕을 가득 안고 들어와 한 번도 떠나지 않은 나의 멋진 새엄마)에게 감사의 마음을 전한다.

한 부모 가정에서 힘들었던 성장기를 함께 겪은 내 동생 조시 매디슨에게도 고맙다고 말하고 싶다. 한밤중에 겁에 질렸을 때마다 동생과 그의 양배추 인형 토미 리가 나를 위로해 주었다.

평생 조건 없는 사랑을 보여 주고 배움을 향한 내 열정을 격려해 준 아빠 마이클 매디슨에게 고마움을 전한다. 어른이 되어 아빠와 깊은 유대 관계를 맺을 기회를 얻은 건 정말 행운이라고 생각한다. 지금은 잠드셨지만 어릴 때 매주 금요일마다 나를 반기며 두 팔 벌려 꼭 안아 주셨던 할머니 델마 매디슨에게도 고맙다고 말하고 싶다.

언제든 나와 세스를 위해, 우리집 CPE 중 실행을 도와준 시부모님 로리와 테리 로드스키에게 감사한다. 두 분의 지지와 격려는 그야말로 나에게 큰 힘이 되었으며, 두 분이 잭, 벤, 애나에게 쏟는 무조건적인 사랑은 아이들의 삶에 너무나 값진 선물이다. 아이들의 삼촌과 고모인 엘리 로드스키와 미할 코헨에게도 감사한다. 매일 우리와 함께 공정한 게임을 하며 살고 있는 멋진 유모 세실리아 인테리아노에게도 고맙다고 말하고 싶다.

세상과 어떻게 연결되느냐가 어떤 사람이 될지를 결정한다는 가르침을 준 빅토리아 심스 박사에게 고마움을 전한다. 그녀의 재능, 독특한 전문성, 그리고 세상을 바꾸고자 하는 열정은 아무리 힘든 순간이 와도 멈추지 않고 나아갈 수 있는 힘이 되어 주었다.

책 작업 초반부터 자료 수집, 편집, 글쓰기, 할 일 목록 등을 완성하도록 도와준 단짝 친구들에게 고마움을 전한다. 사만다 엔젤 아줄레이, 제시카 베르만, 로렌 해머 브레슬로, 사라 헨들러, 크리스티 마코스코 크리거, 엘레나 쿠츠, 헤더 폴슨, 레슬리 칼레트 로즈, 나탈리 사라프, 조 쉐퍼, 리안 샤드릭, 리즈 영. 이런 친구들이 내 곁에 있는 걸 큰 행운이라고 생각한다. 이들 모두가 이 책이 세상에 나오기까지 중요한 역할을 해 줬다.

각자 특별한 도움과 지지를 아끼지 않은 친구들과 동료들에게도 고마움을 전한다. 힐러리 안젤로, 아미 아론슨, 캐롤 아우어바흐, 레이첼 벤디트, 레이첼 크라비츠 보일, 제니퍼 브라운, 나탈리 실버와 미카 버치, 줄리 북스바움, 테이트 챗몬, 피터 청, 제이슨 클라크, 돌로레스 콘셉시온, 카라 코윈, 김 데이비스, 모건 데스 크로셀리어스, 조지 에이즈너와 브렉 에이즈너, 사만다 에투스, 마이사 페르난데즈, 모니카 리드와 제프 피어슨, 낸 번스타인과 폴 프리드, 제니 갈루조, 로렌 거셀, 에이미 글로버, 제시카 골딘, 키어스틴 그린, 캐슬린 해리스, 앤드류 헤이먼, 모니카 맨지 존슨, 제이미 칸트로비츠, 지나 캐츠, 멜라니 크라우트, 사리 레러, 데이비드 리, 엘렌 리, 캐롤 레이프, 데이비드 렝겔,비앙카 레빈, 카다르 루이스, 한나 린켄호커, 제니 로크하임, 에밀리 러브, 숀 맥도날드, 헤더 슈레이터 맥길, 메건 니들먼, 레베카 넬켄, 김 샤피라 오차커, 헬렌 오라일리, 지비 오언스, 메리트 펄슨, 로리 푼, 아비아 로젠과 더그 로젠, 조너선 쉐이퍼, 앤드류 슈뢰더 박사, 아만다 슈마허, 지나 가그리아디와 토드 슈와르츠, 스테이시 시블리, 재키 스미스, 힐러리 토마스, 짐 토스, 가비 투딘, 트레이시 워드와 저스틴 워드, 쉴라 워렌, 다라 위든, 노라 웨인스타인과 브라이언 웨인스타인, 재키와 위닉과 아담 위닉, 멜리사 우드, 커트 영.

나에게 가족들의 삶을 변화시키기 위한 도구로써 카드의 중요성을 알려 준 샤나 골드서커와 21/64 팀에 고마움을 전한다. 이 책에 인용된 통계와 연구를 뒷받침하고 검증하기 위해 학술 문헌을 샅샅이 찾아보고 철저히 검토해 준 나의 멋진 인턴 이안 넬에게도 감사하다.

끝으로 나와 대면으로, 혹은 온라인상에서, 혹은 쪽지(DM)로, 비행기, 택시, 지하철, 놀이터, 야구장에서, 상점 계산대 등에서 나와 대화를 나누기 위해 시간을 내어 준 사람들, 그리고 공정한 게임의 개념을 시험해 보고 피드백을 제공해 준 수많은 사람들에게 고마움을 전한다. 진실은 언제나 소설보다 더 흥미롭고 때로는 더 낯설다. 그런 여러분의 이야기를 들려줘서 정말 고맙다.

1_ Alksnis, Christine, Serge Desmarais, and James Curtis. "Workforce Segregation and the Gender Wage Gap: Is 'Women's' Work Valued as Highly as 'Men's'?" Journal of Applied Social Psychology 38, no. 6(2008): 1416–1441. https://doi.org/10.1111/j.1559-1816.2008.00354.x.

2_ Altintas, Evrim, and Oriel Sullivan. "50 Years of Change Updated: CrossNational Gender Convergence in Housework." Demographic Research 35, no. 16 (2016). https://dx.doi.org/10.4054/DemRes.2016.35.16.

3_ Baumeister, Roy F., and Mark J. Landau. "Finding the Meaning of Meaning: Emerging Insights on Four Grand Questions." Review of General Psychology 22, no. 1 (2018): 1–10. https://doi.org/10.1037%2Fgpr0000145.

4_ Baxter, Janeen, Belinda Hewitt, and Michele Haynes. "Life Course Transitions and Housework: Marriage, Parenthood, and Time on Housework." Journal of Marriage and Family 70, no. 2 (2008): 259–272. http://dx.doi.org/10.1111/j.1741-3737.2008.00479.x.

5_ Biehle, Susanne N., and Kristin D. Mickelson. "First-Time Parents' Expectations About the Division of Childcare and Play." Journal of Family Psychology 26, no. 1 (2012): 36. https://doi.org/10.1037/a0026608.

6_ Blachor, Devorah. "How I Solved the Gender Labor Imbalance." New York Times, February 6, 2018. https://www.nytimes.com/2018/02/06/well/family/how-i-solved-the-gender-labor-imbalance.html.

7_ Blake, Sherry. 《The Single-Married Woman: True Stories of Why Women Feel All Alone in Their Marriages》. Atlanta, GA: Touchstone Psychological Services, 2011.

8_ Borelli, Jessica L., S. Katherine Nelson-Coffey, Laura M. River, Sarah A. Birken, and Corinne Moss-Racusin. "Bringing Work Home: Gender and Parenting Correlates of Work-Family Guilt Among Parents of Toddlers." Journal of Child and Family Studies 26, no. 6 (2017):1734–1745. https://doi.org/10.1007/s10826-017-0693-9.

9_ Borelli, Jessica L., S. Katherine Nelson, Laura M. River, Sarah A. Birken, and Corinne Moss-Racusin. "Gender Differences in Work-Family Guilt in Parents of Young Children." Sex Roles 76, no. 5–6 (2017): 356–368. https://doi.org/10.1007/s11199-016-0579-0.

10_ Borresen, Kelsey. "What Divorced Women Wish They Had Done Differently in Their Marriages." Huffington Post, October 9, 2018. https://www.huffpost.com/entry/divorced-women-marriage-regrets_n_5bb4cfd5e4b0876eda9a2de0.

11_ Boyle, Patricia A., Aron S. Buchman, Robert S. Wilson, Lei Yu, Julie A. Schneider, and David A. Bennett. "Effect of Purpose in Life on the Relation Between Alzheimer Disease Pathologic Changes on Cognitive Function in Advanced Age." Archives of General Psychiatry 69, no. 5 (2012): 499–504. https://dx.doi.org/10.1001%2Farchgenpsychiatry.2011.1487.

12_ Brooks, Kim. 《Small Animals: Parenthood in the Age of Fear》. New York:Flatiron Books, 2018.

13_ Chesley, Noelle, and Sarah Flood. "Signs of Change? At Home and Breadwinner Parents' Housework and Child Care Time." Journal of Marriage and Family 79, no. 2 (2017): 511–534. https://doi.org/10.1111/jomf.12376.

14_ Ciciolla, Lucia, and Suniya S. Luthar. "Invisible Household Labor and Ramifications for Adjustment: Mothers as Captains of Households." Sex Roles (2019): 1-20. https://doi.org/10.1007/s11199-018-1001-x.

15_ Corner, Natalie. "Time Parents Spend Getting Their Children Ready for School Amounts to an Extra Day of Work a Week for Busy Mums and Dads." Daily Mail, October 19, 2018. https://www.dailymail.co.uk/femail/article-6293855/British-parents-completing-entire-day-workweek-getting-jobs.html.

16_ Crittenden, Ann. 《The Price of Motherhood: Why the Most Important Job in the World Is Still the Least Valued》. New York: Metropolitan Books,2001.

17_ D'Amore, Laura Mattoon. "The Accidental Supermom: Superheroines and Maternal Performativity, 1963–1980." Journal of Popular Culture 45, no. 6 (2012): 1226–1248. https://doi.org/10.1111/jpcu.12006.

18_ Daniels, Arlene Kaplan. "Invisible Work." Social Problems 34, no. 5 (1987):403–415. https://www.jstor.org/stable/800538.

19_ Dey, Claudia. "Mothers as Makers of Death." Paris Review, August 14, 2018.

20_ 오나 도니스, 송소민 옮김,《엄마됨을 후회함》반니, 2018

21_ 피터 드러커, 이재규 옮김,《경영의 실제》, 한국경제신문사, 2006

22_ D'Souza, Karen. "Parenting: What you need to know about self-care for moms."The Mercury News, January 23, 2019. https://www.mercurynews.com/2019/01/23/parenting-what-you-need-to-know-about-self-care-for-moms.

23_ Dube, Rebecca. "Moms Confess: Husband Versus Kids, Who Stresses Them

Out More?" Today. October 14, 2016. https://www.today.com/parents/moms-confess-husband-versus-kids-who-stresses-them-outmore-1C9884930.

24_ Dufu, Tiffany. 《Drop the Ball: Achieving More by Doing Less》. New York:Macmillan, 2017.

25_ Dush, Claire M. Kamp, Jill E. Yavorsky, and Sarah J. Schoppe-Sullivan."What Are Men Doing While Women Perform Extra Unpaid Labor? Leisure and Specialization at the Transitions to Parenthood." Sex Roles 78, no. 11–12 (2018): 715–730. https://doi.org/10.1007/s11199-017-0841-0.

26_ Dutil, Caroline, Jeremy J. Walsh, Ryan B. Featherstone, Katie E. Gunnell, Mark S. Tremblay, Reut Gruber, Shelly K. Weiss, Kimberly A. Cote, Margaret Sampson, and Jean-Philippe Chaput. "Influence of Sleep on Developing Brain Functions and Structures in Children and Adolescents: A Systematic Review." Sleep Medicine Reviews (2018).https://doi.org/10.1016/j.smrv.2018.08.003.

27_ Fisher, Roger, William Ury, and Bruce Patton. Getting to Yes: Negotiating Agreement Without Giving In. New York: Penguin, 2011.

28_ Giallo, Rebecca, Melissa Dunning, Amanda Cooklin, Monique Seymour, Helen Graessar, Nikki Zerman, and Renzo Vittorino. "Acceptability of Wide Awake Parenting: A Psycho-Educational Intervention to Manage Parental Fatigue." Journal of Reproductive and Infant Psychology 30, no. 5 (2012): 450–460. https://doi.org/10.1080/02646838.2012.742999.

29_ 칼릴 지브란, 오강남 옮김,《예언자》, 현암사, 2019

30_ Glover, Emily. "70% of Young Moms Are 'Most Defined' by Motherhood—and There's Nothing Wrong with That." Motherly, May 22, 2018. https://www.mother.ly/news/its-okay-to-feel-most-defined-bymotherhood-the-majority-of-mamas-do.

31_ Goldberg, Abbie E., and Maureen Perry-Jenkins. "Division of Labor and Working-Class Women's Well-Being Across the Transition to Parenthood." Journal of Family Psychology 18, no. 1 (2004): 225. https://dx.doi.org/10.103 7%2F0893-3200.18.1.225.

32_ Gough, Margaret, and Mary Noonan. "A Review of the Motherhood Wage Penalty in the United States." Sociology Compass 7, no. 4 (2013):328–342. https://doi.org/10.1111/soc4.12031.

33_ Grissom, Nicola M., and Teresa M. Reyes. "Let's Call the Whole Thing Off: Evaluating Gender and Sex Differences in Executive Function."Neuropsychoph armacology 44 (2019): 86–96. https://doi.org/10.1038/s41386-018-0179-5.

34_ 제마 하틀리, 노지양 옮김, 《남자들은 항상 나를 잔소리하게 만든다》, 어크로 스, 2019

35_ Henderson, Amy. "Fatherhood Makes Men Better—at Work and at Home." Slate, June 15, 2018. https://slate.com/human-interest/2018/06/fatherhood-makes-men-better-at-work-and-at-home-research-shows.html.

36_ Henderson, Angie, Sandra Harmon, and Harmony Newman. "The Price Mothers Pay, Even When They Are Not Buying It: Mental Health Consequences of Idealized Motherhood." Sex Roles 74, no. 11–12 (2016):512–526. https://doi.org/10.1007/s11199-015-0534-5.

37_ Hewlett, Sylvia Ann, and Carolyn Buck Luce. "Off-Ramps and On-Ramps: Keeping Talented Women on the Road to Success." Harvard Business Review, March, 2005. https://hbr.org/2005/03/off-ramps-and-on-rampskeeping-talented-women-on-the-road-to-success.

38_ Hochschild, Arlie Russell. The Managed Heart: The Commercialization of Human Feeling. Berkeley, CA: University of California Press, 1983.

39_ Hochschild, Arlie Russell. 《The Time Bind: When Work Becomes Home and Home Becomes Work>>. New York: Metropolitan Books, 2001.

40_ 앨리 러셀 혹실드, 백영미 옮김, 《돈 잘 버는 여자, 밥 잘 하는 남자》, 아침이슬, 2001

41_ Hook, Jennifer L. "Women's Housework: New Tests of Time and Money." Journal of Marriage and Family 79, no. 1 (2017): 179–198. https://doi.org/10.1111/jomf.12351.

42_ "How Do Women Spend Their Time?" Real Simple. https://www.realsimple.com/work-life/life-strategies/time-management/spendtime?

43_ Ingraham, Christopher. "The World's Richest Countries Guarantee Mothers More Than a Year of Paid Maternity Leave. The U.S. Guarantees Them Nothing." Washington Post, February 5, 2018. https://www.washingtonpost.com/news/wonk/wp/2018/02/05/theworlds-richest-countries-guarantee-mothers-more-than-a-year-of-paidmaternity-leave-the-u-s-guarantees-them-nothing.

44_ Jee, Eunjung, Joya Misra, and Marta Murray Close. "Motherhood Penalties in the US, 1986–2014." Journal of Marriage and Family (2018). https://doi.org/10.1111/jomf.12543.

45_ Jeffries, DJ. "Intention Is One with Cause and Effect. Intention Determines Outcome. If You're Stuck Check the Thought and Action That Created the

Circumstance." Medium (blog), January 15, 2019. https://medium.com/@
TheDJJeffries/intention-is-one-with-cause-and-effect-intention-determines-
outcome-if-youre-stuck-try-this-5dbe28c614a3.

46_ Kamo, Yoshinori. "'He Said, She Said': Assessing Discrepancies in Husbands'
and Wives' Reports on the Division of Household Labor." Social Science
Research 29, no. 4 (2000): 459–476. https://doi.org/10.1006/ssre.2000.0674.

47_ Katz-Wise, Sabra L., Heather A. Priess, and Janet S. Hyde. "GenderRole
Attitudes and Behavior Across the Transition to Parenthood." Developmental
Psychology 46, no. 1 (2010): 18–28. https://psycnet.apa.org/doi/10.1037/
a0017820.

48_ Kaufman, Michael. 《The Time Has Come: Why Men Must Join the Gender
Equality Revolution》. House of Anansi, 2019.

49_ Kelton Global. "Bright Horizons Modern Family Index." Bright Horizons,
2017. https://solutionsatwork.brighthorizons.com/~/media/BH/SAW/PDFs/
GeneralAndWellbeing/MFI_2017_Report_v4.ashx.

50_ Killewald, Alexandra, and Margaret Gough. "Money isn't everything:Wives'
earnings and housework time." Social Science Research 39, no.6 (2010): 987–
1003. https://doi.org/10.1016/j.ssresearch.2010.08.005.

51_ Kitroeff, Natalie, and Jessica Silver-Greenberg. "Pregnancy Discrimination Is
Rampant Inside America's Biggest Companies." New York Times, February 8,
2019. https://www.nytimes.com/interactive/2018/06/15/business/pregnancy-
discrimination.html?smid=tw-nytimes&smtyp=cur.

52_ Krueger, Alan B. "Where Have All the Workers Gone? An Inquiry into the Decline
of the US Labor Force Participation Rate." Brookings Papers on Economic
Activity 2017, no. 2 (2017): 1. https://dx.doi.org/10.1353%2Feca.2017.0012.

53_ Lachance-Grzela, Mylène, and Geneviève Bouchard. "Why Do Women Do the
Lion's Share of Housework? A Decade of Research." Sex Roles 63, no. 11–12
(2010): 767–780. https://doi.org/10.1007/s11199-010-9797-z.

54_ Laney, Elizabeth K., M. Elizabeth Lewis Hall, Tamara L. Anderson, and
Michele M. Willingham. "Becoming a Mother: The Influence of Motherhood
on Women's Identity Development." Identity 15, no. 2 (2015): 126–145.
https://doi.org/10.1080/15283488.2015.1023440.

55_ Laughlin, Lynda Lvonne. "Maternity Leave and Employment Patterns of First-
Time Mothers: 1961–2008." US Department of Commerce, Economics and
Statistics Administration, US Census Bureau, 2011. https://www2.census.gov/

library/publications/2011/demo/p70-128.pdf.

56_ Lawrence, Erika, Alexia D. Rothman, Rebecca J. Cobb, Michael T. Rothman, and Thomas N. Bradbury. "Marital Satisfaction Across the Transition to Parenthood." Journal of Family Psychology 22, no. 1 (2008): 41. https://dx.doi. org/10.1037%2F0893-3200.22.1.41.

57_ Lenz, Lyz. "I'm a Great Cook. Now That I'm Divorced, I'm Never Making Dinner for a Man Again." Glamour, November 26, 2018. https://www. glamour.com/story/now-that-im-divorced-im-never-making-dinnerfor-a-man-again.

58_ Lusignan, Kerry. "Love Smarter by Learning When to Take a Break." The Gottman Institute, September 22, 2017. https://www.gottman.com/blog/love-smarter-learning-take-break.

59_ Malos, Ellen. 《The Politics of Housework》. Cheltenham, UK: New Clarion Press, 1995.

60_ 애덤 맨스바크, 고수미 옮김, 《재워야 한다 젠장 재워야 한다》, 21세기북스, 2011

61_ Månsdotter, Anna, Lars Lindholm, Michael Lundberg, Anna Winkvist, and Ann Öhman. "Parental Share in Public and Domestic Spheres: A Population Study on Gender Equality, Death, and Sickness." Journal of Epidemiology & Community Health 60, no. 7 (2006): 616–620. https://dx.doi. org/10.1136%2Fjech.2005.041327.

62_ "Marriage and Divorce." American Psychological Association. https://www.apa. org/topics/divorce.

63_ 그렉 맥커운, 김원호 옮김, 《에센셜리즘》, 알에이치코리아, 2014

64_ Meyer, Joyce. 《The Confident Woman: Start Today Living Boldly and Without Fear》. New York: Warner Faith, 2006.

65_ Miller, Claire C. "Men Do More at Home, but Not as Much as They Think." The New York Times, November 12, 2015. https://www.nytimes. com/2015/11/12/upshot/men-do-more-at-home-but-not-as-much-asthey-think-they-do.html.

66_ Murphy, Gillian, John A. Groeger, and Ciara M. Greene. "Twenty Years of Load Theory: Where Are We Now, and Where Should We Go Next?" Psychonomic Bulletin & Review 23, no. 5 (2016): 1316–1340. https://doi. org/10.3758/s13423-015-0982-5.

67_ Nepomnyaschy, Lenna, and Jane Waldfogel. "Paternity leave and fathers' involvement with their young children: Evidence from the American ECLS-B." Community, Work & Family (2007). https://psycnet.apa.org/doi/10.1080/13668800701575077.

68. OECD Family Database. "PF2.5. Trends in Leave Entitlements Around Childbirth Since 1970." March 16, 2017. https://www.oecd.org/els/family/PF2_5_Trends_in_leave_entitlements_around_childbirth.pdf.

69. Organization for Economic Co-operation and Development. "Employment: Length of Maternity Leave, Parental Leave, and Paid Father-Specific Leave." https://stats.oecd.org/index.aspx?queryid=54760.

70. Perel, Esther. "Why Happy People Cheat." The Atlantic, October 2017. https://www.theatlantic.com/magazine/archive/2017/10/why-happypeople-cheat/537882.

71. Petersen, Anne Helen. "How Millennials Became the Burnout Generation." BuzzFeed News, January 5, 2019. https://www.buzzfeednews.com/article/annehelenpetersen/millennials-burnoutgeneration-debt-work.

72. Petersen, Sara. "Mama Bear Knows Best: The Enduring Problem with Children's Picture Books." Washington Post, October 22, 2016. https://www.washingtonpost.com/lifestyle/2018/10/22/mama-bear-knows-best-enduring-problem-with-childrens-picturebooks.

73. Pollitt, Katha. "Day Care for All." New York Times, February 9, 2019. https://www.nytimes.com/2019/02/09/opinion/sunday/child-caredaycare-democrats-progressive.html.

74. Raley, Sara, and Suzanne Bianchi. "Sons, Daughters, and Family Processes: Does Gender of Children Matter?" Annual Review of Sociology 32 (2006): 401–421. https://doi.org/10.1146/annurev.soc.32.061604.123106.

75. Raley, Sara, Suzanne M. Bianchi, and Wendy Wang. "When Do Fathers Care? Mothers' Economic Contribution and Fathers' Involvement in Child Care." American Journal of Sociology 117, no. 5 (2012): 1422–1459. https://dx.doi.org/10.1086%2F663354.

76. Remes, Olivia, Carol Brayne, Rianne Van Der Linde, and Louise Lafortune. "A Systematic Review of Reviews on the Prevalence of Anxiety Disorders in Adult Populations." Brain and Behavior 6, no. 7 (2016):e00497. https://doi.org/10.1002/brb3.497.

77. Rodkinson, Michael L., ed. 《The Babylonian Talmud》. Talmud Society, 1918.

78. Ryan, Richard M., and Edward L. Deci. "On Happiness and Human

Potentials: A Review of Research on Hedonic and Eudaimonic WellBeing."
Annual Review of Psychology 52, no. 1 (2001): 141–166. https://doi.
org/10.1146/annurev.psych.52.1.141.

79_ 레시마 소자니, 이미정 옮김,《여자는 왜 완벽하려고 애쓸까》, 웅진지식하우스,
2019

80_ Scarborough, William J., Ray Sin, and Barbara Risman. "Attitudes and the
Stalled Gender Revolution: Egalitarianism, Traditionalism, and Ambivalence
from 1977 Through 2016." Gender & Society 33, no. 2 (2019): 173–200.
https://doi.org/10.1177%2F0891243218809604.

81_ Shulman, Joyce. "Calling All Martyr Moms: You Are Not Doing Anyone Any
Favors." Huffington Post, June 3, 2015. https://www.huffpost.com/entry/
calling-all-martyr-moms-you-are-not-doing-anyone-anyfavors_n_6981888.

82_ Simms/Mann Institute & Foundation. http://www.simmsmanninstitute.org.

83_ Sizensky, Vera. "New Survey: Moms Are Putting Their Health Last."
HealthyWomen. https://www.healthywomen.org/content/article/newsurvey-
moms-are-putting-their-health-last.

84_ Sobol, Donald J.《Encyclopedia Brown and the Case of the Midnight Visitor》,
vol. 13. New York: Penguin, 2008.

85_ Sorvino, Chloe. "Why the $445 Billion Beauty Industry Is a Gold Mine
for Self-Made Women." Forbes, May 18, 2017. https://www.forbes.com/
sites/chloesorvino/2017/05/18/self-made-women-wealth-beauty-
goldmine/#340434202a3a.

86_ Stack, Megan K. "Women's Work: Paying for Childcare in China and India."
The New Yorker, March 10, 2019. https://www.newyorker.com/culture/personal-
history/womens-work.

87_ 더글러스 스톤, 브루스 패튼, 쉴라 힌, 김영신 옮김,《우주인들이 인간관계로 스
트레스 받을 때 우주정거장에서 가장 많이 읽은 대화책》, 21세기북스, 2018

88_ Telford, Taylor. "A Doctor Said the Gender Pay Gap Is Fair Because Women in
Medicine 'Don't Work as Hard.' He Apologized." Washington Post, September
3, 2018. https://www.washingtonpost.com/health/2018/09/02/texas-doctor-
says-gender-pay-gap-is-fairbecause-women-dont-work-hard.

89_ Tilly, Louise A. "Women, Women's History, and the Industrial Revolution."Social
Research (1994): 115–137. https://www.jstor.org/stable/40971024.

90_ UNICEF. "Girls spend 160 million more hours than boys doing household
chores everyday – UNICEF." Press release, October 7, 2016. https://www.

unicef.org/media/media_92884.html.

91. UN Women. "Turning Promises into Actions: Gender Equality in the 2030 Agenda for Sustainable Development." 2018. http://www.unwomen.org/en/digital-library/sdg-report.

92. US Census Bureau. "Income and Poverty in the United States: 2017." 2018. https://www.census.gov/library/publications/2018/demo/p60-263.html.

93. US Department of Education. Institute of Education Sciences, National Center for Education Statistics. "Degrees Conferred by Postsecondary Institutions, by Level of Degree and Sex of Student:Selected Years, 1869–70 Through 2027–28," Table 318.10. Raw data. https://nces.ed.gov/programs/digest/d17/tables/dt17_318.10.asp?referrer=report.

94. Valenti, Jessica. "Kids Don't Damage Women's Careers—Men Do." Medium (blog), September 13, 2018. https://medium.com/s/jessicavalenti/kids-dont-damage-women-s-careers-men-do-eb07cba689b8.

95. Van Bavel, Jan, Christine R. Schwartz, and Albert Esteve. "The Reversal of the Gender Gap in Education and Its Consequences for Family Life."Annual Review of Sociology 44 (2018): 341–360. https://doi.org/10.1146/annurev-soc-073117-041215.

96. Wang, Wendy, Kim C. Parker, and Paul Taylor. "Breadwinner Moms: Mothers Are the Sole or Primary Provider in Four-in-Ten Households with Children; Public Conflicted About the Growing Trend." Pew Research Center, 2013. http://www.pewsocialtrends.org/2013/05/29/breadwinner-moms.

97. Weisshaar, Katherine. "From Opt Out to Blocked Out: The Challenges for Labor Market Re-entry After Family-Related Employment Lapses."American Sociological Review 83, no. 1 (2018): 34–60. https://doi.org/10.1177%2F0003122417752355.

98. Westervelt, Amy. 《Forget Having It All: How America Messed Up Motherhood—and How to Fix It》. New York: Seal Press, 2018.

99. Wiest, Brianna. "This Is What 'Self-Care' REALLY Means, Because It's Not All Salt Baths And Chocolate Cake." Thought Catalog, June 8, 2019. https://thoughtcatalog.com/brianna-wiest/2017/11/this-is-what-self-care-really-means-because-its-not-all-salt-baths-and-chocolate-cake/.

100. Wharton, Amy S. "The Sociology of Arlie Hochschild." Work and Occupations 38, no. 4 (September 16, 2011): 459–64. https://doi.org/10.1177/0730888411418921. 20세기와 21세기를 통틀어 가장 영향력 있는 사회학자 중 한 명인 앨리 혹실드는 감정과 감정노동, 가사 노동 분담, 일과

가정의 상관관계, 돌봄노동에 대한 포괄적인 관점 등 수많은 연구로 여성 노동과 사회 문제 연구에 큰 영향을 끼쳤다. 그에 비해 그녀가 자기 연구에 영감을 받은 사람들을 격려하고, 육성하고, 참여시키려고 했던 노력은 크게 주목받지 못했었다. 이 에세이에서는 그녀의 옛 제자 두 명의 편집으로 일과 가정생활에 관한 신간에 드러난 그녀의 영향력을 검토한다. 이 책은 그녀의 아이디어를 확대, 발전시킨 사람들이 실생활에 적용한 '혹실드의 사회학'을 다루고 있다.

101_ Wong, Ali. Ali Wong: Hard Knock Wife. Netflix special. May 13, 2018. https://www.netflix.com/title/80186940.

102_ 버지니아 울프, 이미애 옮김, 《자기만의 방》, 민음사, 2008

103_ Yavorsky, Jill E., Claire M. Kamp Dush, and Sarah J. Schoppe-Sullivan. "The Production of Inequality: The Gender Division of Labor Across the Transition to Parenthood." Journal of Marriage and Family 77, no. 3(2015): 662–679. https://doi.org/10.1111/jomf.12189.

104_ Zimmerman, Erin. "The Identity Transformation of Becoming a Mom." The Cut. May 25, 2018. https://www.thecut.com/2018/05/the-identitytransformation-of-becoming-a-mom.html.

옮긴이 김정희

국문과를 나와 외국계 기업 CEO 비서를 거쳐 바른번역 아카데미를 졸업하고,
현재 번역가로 활동 중이다. 옮긴 책으로는《발칙한 진화론》,《재능은 어떻게 단련되는가》,
《유대인 형제 교육법》,《최고가 되라》,《탄력적 습관》등이 있다.

페어 플레이 프로젝트

초판 1쇄 발행 2021년 4월 20일

지 은 이 | 이브 로드스키
옮 긴 이 | 김정희
발 행 인 | 강수진
편 집 장 | 유소연
편　　 집 | 조예은
마 케 팅 | 곽수진
홍　　 보 | 이여경
디 자 인 | 어나더페이퍼

주　　 소 | (04044) 서울시 마포구 양화로 8길 16-20 피피아이빌딩 3층
전　　 화 | 마케팅 02-332-4804 편집 02-332-4806
팩　　 스 | 02-332-4807
이 메 일 | mavenbook@naver.com
홈페이지 | www.mavenbook.co.kr
발 행 처 | 메이븐
출판등록 | 2017년 2월 1일 제2017-000064

Korean translation copyright ⓒ 2021 Maven
ISBN 979-11-90538-28-2 (03190)

FAIR PLAY PROJECT